सूचना प्रौद्योगिकी

सूचना प्रौद्योगिकी

डॉ. सी.के. शर्मा
रीडर एवं अध्यक्ष
ग्रंथालय एवं सूचना विज्ञान विभाग
मुल्तानी मल मोदी महाविद्यालय
मोदीनगर

डॉ. हेमन्त शर्मा
रीडर एवं अध्यक्ष
ग्रंथालय एवं सूचना विज्ञान विभाग
जीवाजी विश्वविद्यालय
ग्वालियर

ATLANTIC®
PUBLISHERS & DISTRIBUTORS

प्रकाशक :
एटलांटिक पब्लिशर्स एण्ड डिस्ट्रीब्यूटर्स
बी-2, विशाल एन्क्लेव, राजौरी गार्डन के सामने,
नई दिल्ली-110027
दूरभाष : 25413460, 25429987, 25466842

विक्रय केन्द्र:
7/22, अन्सारी रोड, दरियागंज, नई दिल्ली-110002
दूरभाष : 23273880, 23275880, 23280451
फैक्स : 91-11-23285873
e-mail : info@atlanticbooks.com
web site : www.atlanticbooks.com

मुद्रक : नाईस प्रिन्टर्स, दिल्ली

SOOCHNA PRAUDYOGIKI (*in Hindi*)
By Dr. C.K. Sharma and Dr. Hemant Sharma

प्राक्कथन

इस पुस्तक *सूचना प्रौद्योगिकी* को प्रस्तुत करते हुए मुझे अपार हर्ष का अनुभव हो रहा है। यह हिन्दी में लिखी गई मेरी चौथी पुस्तक है तथा मेरे द्वारा लिखी गई पुस्तकों में यह 31वीं पुस्तक है।

वर्तमान समय सूचना प्रौद्योगिकी का युग है। सूचना प्रौद्योगिकी जैसे तकनीकी विषय पर हिन्दी में स्तरीय पुस्तकों का सर्वथा अभाव रहा है। इस कारण हिन्दी पृष्ठभूमि के विद्यार्थियों, सामान्य पाठकों एवं शिक्षकों को गम्भीर कठिनाइयों का सामना करना पड़ता है। प्रस्तुत पुस्तक के माध्यम से उनकी इन कठिनाइयों को दूर करने का प्रयास किया गया है। इसके साथ ही साथ सूचना प्रौद्योगिकी पर महत्वपूर्ण जानकारियों को सरल, सहज एवं बोधगम्य भाषा में हिन्दी भाषी पाठकों को उपलब्ध कराना इस पुस्तक का एक प्रमुख उद्देश्य है।

सूचना प्रौद्योगिकी एक नवीनतम विचार है जिसका प्रयोग व्यापक रूप से सभी ग्रंथालयों में किया जाने लगा है। ग्रंथालय एवं सूचना विज्ञान के अन्तर्गत सूचना प्रौद्योगिकी एक प्रमुख विषय के रूप में विभिन्न विश्वविद्यालयों में पढ़ाया जा रहा है। सूचना प्रौद्योगिकी के क्षेत्र में इतनी प्रगति हुई है कि अब हम डिजिटल ग्रंथालय की ओर अग्रसर हैं। इस क्षेत्र में नित्यप्रति हो रहे विकास के परिप्रेक्ष्य में विषय का महत्व और उपयोगिता और अधिक बढ़ जाती है।

इस पुस्तक को अधिक उपयोगी बनाने के लिए सरल एवं लोकप्रिय हिन्दी शब्दों का प्रयोग किया गया है। उनके साथ ही अंग्रेजी के शब्द भी दिए गए हैं ताकि पाठकों को किसी प्रकार की कठिनाई न हो।

अन्त में, मैं अपने सभी सहयोगियों एवं विद्यार्थियों के प्रति हार्दिक आभार व्यक्त करता हूँ जिनके निरन्तर आग्रह एवं प्रोत्साहन ने ही मुझे इस पुस्तक को लिखने के लिए प्रेरित किया।

डॉ. सी.के. शर्मा

डॉ. हेमन्त शर्मा

विषय-सूची

सूचना प्रौद्योगिकी: एक आकलन (Information Technology: An Overview) 1

हम ऐसे समाज में जीवन यापन कर रहे हैं, जहाँ प्रति क्षण सूचना की आवश्यकता होती है। सूचना प्रौद्योगिकी, राजनीतिक, आर्थिक तथा सामाजिक जीवन की रीढ़ होती है। मनुष्य के जीवन के समस्त कार्य, घटनाएं, व्यवहार तथा अन्य क्रियायें ये सभी सूचना से प्रभावित होती हैं। सूचना के बिना मानव जीवन अधूरा है।

1. **सूचना प्रौद्योगिकी (Information Technology):** सूचना तकनीकी के कई चरण (Stages) हैं, जो इस प्रकार हैं:–

(a) सूचना प्रक्रिया (Information Process)

(b) सूचना संग्रह (Information Storage)

(c) सूचना विखण्डन (Information Retrieval)

(d) सूचना प्रकीर्णन (Information Dissemination)

(e) सूचना की गतिशीलता (Mobility of Information)

(f) सूचना वातावरण पर नियंत्रण (Control over Information)

अत: सूचना का अपना एक विशेष महत्व है। सूचना विज्ञान को अंग्रेजी में Information Technology, फ्रेंच में Informatika, रूसी भाषा में Information Handling कहते हैं।

UNESCO के अनुसार: "सूचना तकनीकी वह उपकरण है जिसके द्वारा सूचना का संग्रह, विखण्डन, प्रक्रिया तथा प्रकीर्णन किया जाता है।"

(a) तत्त्व (Components):

सूचना तकनीकी में निम्न तत्व शामिल हैं:–

(i) कम्प्यूटर की संग्रह करने की क्षमता (Storage Capacity of Computer)

(ii) प्रक्रिया (Process)

(iii) दूरसंचार प्रौद्योगिकी (Telecommunication Technology)

(iv) सूचना का हस्तान्तरण, सम्पादन, संग्रहण आदि (Transfer, Editing and Storage of Information)

सूचना तकनीकी में निम्नलिखित गुण आवश्यक हैं:–

(i) समय (Time)
(ii) शुद्धता (Accuracy)
(iii) उपयुक्तता (Suitability)
(iv) संग्रह की क्षमता (Storage Capacity)
(v) प्रमाणिकता (Authenticity)
(vi) अधिग्रहण क्षमता (Acquisitional Capacity)
(vii) स्वतन्त्रता (Freedom)
(viii) परिपूर्णता (Perfection)
(ix) स्पष्टता (Clarity)

जेम्स विलियम्स के अनुसार सूचना तकनीकी के अन्तर्गत निम्न 6 तकनीकें आती हैं:–

(i) प्रक्रिया, स्मरण शक्ति तथा आन्तरिक एवं बाह्य माध्यम (Process, Memory, Internal and External Channels)
(ii) सूक्ष्म माध्यम तथा बड़े स्तर के कम्प्यूटर (Micro Channels and Super Computer)
(iii) अधिक सूचना संग्रह से सम्बन्धित तकनीक (Techniques Related to Information Storage)
(iv) डाटा संचार नेटवर्क तथा वितरण प्रक्रिया (Data Communication Network and Distribution Process)
(v) डाटा उनका प्रस्तुतीकरण तथा सम्बन्धित तकनीक (Data, Its Presentation and Related Techniques)
(vi) सॉफ्टवेयर (Software)

(b) सूचना तकनीकी में चार प्रकार के अनुशासन निहित होते हैं:–

(i) वैज्ञानिक अनुशासन (Scientific Discipline)
(ii) प्राविधिक अनुशासन (Engineering Discipline)
(iii) तकनीकी अनुशासन (Technological Discipline)
(iv) प्रबन्ध अनुशासन (Management Discipline)

सूचना तकनीकी इन पाँच अक्षरों A, B, C, D, E पर आधारित है:–

(A) डाटा अधिग्रहण (Access to Data)

(B) हार्डवेयर, सॉफ्टवेयर (Hardware, Software)

(C) मानव संपर्क एवं उद्देश्य (Man and Objective)

(D) विखंडन (Dissemination)

(E) मूल्यांकन (Evaluation)

2. सूचना प्रौद्योगिकी प्रणालियाँ (Methods of Information Technology):

(i) ज्ञान को रिकार्ड करने वाले उपकरणों से सम्बन्धित प्रणाली : इसके अन्तर्गत मुख्य रूप से दो कार्य आते हैं:–

(A) कम्प्यूटर संग्रहण माध्यम (Computer Storage Media): टेप, डिस्क।

(B) पूर्ण विवरण डाटाबेस (Full Text Database): वह डाटाबेस जिसमें सम्पूर्ण विवरण पूर्ण विवरण डाटा के आधार पर दिया गया है।

(ii) सांख्यिकी सम्बन्धित रिकार्ड को रखने की प्रणाली:–

(A) कम्प्यूटर हार्डवेयर (Computer Hardware) — ये संग्रह का माध्यम है।

(B) सॉफ्टवेयर (Software)।

(iii) प्रलेखों को सूचीबद्ध करने की प्रणाली : इसके अन्तर्गत निम्न कार्य आते हैं:–

(A) कम्प्यूटर के द्वारा सूची तैयार करने की तकनीक।

(B) इंडेक्स फाइल तैयार करने की तकनीक।

(C) विशिष्ट फाइल तैयार करने की तकनीक।

3. संचारित ज्ञान की प्रणालियाँ (Methods of Communicated Knowledge):

(a) इलेक्ट्रॉनिक मेल प्रणाली (Electronic Mail System):–इस प्रणाली के द्वारा पत्र (Letters), आदेश (Orders), बड़े प्रलेख (Large Documents) का सम्पूर्ण विवरण संचारित किया जाता है।

(b) इमेज ट्रांसमिशन प्रणाली (Image Transmission System):–इस प्रणाली के माध्यम से प्रलेखों के चित्र तथा इलेक्ट्रॉनिक पत्रिकाएं सी.डी., डिस्क, फ्लॉपी पर आ जाते हैं।

(c) टेलीकांफ्रेंसिंग (Teleconferencing):–इसके माध्यम से विभिन्न स्थानों पर रहने वाले व्यक्तियों को टेलीफोन अथवा वीडियो कनेक्शन के माध्यम से सूचना संचारित की जाती है।

(d) डाटा संचार नेटवर्क (Data Communication Network):– इसके माध्यम से थोड़े या बड़ी संख्या में संग्रहित डाटा को Machine Readable Form के माध्यम से उपलब्ध कराया जाता है।

सूचना प्रौद्योगिकी का परिचय (Introduction to Information Technology):–सूचना प्रौद्योगिकी के अन्तर्गत पाँच आधुनिकतम तकनीकें शामिल हैं:–

(a) इलेक्ट्रॉनिक और फोटोनिक प्रौद्योगिकी (Electronic and Photonic Technology)

(b) कम्प्यूटर प्रौद्योगिकी–सॉफ्टवेयर, हार्डवेयर (Computer Technology–Software, Hardware)

(c) संचार प्रौद्योगिकी (Communication Technology)

(d) कृत्रिम प्रौद्योगिकी (Artificial Technology)

(e) मानव-मशीन सम्बन्ध आधारित प्रौद्योगिकी (Human-Machine Interface Technology)

4. कम्प्यूटर विकास के चरण (Stages of Development of Computers): कम्प्यूटर का विकास पाँच चरणों में हुआ है:–

(a) **प्रथम चरण:** कम्प्यूटर की उत्पत्ति 1940–1950 के बीच हुई।

(i) सर्वप्रथम वैक्यूम ट्यूब का प्रयोग किया गया जो CPU (Central Processor Construction) के नाम से जाना जाता है।

(ii) मैग्नेटिक कोड डिवाइस (Magnetic Code Device): इस विधि का प्रयोग मुख्य स्मृति के लिए किया गया।

(iii) मानव-मशीन सम्बन्ध (Human-Machine Interface): कम्प्यूटर भाषा के माध्यम से मानव और मशीन का सम्मिश्रण हुआ। इस भाषा में 1–0 तथा Mnemonic का प्रयोग शुरू हुआ।

(iv) स्मृति चिन्ह (Mnemonic Symbol): स्मृति चिन्हों का प्रयोग 1 तथा 0 के स्थान पर किया गया।

(v) सॉफ्टवेयर पैकेज (Software Package): जिसके स्मृति चिन्हों को मशीन की भाषा के माध्यम से 1–0 में परिवर्तित कर दिया गया, इस सॉफ्टवेयर को एसेम्बल (Assemble) के नाम से जाना गया।

(vi) विकसित कम्प्यूटर का वजन अधिक था।

(vii) इस कम्प्यूटर में बिजली की खपत अधिक होती थी।

(viii) ये कम विश्वसनीय होते थे।

(b) **दूसरा चरण:** इसका आरम्भ 1960 में हुआ और इसमें सर्वप्रथम ट्रांजिस्टर टेक्नोलॉजी (Transistor Technology) का प्रादुर्भाव हुआ। ट्रांजिस्टर अर्धचालक उपक्रम (Transistor Semiconductor Device) होते थे जो वैक्यूम ट्यूब (Vacuum Tube) के समान ही कार्य करते थे। इस ट्रांजिस्टर (Transistor) को आकार में छोटे, बिजली की कम खपत, अधिक विश्वसनीयता और उपयुक्त आकार में होने के कारण मिनी कम्प्यूटर (Mini Computer) के नाम से जाना जाता था।

इसी अवधि में फॉरट्रॉन जैसी उच्चस्तरीय भाषा का विकास किया गया।

(c) **तीसरा चरण:** यह चरण 1970 से प्रारम्भ होता है। इस अवधि में अनेक ट्रांजिस्टर को सिलिकॉन वॉटर से अलग कर दिया गया। सभी ट्रांजिस्टर (Transistor) एक दूसरे से जोड़े गये और उन्हें तार्किक (Logical) कार्यों के आधार पर प्रयोग किया गया और इस विधि को मिश्रित सर्किट विधि के नाम से जाना जाता है। इसके परिणामस्वरूप कम्प्यूटर (Computer) की विश्वसनीयता में वृद्धि हुई। इसके अलावा कम्प्यूटर भाषा (Computer Language) का भी विकास किया गया। उस समय कम्प्यूटर की अनेक स्तरीय भाषाएं विकसित की गईं। इस विधि का यह लाभ हुआ कि एक से अधिक प्रोग्राम देने के लिए एक प्रणाली (System) का विकास किया गया।

(d) **चतुर्थ चरण:** 1980 के दशक में प्रारम्भ हुए कम्प्यूटर विकास के चतुर्थ चरण में कुछ और विधियों का विकास हुआ, जैसे:–

(1) लघु आकार-सम्बन्ध (SSI – Small Scale Integration)

(2) मध्यम आकार-सम्बन्ध (MSI – Medium Scale Integration)

(3) विशाल आधारित-सम्बन्ध (LSI – Large Scale Integration)

(4) अधिक विशाल आधारित-सम्बन्ध (VLSI – Very Large Scale Integration)

(A) चतुर्थ विधि के परिणामस्वरूप माइक्रो प्रोसेसर (Micro Processor) की उत्पत्ति हुई जिसे हम CPU (Central Processing Unit) के नाम से जानते हैं।

(B) सभी PC (Personal Computer) माइक्रो कम्प्यूटर कहलाते हैं। इसकी चिप (Chip) इंटेल कारपोरेशन (Intel Corporation) के द्वारा तैयार की गयी जिसे पेन्टीयम (Pentium) या 80586 के नाम से जाना जाता है।

(e) **पंचम चरण:** कम्प्यूटर विकास के इस चरण का सम्बन्ध वर्तमान से है। इसमें Non Numerical Application का प्रयोग प्रारम्भ हुआ है। जिसके कारण कम्प्यूटर (Computer) संग्रहण की क्षमता में अत्याधिक वृद्धि हुई। इस अवधि में हुए कम्प्यूटर के विकास को नीचे चित्र के माध्यम से दर्शाया गया है:

आधुनिक कम्प्यूटर (Modern Computer)

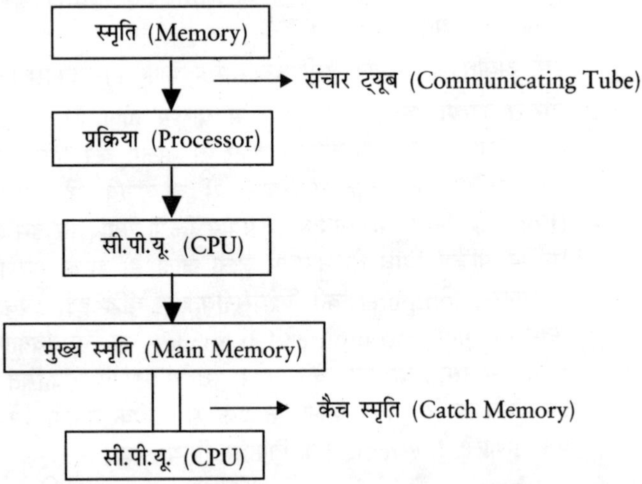

5. संग्रहण प्रौद्योगिकी (Storage Technology): प्रौद्योगिकी संग्रहण तकनीक के तीन मापदण्ड हैं:–

(a) सूचना प्राप्त करने की गति

(b) गतिशीलता

(c) समय की बचत

(a) **मुख्य स्मृति** (Main Memory): मुख्य मेमोरी और कैच मेमोरी (Main and Catch Memory) अर्द्धचालक स्मरण शक्ति होती है जिसमें ट्रांजिस्टर लॉजिक (Transistor Logic) का प्रयोग किया जाता है। अर्द्धचालक स्मरण शक्ति को दो वर्गों में बांटा जा सकता है:–
पाठन स्मृति तक सीमित ROM (Read Only Memory) तथा

आकस्मिक प्राप्त स्मृति RAM (Random Access Memory)

ROM: इसमें विवरण को स्थायी रूप से संग्रह किया जाता है और उसके आधार पर प्रोग्राम निर्धारित किया जाता है। यह दो प्रकार के होते हैं–

एक वे जिनमें इनके निर्मित करते समय डाटा संग्रह करते हैं, व जिसमें उपभोक्ता द्वारा प्रोग्राम तैयार करते समय डाटा संग्रह किया जाता है, उसको प्रोग्रामिंग कहते हैं।

दूसरे वे जिनमें पूर्व में संग्रह किये गये प्रोग्राम में गलती होने के कारण दोबारा प्रोग्राम बनाकर डाटा संग्रह किया जाता है।

RAM: प्रोग्राम संचारण एवं डाटा संग्रह के लिए इसका प्रयोग किया जाता है। इनको दो भागों में विभक्त किया जा सकता है–

(i) SRAM (Static RAM): इसमें प्रत्येक स्मरण शक्ति सम्बन्धी यूनिट (Unit) के अन्तर्गत ट्रांजिस्टर (Transistor) लगे होते हैं जो स्वत: बन्द (Self Locking) हो जाते हैं।

(ii) DRAM (Dynamic RAM): इसके अन्तर्गत सेल (Cell) में एक या एक से अधिक ट्रांजिस्टर (Transistor) लगे होते हैं और इनके द्वारा डाटा संग्रह में किसी भी प्रकार का परिवर्तन किया जा सकता है। DRAM में संग्रह क्षमता SRAM से बहुत अधिक होती है।

(b) **चुम्बकत्व संग्रहण** (Magnetic Storage): यह कम्प्यूटर का एक महत्वपूर्ण भाग है। इसके अन्तर्गत क्पेब और टेप (Tapes) को डाटा संग्रह के लिए प्रयोग किया जाता है। अत: यह डाटा संग्रहण का एक महत्वपूर्ण माध्यम है।

डिस्क मेमोरी क्षमता (Disc Memory Capacity): इसकी दूरी सैंकड़ों किलो बाइट (Kilo Byte) से एक गिगा बाइट (Giga Byte) होती है। 1000 मेगा बाइट एक गिगा बाइट के बराबर होता है। डिस्क (Disc) की स्मरण क्षमता को दो भागों में बाँट सकते हैं।

वे सभी माध्यम जो स्थायी रूप से संग्रहण का कार्य करते हैं, इसके अन्तर्गत आते हैं। इससे तात्पर्य है कि संग्रह किये हुए डाटा को हटाया या परिवर्तित नहीं किया जा सकता है।

फ्लॉपी (Floppy): यह संग्रहण का वह माध्यम है, जिसमें एक बार संग्रह किये हुए डाटा को नष्ट भी कर सकते हैं और उसके स्थान पर

दूसरा विवरण या डाटा भी संग्रह किया जा सकता है। इसकी गति धीमी होती है।

चुम्बकीय टेप (Magnetic Tape): चुम्बकीय टेप का सामान्य रूप से प्रयोग अभिलेखों के संग्रह के लिए किया जाता है।

इसका प्रयोग छोटे या कम विवरण के लिए किया जाता है लेकिन अधिक संख्या में डाटा संग्रह के लिए चुम्बकीय टेप (Magnetic Tape) का प्रयोग किया जाता है जिसमें एक संग्रहण की क्षमता 150 जी.वी. होती है।

(c) **ऑप्टिकल संग्रहण** (Optical Storage): यह चुम्बकीय संग्रहण (Magnetic Storage) का आधुनिक रूप है। इसके अन्तर्गत दो तरीकों से संग्रह किया जाता है–

(i) ऑन-लाइन माध्यमिक संग्रह (Online Secondary Storage)

(ii) ऑफ-लाइन अभिलेखीय संग्रह (Offline Archival Storage)

ऑप्टीकल संग्रह में अनेक सुविधाएं उपलब्ध हैं, जैसे:–

(1) इस संग्रह पद्धति के द्वारा कम्प्यूटर की संग्रहण क्षमता में वृद्धि हुई है।

(2) इनमें डाटा को लम्बे समय तक सुरक्षित रखा जा सकता है।

(3) इनमें कई प्रकार से संग्रह किया जा सकता है।

(4) यह डिस्क, टेप (Disc, Tape) तथा कार्ड के रूप (Card Form) में भी संग्रह किया जा सकता है।

(5) डिस्क (Disc) का आकार 14 इंच या 12, 8, 5 से, 4.75 (4–) तथा 3– इंच होता है।

ऑप्टिकल संग्रहण (Optical Storage) को हम 3 वर्गों में बाँट सकते हैं:-

(1) एक बार लेखन, पाठन अनेक बार (WORM – Write Once Read Many Times)

(2) पाठन स्मृति तक सीमित (ROM – Read Only Memory)

(3) पुनः लेखन स्मृति (RWM – Rewritable Memory)

(1) WORM – इसकी निम्नलिखित विशेषताएं हैं:–

(a) इसमें उल्टी रिकॉर्डिंग (Recording) की जाती है।

(b) यदि संग्रहण क्रिया में कोई परिवर्तन किया गया है, तो इसके द्वारा उस परिवर्तन को पुनः अपनी वास्तविक स्थिति में लाया जा सकता है।

(c) डाटा यूनिट (Units) में या छोटे-छोटे सेक्शन (Section) में लिखे जाते हैं।

(d) प्रत्येक सेक्टर (Sector) को एक यूनिट (Unit) कहा जाता है।

(e) एक सेक्टर (Sector) का विवरण एक समय में पूरा लिखा जाता है।

(f) एक सेक्टर (Sector) के लिखे हुए डाटा को दूसरे सेक्टर (Sector) के स्थान पर लिखा जा सकता है।

(g) डाटा अधिक समय तक सुरक्षित नहीं रखा जा सकता। डाटा का जीवन बार-2 पढ़ने पर कम होता जाता है।

(2) ROM (CD-ROM): इसके अन्तर्गत सम्पूर्ण टेप में एक साथ ही डाटा संग्रह किये जाते हैं। इसमें सेक्टर (Sector) प्रणाली नहीं होती है। जो भी डाटा संग्रह कर लिया जाता है उसको परिवर्तित नहीं किया जा सकता।

(3) RWM: चुम्बकीय टेप (Magnetic Tape) की तरह है। टेप पर जो भी डाटा संग्रह किया गया है उसको मिटाया जा सकता है और उसके स्थान पर अन्य डाटा संग्रह किया जा सकता है। इसमें सेक्टर (Sector) का प्रयोग किया जा सकता है।

6. संग्रहण विधि (Input Device): संग्रहण विधि (Input Device) से तात्पर्य है, कम्प्यूटर (Computer) में डाटा का संग्रह करना। संग्रह विधि में मुख्य रूप से चार Device होते हैं:–

(a) टर्मिनल (Terminal)

(b) की-बोर्ड (Keyboard)

(c) माऊस (Mouse)

(d) स्कैनर (Scanner)

(a) **टर्मिनल** (Terminal): टर्मिनल एक ऐसा स्क्रीन (Screen) है जिस पर कम्प्यूटर (Computer) द्वारा प्रदर्शित इमेज (Image) प्रस्तुत होती है। यह कम्प्यूटर के साथ संलग्न रहता है और कम्प्यूटर के माध्यम से ही इसका प्रयोग किया जाता है। जब भी कोई प्रविष्टि (Entry) की जाती है तो यह टर्मिनल के माध्यम से ही की जाती है और उस प्रविष्टि का सम्पादन और डाटा का संग्रहण टर्मिनल के माध्यम से ही होता है। टर्मिनल श्वेत श्याम और रंगीन दोनों ही प्रकार के हो सकते हैं।

(b) **की-बोर्ड** (Keyboard): यह टाइपराइटर (Typewriter) की तरह होता है तथा बटन पद्धति पर ही आधारित होता है लेकिन इसका एक भाग अलग होता है। कम्प्यूटर के की-बोर्ड (Keyboard) में 101 बटन होते हैं, जिनका विवरण निम्न है:–

(i) 26 अक्षरों वाले की (Keys)

(ii) 10 अंक वाले की (Keys)

(iii) 17 नम्बर वाले पैड-की (Pad Key)

(iv) 23 विशिष्ट चरित्र वाले की (Key)

(v) 1 Joystick (Spacebar)

(c) **माऊस** (Mouse): इसमें तीन लम्बे पुश बटन (Push Button) होते हैं–

(1) ड्रैगर (Dragger) (2) क्लिक (Click) (3) पेन्ट बटन (Paint Button)

क्लिक बटन (Click Button): किसी डाटा के चयन या निरस्त (Select or Cancel) करने के लिए इसका प्रयोग किया जाता है। दायीं ओर के बटन का अलग-अलग सॉफ्टवेयर में अलग-अलग प्रयोग होता है।

(d) **स्कैनर** (Scanner): इसका प्रयोग डाटा (Data) को परिवर्तित करने के लिए किया जाता है और इस प्रक्रिया के लिए प्रलेख को इस तरह के Form में चिन्हित् अर्थात् कोडिंग (Coding) किया जाता है कि CPU में इसको प्रोसेस (Process) किया जा सके। चुम्बकीय स्कैनर (Magnetic Scanner) का प्रयोग ग्रंथालय में बार कोड (Bar Code) के लिए किया जाता है।

7. आउटपुट विधि (Output Device): यह टर्मिनल (Terminal) के माध्यम से सूचना प्राप्त करने का माध्यम है जिसे VDU (Visual Display Unit) कहते हैं। इसकी एक लाइन (Line) में 80 कैरेक्टर (Character) होते हैं और स्क्रीन (Screen) में 24 लाइनें होती हैं। कुछ VDU में Graph की क्षमता भी होती है। यह तीन प्रकार के होते हैं:–

(a) कम्प्यूटर ग्राफिक एडैप्टर (Computer Graphic Adaptor—CGA)

(b) विस्तारित ग्राफिक एडैप्टर (Extended Graphic Adaptor—EGA)

(c) विडियो ग्राफिक एडैप्टर (Video Graphic Adaptor—VGA)

प्रिंटर (Printer): प्रिंटर दो प्रकार के होते हैं:–

(a) प्रभावी प्रिंटर (Impact Printer)

(b) अप्रभावी प्रिंटर (Non Impact Printer)

(a) **प्रभावी प्रिंटर** (Impact Printer): इस प्रिंटर (Printer) के द्वारा हार्ड कॉपी (Hard Copy) निकाली जाती है जिसमें कागज को स्पर्श नहीं किया जाता केवल प्रिंटर के द्वारा कागज को प्रभावित किया जाता है। ऐसे प्रिंटर डॉट मैट्रिक्स (Dot Matrix) चरित्र के होते हैं और यह दो प्रकार के होते हैं:–

डेजी व्हील प्रिंटर (Daizy Wheel Printer): यह प्रिंटर पहियों पर कार्य करते हैं और पहियों के द्वारा घूमने से कागज के ऊपर उसका प्रभाव (Impression) पड़ता है। इसलिए इसे डेजी व्हील प्रिंटर (Daizy Wheel Printer) कहते हैं।

डॉट मैट्रिक्स प्रिंटर (Dot Matrix Printer): इसमें 7 × 5 इंच के पिन मैट्रिक्स (Pin Matrix) लगे होते हैं और ये पिन मैट्रिक्स रिबन पर कार्य करते हैं। ये प्रिंटर कम खर्चीले होते हैं और इनकी गति 8–12 पृष्ठ प्रति मिनट होती है।

(b) **अप्रभावी प्रिंटर** (Non Impact Printer): इसे Electrostatic Printer या जीरोक्सोग्राफिक भी कहा जाता है। ये चार प्रकार के होते हैं:–

(i) इलेक्ट्रोस्टैटिक प्रिंटर (Electrostatic Printer): यह डॉट मैट्रिक्स (Dot Matrix) की तरह ही पिन (Pin) प्रणाली के अनुसार कार्य करते हैं जिनके माध्यम से विद्युत आवेशित (Electric Charge) होता है और टोन (Tones) की सहायता से प्रिंट (Print) निकाला जाता है। इसमें भी पेपर और पिन के बीच कोई सम्बन्ध नहीं होता।

(ii) जीरोग्राफिक प्रिंटर (Xerographic Printer): जीरोग्राफिक प्रिंटर (Xerographic Printer) फोटो कॉपी (Photo Copying) मशीन की तरह कार्य करते हैं।

(iii) इंकजेट प्रिंटर (Inkjet Printer): यह भी हार्ड कॉपी (Hard Copy) प्रदान करता है। इसके अन्तर्गत प्रिंटर हेड (Print Head) में लगे नोजल (Nosal) से स्याही को बिजली के माध्यम से नियन्त्रित किया जाता है और स्याही से प्रिंट निकाला जाता है। इसमें कागज नोजल को स्पर्श करता है।

(iv) लेजर प्रिंटर (Laser Printer): इसमें लेजर फीता पद्धति को अपनाया जाता है। इसमें रोशनी से प्रभावित ड्रम प्रयोग में लाये जाते हैं जो टोन (Tones) को क्रियाशील बनाते हैं और कागज को प्रिंट (Print) करते हैं। ये प्रिंटर (Printer) महंगे होते हैं लेकिन इनकी गति (Speed) एक मिनट में 25–30 पृष्ठ प्रिंट करने की होती है।

8. संचालित प्रणाली (Operating System): संचालित प्रणाली चार प्रकार की होती है:–

(1) सी पी यू (CPU) (2) माध्यमिक संग्रह (Secondary Storage) (3) संग्रह विधि (Input Device) (4) आउटपुट विधि (Output Device)। ये सभी कम्प्यूटर के साधन हैं जिनके माध्यम से डाटा (Data) को क्रियान्वित किया जाता है। संचालन प्रणाली (Operating System) में सॉफ्टवेयर की सहायता ली जाती है। इसे दो वर्गों में बांटा जाता है:–

(a) एकल उपभोक्ता संचालित प्रणाली (Single User Operating System)

(b) बहूउपभोक्ता संचालित प्रणाली यूनिक्स (Multi User Operating System—UNIX)

(a) एकल उपभोक्ता संचालित प्रणाली (Single User Operating System): इसमें DOS (Disc Operating System) प्रणाली का प्रयोग किया जाता है। DOS माइक्रोसॉफ्ट डिस्क संचालित प्रणाली के अन्तर्गत कार्य करता है, जिसका आविष्कार माइक्रोसॉफ्ट कारपोरेशन द्वारा किया गया। इसको PC-DOS का नाम दिया गया। इसके अन्तर्गत उपभोक्ता (User) आन्तरिक आदेशक (Internal Command) के द्वारा कार्य करता है जिसे हम वाह्य आदेशक (External Command) एवं आन्तरिक आदेशक (Internal Command) कहते हैं।

आन्तरिक आदेशक मुख्य स्मृति (Main Memory) में संचित (Load) किये जाते हैं और जब कम्प्यूटर को कार्यशील बनाया जाता है तो उपभोक्ता इन आदेशक (Command) की सहायता लेता है जिसमें डिस्क को डिस्क ड्राइव (Disc Drive) के द्वारा संचित करने की आवश्यकता नहीं होती।

बाह्य आदेशक प्रणाली के डिस्क में ही दिये होते हैं और उन्हें मुख्य मेमोरी (Main Memory) में आवश्यकता के अनुसार प्रयोग किया जाता है। एक बार करने पर यह मुख्य स्मृति में बना रहता है जिसके आधार पर उपभोक्ता अपनी सूचनाएं प्राप्त करता रहता है।

MS-DOS में पाँच प्रकार की फाइलें तैयार की जाती हैं:–

(i) सामान्य फाइल (Common Files [Executable Files])

(ii) प्रलेख फाइल (Text or Document File)

(iii) समूह फाइल (Batch File)

(iv) बैकअप फाइल (Backup File)

(v) अन्य उपभोक्ता फाइल (Other User File)

एक्जिक्युटिव कमांड फाइल (Executive Command File): उपभोक्ता के लिए विकसित प्रोग्राम के अनुसार कोड का प्रयोग किया जाता है। प्रलेख फाइल प्रलेख की सूचनाओं से सम्बन्धित होती है। जैसे– पत्र, प्रलेख तथा पते। एक समूह फाइल MS-DOS कमांड के क्रम में होती है, जिनमें एक के पश्चात् दूसरे का प्रयोग किया जाता है। एक बैकअप फाइल सामान्य रूप से दूसरी फाइल की नकल होती है। उपभोक्ता की अन्य आवश्यक फाइलें उनकी आवश्यकताओं के अनुसार तैयार की जाती हैं।

(b) बहूउपभोक्ता संचालित प्रणाली–यूनिक्स (Multi User Operating System—UNIX): UNIX बहूउपभोक्ता संचालित प्रणाली है तथा यह एक मानक संचालित प्रणाली (Standard Operating System) के रूप में जानी जाती है। इसमें सरल तथा अधिक प्रभावकारी आदेशक भाषा (Command Language) की आवश्यकता होती है। इसे कमांड ऑफ शेल (Command of Shell) के नाम से जाना जाता है। शेल कमांड को पढ़ता है और प्रोग्राम को संचालित करता है। शेल के माध्यम से एक फाइल से सूचना लेकर दूसरी फाइल में हस्तांतरित की जाती है। इस प्रणाली में पाइप (Pipes) का प्रयोग किया जाता है। इन पाइप में फिल्टर (Filter) लगे होते हैं जो उपभोक्ता (User) को अपनी आवश्यक सूचना को ढूंढने और उसको प्राप्त करने में मदद करते हैं। इस प्रणाली में CPU का कार्य महत्वपूर्ण है। इस प्रणाली के द्वारा CPU तीन चरणों में कार्य करता है जो चार्ट के द्वारा नीचे दर्शाया गया है:-

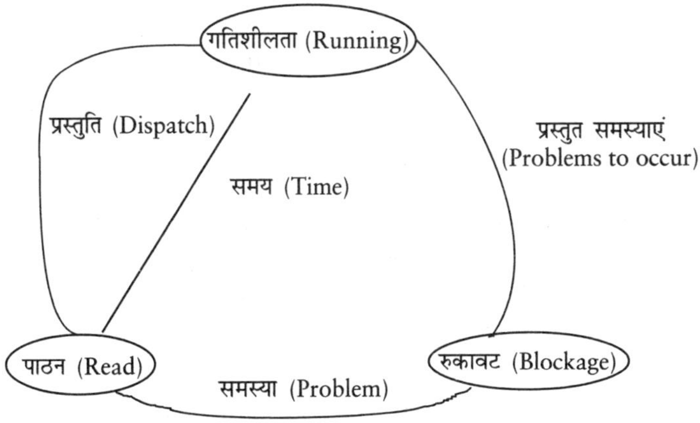

चालित प्रक्रिया **(Transit Process)**

9. विंडोज़ (Windows): यह कम्प्यूटर की आन्तरिक प्रणाली है। इसमें विवरण संग्रह किया जाता है। यह प्रणाली निम्नलिखित कार्य करती है:–

(a) इसका ग्राफ के लिए प्रयोग किया जाता है।

(b) यह Computer Screen आयत (Rectangular) क्षेत्र का निर्माण करती है।

(c) यह डेस्क टॉप की पृष्ठभूमि में दिखाई पड़ती है।

(d) Mouse स्क्रीन में चारों ओर चक्कर लगाने में इसकी सहायता करता है।

(e) इसका PC (Personal Computer) में ही अधिक प्रयोग किया जाता है।

10. प्रोग्रामिंग भाषा (Programming Language): प्रोग्रामिंग भाषा कम्प्यूटर और व्यक्ति के बीच संचार माध्यम का कार्य करती है। प्रोग्रामिंग भाषा को दो भागों में बाँट सकते हैं:–

(a) कार्य विधि भाषा (Procedural Language)

(b) अकार्य विधि भाषा (Non-Procedural Language)

(a) कार्य विधि भाषा (Procedural Language): इन भाषाओं में प्रमुख हैं: COBOL, ALGOL, PASCAL, C, BASIC आदि। सामान्य रूप से इन सभी भाषाओं का ढाँचा समान है लेकिन विश्लेषण में सब भिन्न हैं।

(b) अकार्य विधि भाषा (Non-Procedural Language): ये भाषायें भी निम्न प्रकार की होती हैं: (1) नियम पर आधारित भाषा (Rule Based Language, Exmp: PROLOG) (2) कार्यरूपी भाषा (Functional Language, Exmp: LISP LISP) (3) ग्राफिक भाषा (Graphic Language) (4) उद्देश्य पर आधारित भाषा (Objective Based Language, Exmp: SMALL TALKè LOGO)।

11. आधुनिक भाषा (Modern Language): उपरोक्त सभी भाषाओं को मशीन की भाषा कहा जाता है। वास्तविकता यह है कि वर्तमान में उपभोक्ता की माँग, समय की कमी और ज्ञान के प्रसार को ध्यान में रखते हुए यह आवश्यक समझा गया कि इस तरह की प्रोग्रामिंग भाषा का प्रयोग किया जाना चाहिए जो कि–

(a) उपभोक्ताओं को अविलम्ब सेवा देने में सक्षम हो।

(b) सभी परिवर्तन सरलता से किये जा सकें।

(c) गलतियाँ न हो।
(d) कम लागत में सेवा प्राप्त हो।
(e) प्रत्येक उपभोक्ता उस भाषा को समझ सके।

12. सॉफ्टवेयर (Software): वर्तमान में कम्प्यूटर का प्रयोग कार्यालयों तथा उद्योगों का प्रबन्ध, चिकित्सा एवं दवाइयों की जानकारी, मिलिट्री, सरकार और राजनीति सम्बन्धी सूचनाएं, साहित्य, संगीत तथा कला से सम्बन्धित सूचनाएं, इंजीनियरिंग, विज्ञान और प्रौद्योगिकी सम्बन्धी सूचनाएं तथा अन्य कार्यों से सम्बन्धित सूचनाएं अविलम्ब प्राप्त होती है। इसके लिए यह आवश्यक है कि एक ऐसा प्रोग्राम तैयार किया जा सके जो इन सभी सूचनाओं को देने में उपभोक्ता की सहायता कर सके। विशेषतया किसी विशेष पद्धति पर आधारित तथा विशेष उद्देश्य से तैयार किया गया प्रोग्राम कहलाता है।

13. शब्द प्रक्रिया (Word Processing): इसके माध्यम से मुद्रित विवरण का सम्पादन, संग्रहण, प्रकीर्णन तथा प्रस्तुतीकरण किया जाता है। इसके द्वारा सम्पूर्ण पृष्ठ को दोबारा तैयार किया जा सकता है तथा विवरण में आवश्यकतानुसार किसी भी प्रकार का परिवर्तन किया जा सकता है। सम्पूर्ण विवरण को अन्तिम रूप से तैयार करने के पश्चात् उसे सुरक्षित संग्रहित किया जा सकता है और आवश्यकतानुसार उसका प्रकीर्णन कर उपभोक्ता की माँग पर उपलब्ध कराया जा सकता है।

कार्य (Functions): इसके प्रमुख कार्य इस प्रकार हैं:–

(a) यह प्रलेख का स्वरूप सीमित कर देता है।
(b) शीर्षक (Headings) को उचित स्थान देता है।
(c) पृष्ठ संख्या निर्धारित करता है।
(d) हाशिये (Margin) और तालिकायें आसानी से तैयार किये जा सकते हैं।
(e) आसानी से लाइन (Line) खींची जा सकती है।
(f) शब्दों की गलतियों को सही कर सकते हैं।
(g) डॉक्यूमेंट (Document) का एक विवरण दूसरे विवरण से जोड़ा जा सकता है।
(h) एक शब्द को दूसरे शब्द से जोड़ा जा सकता है।

14. डेस्क टॉप प्रकाशन (Desk Top Publishing): यह एक यांत्रिक प्रणाली (Electronic System) है। यह अच्छे गुण वाली प्रिंटिंग करता है जिसके द्वारा प्रलेख का सम्पूर्ण विवरण, लाइन, ग्राफ आदि तैयार किये जा सकते हैं। इसका सम्बन्ध विवरण का प्रस्तुतीकरण, पृष्ठ का प्रस्तुतीकरण, पृष्ठ का

निर्धारण, आकार का निर्धारण, विभिन्न स्टाइल (Style) में मुद्रण, फोटो आदि तैयार करना तथा चित्र बनाना है अर्थात् यह पेज मेकर (Page Maker) का कार्य करता है। यह धीमी गति से आवश्यकतानुसार मुद्रण करता है।

कार्य (Function): इसके प्रमुख कार्य इस प्रकार हैं:–

(a) यह पेज के निर्धारण और विवरण के स्टाइल (Style) पर नियंत्रण करता है।

(b) यह विभिन्न अक्षरों के रूप में तथा विभिन्न आकारों में विवरण तथा पृष्ठ का निर्धारण करता है।

(c) इसमें प्रयोग किये गये कॉलम अनेक प्रकार के तथा आकर्षक होते हैं।

(d) एक शब्द को दूसरे शब्द से जोड़ा जा सकता है।

विवरणात्मक प्रश्न (Long Questions)

(1) आउटपुट डिवाइस (Output Device) का वर्णन करें।

(2) प्रोग्रामिंग भाषा से आप क्या समझते हैं? इसकी विशेषताओं को बताते हुए इसके प्रकार का वर्णन करें।

संक्षिप्त प्रश्न (Short Questions)

(1) सूचना प्रौद्योगिकी से आप क्या समझते हैं?

(2) कम्प्यूटर की उत्पत्ति के विभिन्न चरणों को बताइये।

(3) MS-DOS की विशेषतायें बताइये और इसके ढाँचे को समझाइये।

(4) प्रोसेसर तकनीक से आप क्या समझते हैं?

(5) संग्रहण तकनीक के विभिन्न तत्वों की विशेषतायें बताइये।

(6) कम्प्यूटर के इम्पैक्ट डिवाइस कितने प्रकार के होते हैं?

(7) यूनिक्स (UNIX) संचालन प्रणाली से आप क्या समझते हैं?

(8) विंडोज़ किसे कहते हैं? इसके महत्व को दर्शायें।

(9) संचालन प्रणाली किसे कहते हैं?

मुख्य शब्द (Key Words)

(1) इम्पैक्ट डिवाइस (Impact Device): यह एक डाटा प्रक्रिया है जिसके द्वारा डाटा को कम्प्यूटर में संग्रहित किया जाता है।

(2) आउटपुट डिवाइस (Output Device): यह हस्तान्तरण प्रक्रिया है। इसके द्वारा डाटा को आन्तरिक संग्रह से उपभोक्ता के प्रयोग के लिए हस्तान्तरित किया जाता है।

(3) MS-DOS: यह एक ऐसी संचालन प्रणाली है जिसका प्रयोग IBMPC या माइक्रो कम्प्यूटर में किया जाता है।

(4) संग्रहण उपक्रम (Storage Device): यह कम्प्यूटर की एक ऐसी Unit है जिसमें डाटा को रखा जा सकता है और इसका प्रकीर्णन भी किया जा सकता है।

(5) डाटा आधारित प्रबन्ध प्रणाली (DBMS — Data-based Management System): यह एक ऐसा प्रोग्राम है जो कि डाटाबेस सूचना के उपयोग के लिए प्रोग्राम को संचालित करता है।

संचार प्रौद्योगिकीः एक दृष्टि (Overview of Communication Technology) 2

संचार प्रणाली एक सरल प्रणाली है जो तीन तत्वों से मिलकर बनी है। ये तीन तत्व हैं:–

(1) संचारक (Transmitter)
(2) माध्यम (Channel)
(3) प्राप्तकर्ता (Receiver)

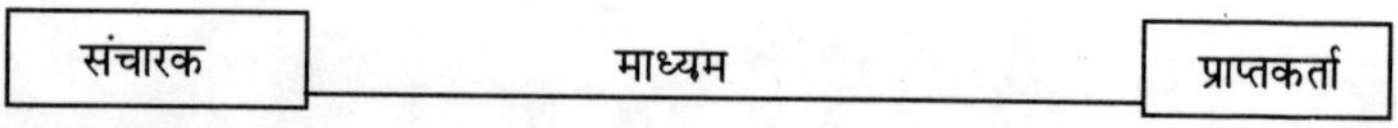

संचार प्रणाली सरल पद्धति इसलिए कहलाती है क्योंकि:–

(1) चैनल आवाज़ उत्पन्न करते हैं। जैसे:– एम्पलीफायर (Amplifier) की आवाज़ निकालते हैं।

(2) संकेत (Signal) उसी रूप में बहुत कम प्रयोग किये जाते हैं जिसके लिए संचारण की आवश्यकता होती है।

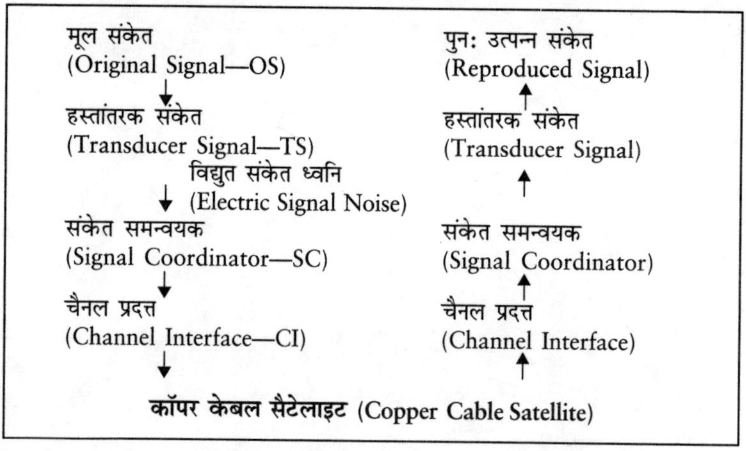

(3) विद्युत संकेतों (Electric Signals) से ध्वनि संकेत (Audio Signal) जुड़े होते हैं। संचार उर्जा के एक रूप को दूसरे रूप में परिवर्तित कर देता है। यही कारण है कि संकेत (Signal) दो रूप में प्रयोग किये जाते हैं:–

(A) मूल संकेत (Original Signal)

(B) पुन: उत्पन्न संकेत (Reproduced Signal)

1. **संचार प्रणाली का वर्गीकरण** (**Classification of Communication System**): संचार प्रणाली को अनेक वर्गों में बाँटा गया है जो इस प्रकार हैं:–

(a) रेडियो तरंग संचार (Radio Wave Communication)

(b) सूक्ष्म तरंग संचार (Microwave Communication)

(c) उपग्रह संचार (Satellite Communication)

(d) केबल संचार (Cable Communication)

(e) फाइबर ऑप्टिक संचार (Fibre Optic Communication)

(a-b) रेडियो संचार और सूक्ष्म तरंग संचार (Radio Communication and Microwave Communication): दोनों तरंगों पर आधारित संचार प्रणाली है। इनमें माइक्रोवेव टॉवर (Microwave Tower) तथा एंटीना (Antenna) का प्रयोग किया जाता है। इन तरंगों के संकेत (Signal) भिन्न-भिन्न होते हैं और उनको कोडिंग और डिकोडिंग (Coding and Decoding) किया जाता है। यही कारण है कि विभिन्न चैनलों (Channels) के आधार पर विभिन्न प्रोग्राम (Programme) प्रसारित किये जाते हैं।

(c) उपग्रह संचार (Satellite Communication): यह सूक्ष्म तरंगों (Microwave) के समान ही तरंगों वाली प्रणाली है। जब पृथ्वी से उपग्रह (Satellite) के लिए संकेतों (Signals) को जागृत किया जाता है या तरंगित किया जाता है तो वह संदेश (Message) पृथ्वी से संकेतों (Signals) के रूप में उपग्रह द्वारा प्राप्त किया जाता है। इन संकेतों को उपग्रह द्वारा अपने संकेतों (Signals) में परिवर्तित कर दिया जाता है और पुन: पृथ्वी पर तरंगों के माध्यम से भेज दिया जाता है। इस प्रणाली को उपग्रह की आन्तरिक हस्तान्तरण प्रणाली कहते हैं।

कार्य: उपग्रह (Satellite) द्वारा निम्न कार्यों को सम्पन्न किया है:–

(1) उपग्रह को निरन्तर पृथ्वी के उस हिस्से पर दृष्टिगत रहना चाहिए जहाँ उसका प्रयोग किया गया है।

(2) उपग्रह को अंतरिक्ष की उस कक्षा में स्थापित किया जाता है जिससे पृथ्वी के घूमने पर यह भी चक्र में घूमता रहे और पृथ्वी को आवश्यक सूचनाएं देने में सक्षम बना रहे।

(3) यह पृथ्वी से 36 हजार कि.मी. ऊपर अंतरिक्ष की कक्षा में स्थापित किया जाता है और ऐसे स्थान पर स्थापित किया जाता है जहाँ चन्द्रमा सूर्य तथा अन्य नक्षत्र एवं ग्रहों का प्रभाव कम से कम हो।

(4) उपग्रह अधिक सफलता से तभी कार्य कर सकता है जब पृथ्वी आदि की तरंगों का प्रभाव इस पर कम हो और उन पर सरलता से नियंत्रण किया जा सके।

(d) केबल संचार (Cable Communication): इसके अन्तर्गत केबल का प्रयोग किया जाता है। सूचना का संचार केबल के माध्यम से होता है। केबल जमीन के नीचे या खंभों (Poles) पर भी खींचे जा सकते हैं। परन्तु इनके धूप में खराब होने तथा टूटने का जोखिम होता है।

(e) फाइबर ऑप्टिक संचार (Fibre Optic Communication): यह अत्यन्त आधुनिक और अधिक प्रभावशाली प्रणाली है। इसमें धातुओं का प्रयोग नहीं किया जाता। सामान्य रूप से फाइबर (Fibre) में तरंगों की गति तीव्र होती है। इस प्रणाली में एंटीना (Antenna) का प्रयोग किया जाता है और ये विद्युत् चुम्बकीय तरंगों (Electro Magnetic Wave) से प्रभावित होती है। फाइबर केबल जो कि सिर के बाल की तरह होते हैं, में तीव्र तरंगें प्रवाहित की जा सकती हैं। यही कारण है कि फाइबर के अन्तर्गत संकेतों का संचार फाइबर के अन्तर्गत ही नियंत्रित रहता है। इसमें विद्युत् तरंगें प्रयोग नहीं की जातीं। सूचनाएं विभिन्न समूहों में प्रदान की जाती हैं।

इसकी सबसे बड़ी त्रुटि यह है कि फाइबर (Fibre) सिर के बाल की तरह महीन होते हैं जिसमें धूल, कण, अणु का अधिक प्रभाव हो सकता है। इस कारण फाइबर के कार्य में अवरोध पैदा हो सकता है। इसकी दूसरी त्रुटि यह है कि इसका संचारण अधिक प्रभावकारी नहीं

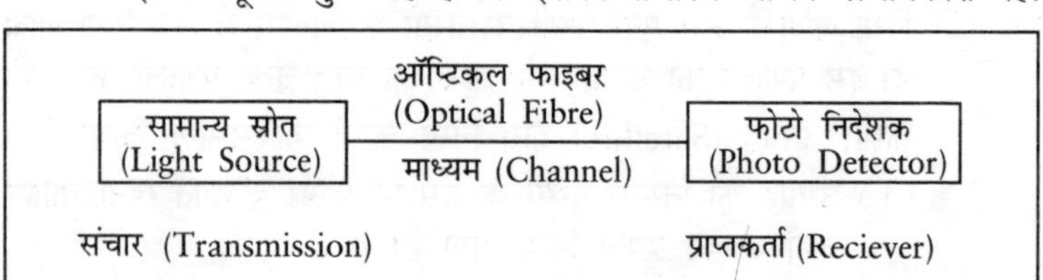

होता क्योंकि यह वजन में कम होता है और लम्बी दूरी के लिए इसका प्रयोग किया जाता है। इस कारण इसके प्रयोग में अवरोध की सम्भावनाएं बहुत होती हैं। इनका जीवन भी छोटा होता है।

फाइबर ऑप्टिकल संचार प्रणाली (Fibre Optical Communication System) के कार्यों को तीन श्रेणियों में व्यक्त किया जा सकता है।

ऑप्टिकल फाइबर का ढांचा

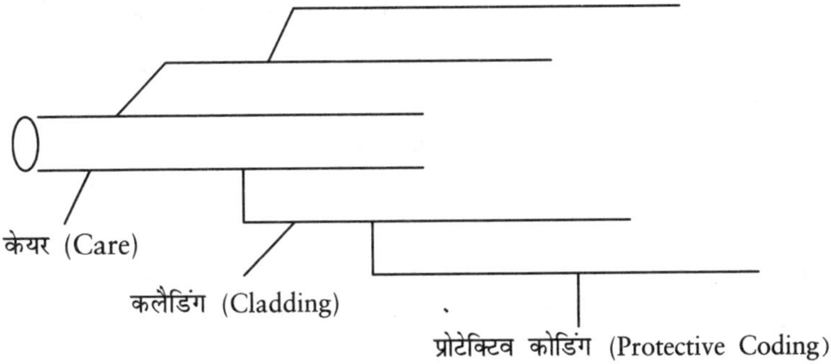

ऑप्टिकल फाइबर (Optical Fibre) संचार प्रणाली का प्रयोग निम्नलिखित कार्यों में किया जाता है:–

(1) टेलीफोन संचार में
(2) डाटा नेटवर्क में
(3) समूह के अन्दर केबल डालने में
(4) महानगरों में बड़े भवन में नेटवर्क के प्रयोग के लिए
(5) टेलीविजन के एंटीना के लिए
(6) स्थानीय नेटवर्क (Local Area Network) के लिए

2. टेलीफोन नेटवर्क (**Telephone Network**): यह विश्व का सबसे बड़ा नेटवर्क है। सम्पूर्ण संसार में 500 करोड़ टेलीफोन हैं। लगभग 65 हजार टेलीफोन एक्सचेंज (Telephone Exchange) हैं और तारें लाखों करोड़ कि.मी. तक बिछाई गयी हैं। टेलीफोन नेटवर्क की विशेषता यह है कि इसमें एक विशेष प्रकार की मशीन का प्रयोग किया जाता है जिसे टेलीफोन (Telephone) कहते हैं। यह एक मानक उपकरण है। इसका संचालन विकेन्द्रीकरण प्रणाली से किया जाता है। इसका रख-रखाव बड़े पैमाने पर किया जाता है। टेलीफोन नेटवर्क में टेलीफोन इसके संचालन केन्द्र के रूप में, टेलीफोन एक्सचेंज (Telephone Exchange) इसके प्रयोग के लिए, संचार प्रणाली और संचार प्रणाली के लिए संकेत (Signal) प्रणाली का प्रयोग किया जाता है।

टेलीफोन का सबसे पहले प्रयोग 1876 में अलेक्जेंडर ग्राहम बेल (Alexander Graham Bell) के द्वारा किया गया। विश्व में लम्बी दूरी तक आवाज़ पर आधारित संचार प्रणाली का विकास टेलीफोन नेटवर्क के द्वारा ही सम्भव हुआ है। वर्तमान में सभी Telephone Exchange Switching System अर्थात् स्वचालित प्रणाली पर आधारित हैं।

टेलीफोन नेटवर्क के अन्तर्गत डाटा का सम्प्रेषण (Data Transmission in Telephone Network)

कम्प्यूटर (Computer) ने डाटा संचारण को संभव बनाया। कम्प्यूटर के द्वारा डाटा को उस स्थान पर पहुँचाया जाता है जहाँ उसकी आवश्यकता हो। वर्तमान युग डिजिटल (Digital) है और कम्प्यूटर प्रणाली भी डिजिटल प्रणाली पर आधारित है। कम्प्यूटर का उद्देश्य डाटा के संचार में सहायता करना है। प्रारम्भ में डाटा का संचार तार के माध्यम से किया जाता था और संकेत (Signal) सूचना का संचारण प्रत्यक्ष रूप से करते थे। इसकी गति बहुत कम (सीमित) थी। स्विच सर्किट (Switch Circuit) के लिए 50 बांड (Bond) तथा लीज (Lease) लाइन के लिए 110 बांड की आवश्यकता होती थी। ये नेटवर्क बहुत

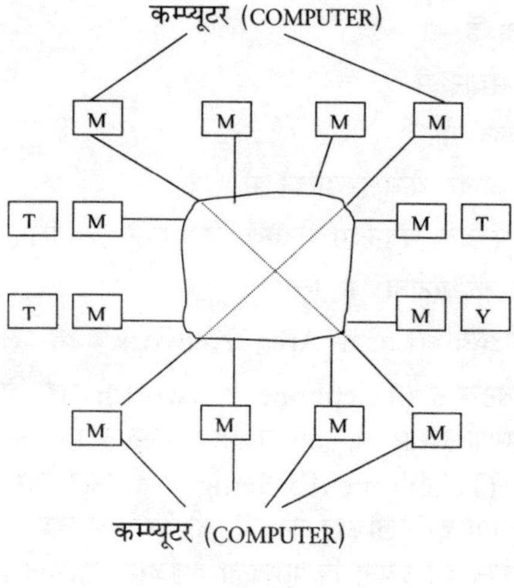

M = मॉडम (Modem)
T = टर्मिनल (Terminal)
- = 4 वॉयर लीज्ड लाइन (Wire Leased Line)
— = डायलअप लाइन (Dialup Line)
-.- = 2 वॉयर लीज्ड लाइन (Wire Leased Line)

अधिक लम्बी दूरी तक विस्तारित नहीं किया जा सकता था। यही कारण था कि सार्वजनिक स्विच्ड टेलीफोन (Public Switched Telephone) के स्थान पर एनलॉग संकेत (Analog Signal) का प्रयोग किया जाने लगा तथा डाटा पल्स (Data Pulse) को ध्वनि सम्बन्धित संकेत में परिवर्तित कर सूचना संचारण का कार्य किया जाता है। यही कारण है कि आज संसार के किसी भी कोने में ध्वनि प्रसारित की जा सकती है और हम किसी भी प्रकार से, किसी भी स्थिति में तथा किसी भी व्यक्ति से सूचना का आदान-प्रदान कर सकते हैं।

डाटा संचारण में PSTN का उपयोग
(Data Communication Using PSTN)

इस पद्धति के अन्तर्गत डाटा भेजने की सीमा होती है। टेलीफोन के माध्यम के रूप में ध्वनि का प्रयोग किया जाता है। एक सेकेण्ड में 30 हजार बाइट्स (bytes) की सीमा होती है तथा मॉडम (Modem) का कार्य टेलीफोन लाइन (Telephone Line) के माध्यम से डाटा संचार करना होता है।

3. डाटा नेटवर्क (Data Network): जब स्वचालित कम्प्यूटर (Computer) का प्रारम्भ हुआ तो सूचना डाटा या अन्य स्रोतों के प्रयोग के लिए कम्प्यूटर (Computer) का आविष्कार हुआ। इसकी दो विशेष बातें थीं:–

(a) कम्प्यूटर संचार हेतु टर्मिनल (Terminal for Computer Communication)

(b) कम्प्यूटर संचार के लिए कम्प्यूटर (Computer for Computer Communication)

इस आवश्यकता लिए आधुनिक सार्वजनिक डाटा नेटवर्क प्रणाली (Public Data Network System) का आविष्कार हुआ।

डाटा नेटवर्क (Data Network) को भौगोलिक आधार पर तीन भागों में बांट सकते हैं:-

(a) सम्पूर्ण विश्व सम्बन्धी नेटवर्क (WAN, Wide Area Network)

(b) बड़े शहरों सम्बन्धी नेटवर्क (MAN, Metropolitan Area Network)

(c) स्थानीय क्षेत्र नेटवर्क (LAN, Local Area Network)

4. WAN: भौगोलिक रूप से यह नेटवर्क निम्नलिखित सीमा में कार्य कर रहा है या कर सकता है:–

(a) शहरों के बीच नेटवर्क

(b) देशों के बीच नेटवर्क

(c) महाद्वीपों के बीच नेटवर्क

उपरोक्त तीनों नेटवर्क के लिए कुछ आधारभूत आवश्यकतायें होती हैं जिन्हें हम आन्तरिक ढांचा के रूप में कह सकते हैं। आन्तरिक ढाँचे में निम्न प्रकार के आधार प्रयोग किये जाते हैं:–

सीमाबद्ध डाटा नेटवर्क (Terrestrian Data Network):

बड़े शहरों सम्बन्धी स्थानीय क्षेत्र–

(a) केबल लाइन (Cable Line)

(b) फाइबर लाइन (Fibre Line)

(c) ऑप्टिकल लाइन (Optical Line)

(d) रेडियो लाइन (Radio Line)

(e) उपग्रह पर आधरित डाटा नेटवर्क (Satellite Based Data Network)

5. MAN: इसके अन्तर्गत किसी बड़े शहर के सभी कम्प्यूटरों के बीच सूचना संचारण किया जाता है जिसके लिए एंटीना (Antenna), टेलीविजन केबल (Television Cable) तथा पूर्ण सुरक्षित लाइन (Line) डाली जाती है जिनमें ऑप्टीकल फाइबर (Optical Fibre) तथा रेडियो लिंक (Radio Link) का प्रयोग किया जाता है जिसको हम ऑप्टीकल संचार लिंक सेवा (Optical Communication Link Service) कहते हैं और जो MAN के लिए संचार का साधन होता है। एंटीना केबल (Antenna Cable) ध्वनि, डाटा तथा चित्र का एक साथ प्रयोग किया जाता है।

6. LAN: ये स्थानीय क्षेत्र नेटवर्क (Area Network) है। इसका एक भवन (Building) या संगठन में संचार साधन के रूप में प्रयोग किया जाता है।

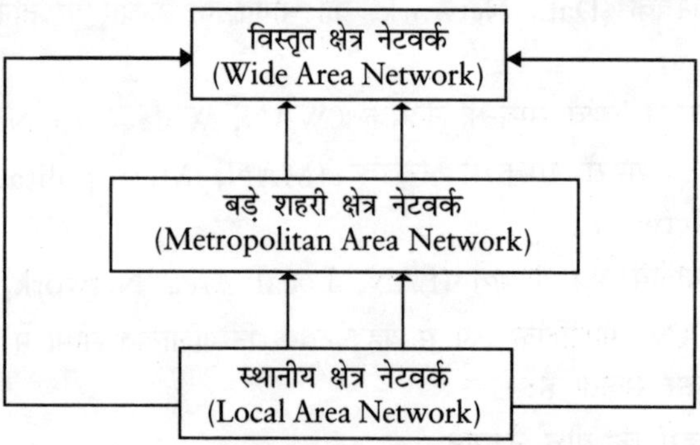

Data Network Hierarchy

इसमें ऑप्टीकल फाइबर को-एक्सियल केबल (Optical Fibre Coaxial Cables) प्रयोग किये जाते हैं जो कि LAN के लिए माध्यम होते हैं। फाइबर ऑप्टीकल नेटवर्क (Fibre Optical Network) अर्थात् फाइबर ऑप्टीकल केबल (Fibre Optical Cables) LAN और MAN दोनों के लिए उपयुक्त माने जाते हैं।

LAN, MAN and WAN एक दूसरे से भी जोड़े जा सकते हैं जिससे सम्पूर्ण विश्व के लिए एक नेटवर्क तैयार हो सकता है। ये तीनों नेटवर्क (Network) एक श्रृंखला के रूप में कार्य करते हैं।

7. पॉकेट स्विचिंग (Pocket Switching): यह दो प्रकार के होते हैं:–

(a) डाटा ट्रैफिक (Data Traffic): जब उपभोक्ता टर्मिनल (Terminal) पर बैठता है और कम्प्यूटर के साथ काम करता है तब वह सर्वप्रथम की-बोर्ड (Keyboard) की जानकारी प्राप्त करता है और इसके पश्चात् वह कम्प्यूटर को कमांड (Command) देता है, और बाद में कम्प्यूटर के जवाब का इन्तजार करता है। इस प्रकार कम्प्यूटर पर कार्य करने के लिए सर्वप्रथम की-बोर्ड (Keyboard) का प्रयोग किया जाता है। इस क्रिया में कोई भी संचार नहीं होता। कम्प्यूटर से सम्बन्धित अगली क्रिया है डाटा ट्रैफिक (Data Traffic) जिसके अन्तर्गत कम्प्यूटर अपना कार्य करना प्रारम्भ कर देता है और प्रयोगकर्ता अविलम्ब अपनी वांछित सूचनाएं प्राप्त करने लगता है।

(b) वॉयस ट्रैफिक (Voice Traffic): वॉयस ट्रैफिक में 3.1 किलो हर्ट्ज के स्पीकर लगे होते हैं जो लम्बे समय तक कार्य करते हैं। टेलीफोन के माध्यम से ध्वनि प्रसारित करने के लिए इसका प्रयोग किया जाता है। वॉयस ट्रैफिक उचित समय पर कार्य करते हैं।

डाटा ट्रैफिक और वॉयस ट्रैफिक में अन्तर
(Difference between Data Traffic and Voice Traffic)

डाटा ट्रैफिक (Data Traffic)	वॉयस ट्रैफिक (Voice Traffic)
(1) यह तीव्रता से कार्य करने वाला होता है और आवश्यकतानुसार जरूरी सूचनाएं देता है।	(1) यह एक निरन्तर प्रक्रिया है।

क्रमशः

डाटा ट्रैफिक (Data Traffic)	वॉयस ट्रैफिक (Voice Traffic)
(2) उच्च शक्ति वाले नोड्स (Nodes) लगे होते हैं जिनकी अवधि छोटी होती है।	(2) इसमें धीमे नोड्स (Nodes) लगे होते हैं जिनकी अवधि लम्बी होती है।
(3) इसमें अधिक समय तक प्रयोग करने के लिए कुछ विशेष बातों का ध्यान रखना होता है।	(3) वॉयस ट्रैफिक में अधिक समय तक प्रयोग करने के लिए विशेष ध्यान देने की जरूरत नहीं होती।
(4) किसी भी सूचना को किसी भी रूप में तथा छोटे-छोटे हिस्सों में भी प्राप्त कर सकते हैं।	(4) लेकिन वॉयस ट्रैफिक में छोटे-छोटे हिस्सों में बात कर सकते हैं।
(5) इसका कोई वास्तविक समय नहीं होता है।	(5) इसमें वास्तविक समय होता है।
(6) इसमें गलतियों को सुधारा जा सकता है अर्थात् गलतियों को सही किया जा सकता है।	(6) गलतियाँ होती हैं लेकिन डाटा ट्रैफिक की तरह नहीं होतीं कि गलतियों को सुधारा न जा सके।

8. संग्रहित एवं अग्रसर स्विचिंग (Store and Forward Switching): वॉयस और डाटा ट्रैफिक की त्रुटियों को दूर करने के लिए कुछ आधुनिक विशिष्ट स्विचिंग तकनीक (Switching Techniques) का आविष्कार हुआ जिससे कि डाटा (Data) को संग्रहित कर अग्रिम प्रयोग किया जा सके। इस क्रिया को संग्रहित और अग्रिम स्विचिंग तकनीक कहते हैं। यह दो प्रकार की होती है:–

(a) संदेश स्विचिंग (Message Switching): इसके अन्तर्गत डाक (Postal) प्रणाली आती है। इसमें सन्देश प्राप्त किये जाते हैं और अन्य स्थानों पर भेजे जाते हैं। इस उद्देश्य को पूरा करने के लिए यह आवश्यक है कि:–

(i) उपभोक्ता के पूर्व सन्देश को प्राप्त करें और उसका संग्रह करें।

(ii) सन्देश भेजने से पूर्व उसकी गलतियों का निरीक्षण करें।

(iii) उपभोक्ता को संदेश (Message) भेजने के स्थान का पूर्ण विवरण निर्धारित करें।

(iv) उस संचार साधन का निर्धारण करें अर्थात् उस शृंखला का चयन करें जिसके माध्यम से सूचना अविलम्ब पहुँच सके।

(v) इस तरह संदेश को उन नोड्स (Nodes) पर हस्तान्तरित करें जिनका चयन किया गया है।

इसकी सबसे बड़ी त्रुटि यह है कि इसमें सन्देश के अनुसार नोड्स (Nodes) में स्थान होना आवश्यक है। यदि ऐसा नहीं किया गया तो संदेशों को संग्रहित नहीं किया जा सकता है। यदि सन्देश के हस्तान्तरण में कोई गलती पायी गयी तो दुबारा उसे पुनः हस्तान्तरित नहीं किया जा सकता। इसके अतिरिक्त, अधिक बड़े सन्देश भ्रामक भी हो सकते हैं। यदि कोई अति आवश्यक सन्देश आता है, और उसी समय कोई बड़ा सन्देश पूर्व से ही प्राप्त हो रहा है तो जब तक बड़ा सन्देश समाप्त नहीं हो जायेगा तब तक अति आवश्यक सन्देश को प्राप्त नहीं किया जा सकता।

(b) पॉकेट स्विचिंग (Pocket Switching): इस तकनीक के अन्तर्गत सन्देश छोटे-छोटे पॉकेट स्विचिंग (Pocket Switching) में रखा जाता है जिनका आकार भिन्न-भिन्न हो सकता है। इस तरह पॉकेट में सन्देशों को संग्रहित किया जा सकता है। और संदेशों को आवश्यकतानुसार पॉकेट में डाला जा सकता है। यदि बड़ा सन्देश किसी एक पॉकेट में प्राप्त होता है तो छोटे सन्देशों को दूसरे पॉकेट में अविलम्ब प्राप्त किया जा सकता है लेकिन प्रत्येक पॉकेट में सूचना सम्बन्धी पूर्ण विवरण लिखने की आवश्यकता होती है। जैसे:– स्थान, साधन, सन्देश तथा पॉकेट को एक विशेष क्रम में रखा जाता है और यह नेटवर्क का उत्तरदायित्व होता है। यह अधिक खर्चीली लेकिन अधिक सूचनाएं संग्रहित करने वाली प्रणाली है। इसके अन्तर्गत दो प्रकार की सेवाएं दी जाती हैं। जिनको हम डाटा हस्तांतरण (Data Transfer) सेवाएं तथा सर्किट (Circuit) सेवाएं कहते हैं।

संसाधन सहभागिता (Resource Sharing) 3

नेटवर्क के माध्यम से संसाधन सहभागिता (Resource Sharing through Network) उपभोक्ता की सहायता के लिए अति आवश्यक है, विशेष रूप से जब इसको कुशलता से तथा प्रभावकारी ढंग से प्रयोग किया जाये। संसाधन सहभागिता से तात्पर्य ग्रंथालयों के द्वारा सहयोग के रूप में ग्रंथालय सेवा प्रदान करना है।

आवश्यकता:– सूचना तकनीक के इस युग में संसाधन सहभागिता का विशेष महत्व है। इसके अनेक कारण हैं जो इस प्रकार हैं:–

1. वर्तमान में जबकि सूचना प्रसार तीव्र गति से हो रहा है, इस पर नियंत्रण के लिए संसाधन सहभागिता आवश्यक है।
2. प्रत्येक ग्रंथालय के लिए बजट का प्रावधान किया जाता है लेकिन अनेकों ऐसी पाठ्य-सामग्री एवं साधन हैं जिन्हें एक ग्रंथालय द्वारा दूसरे ग्रंथालय से प्राप्त किया जा सकता है और इस प्रकार खर्च को कम कर सकते हैं।
3. प्रत्येक ग्रंथालय में सीमित स्थान होता है। अतः सभी पाठ्य-सामग्री तथा उपकरणों को निरन्तर व्यवस्थित रूप से रखना कठिन होता है। संसाधन सहभागिता से स्थान की समस्या हल की जा सकती है।
4. वर्तमान समय में तकनीक तथा संचार साधनों के विकास के कारण यह आवश्यक है कि संग्रहित सूचनाओं का समुचित प्रकीर्णन हो और उपभोक्ता को उसका लाभ मिले। इसके लिए संसाधन सहभागिता की आवश्यकता होती है।
5. संसाधन सहभागिता से ही नेटवर्क (Network) का उपयोग सम्भव हुआ है।
6. अन्तर्राष्ट्रीय स्तर पर बिबलियोग्राफी लिस्ट (Bibliography List) का नियंत्रण संसाधन सहभागिता के द्वारा ही सम्भव है।

प्राय: देखा गया है कि ग्रंथालयों में विभिन्न प्रकार की समस्याओं के कारण पाठकों को अनेक प्रकार की कठिनाइयों का सामना करना पड़ता है। अत: संसाधन सहभागिता (Resource Sharing) द्वारा ग्रंथालय अधिक गतिशील तथा सेवा प्रदत्त हो सकते हैं। संसाधन सहभागिता का प्रारम्भ 200 ई.पू. में एलेक्जेंडरिया ग्रंथालय (Alexandria Library) तथा पर्गमन ग्रंथालय (Pergamun Library) के बीच सहयोग से हुआ। 1740 में कुछ विश्वविद्यालयों के बीच सहभागिता के माध्यम से सेवा देना आवश्यक समझा गया। यही कारण था कि 'वीमर एवं जीन' ग्रंथालयों ने संयुक्त रूप से एक संघीय सूची (Union Catalogue) बनायी। 1885 में विज्ञान एवं तकनीकी पत्रिकाओं की संघीय सूची (Union Catalogue) एच.सी. बैटन (H.C. Batton) के द्वारा तैयार की गई। इस प्रकार ग्रंथालयों के बीच संसाधन सहभागिता का विकास हुआ। उदाहरण के लिए प्रसारण प्रबन्धन (Circulation Management), डाटा संग्रहण (Data Storage) इत्यादि। 1971 में UNISIST के एक प्रयोग के अन्तर्गत ग्रंथालयों के बीच सहयोग स्थापित करने के लिए सहायता प्रदान की गयी। 1927 में अमेरिका व कनाडा के ग्रंथालयों की पत्रिकाओं की संघीय सूची (Union List) तैयार की गयी। इसके अतिरिक्त अन्य प्रयास भी हुए जिनसे संसाधन सहभागिता (Resource Sharing) अधिक गतिशील बन सके।

1. नेटवर्क (Network): नेटवर्क के द्वारा निम्न सेवाएं प्रदान की जाती हैं:–

(a) अंतर-ग्रंथालय ऋण सेवा (Inter Library Loan Service)
(b) उपभोक्ता ई-मेल (User E-mail)
(c) अधिग्रहण एवं सूचीकरण सेवा (Acquisition and Cataloguing Service)
(d) कर्मचारी प्रबन्ध (Personnel Management)
(e) सूचना सेवा (Information Service)
(f) अनुवाद सेवा (Translation Service)
(g) विशिष्ट संग्रह का विकास (Development of Special Storage)
(h) सहकारी संग्रहण (Cooperative Storage)

(a) अंतर-ग्रंथालय ऋण सेवा (Inter Library Loan Service): इन सेवाओं के लिए ई-मेल (E-mail) का प्रयोग किया जाता है। इसके अन्तर्गत एक व्यक्ति मेल (Mail) को पढ़ता है, आवश्यक सामग्री ढूँढता है और E-mail के माध्यम से ही उसका उत्तर या सूचना भेजता है।

(b) उपभोक्ता ई-मेल (User E-mail): यदि कोई पाठ्य सामग्री शारीरिक रूप (Physical Form) में उपलब्ध है तो उसमें दी गयी सूचना व्यक्तिगत रूप से फोटो कॉपी (Photo Copy) के माध्यम से प्रदान की जा सकती है। दूसरी ओर कम्प्यूटर (Computer) के माध्यम से विभिन्न नेटवर्कों (Networks) की सहायता से ऑन-लाइन सूचना सेवा (Online Information Service) प्रदान की जा रही है। वर्तमान में अंतर-ग्रंथालय ऋण सेवा (Inter-Library Loan Service) के अन्तर्गत आधुनिक तकनीक के माध्यम से कुशल निःशुल्क सेवा प्रदान की जाती है।

(c) अधिग्रहण एवं सूचीकरण सेवा (Acquisition and Cataloguing Service): अधिग्रहण प्रणाली के अन्तर्गत विभिन्न ग्रंथालयों में उपलब्ध पाठ्य सामग्रियों को प्रदर्शित करना सामान्य कार्य माना जाता है। विकासशील देशों में ऑन-लाइन (Online) सुविधाओं के द्वारा प्रकाशक एवं पुस्तक विक्रेता (Bookseller) परस्पर सम्पर्क में रहते हैं जिससे प्रत्येक ग्रंथालय को प्रत्येक नयी पुस्तक की जानकारी प्राप्त हो जाती है। ये स्वचालित ग्रंथालय का प्रयोग कर रहे हैं और उपभोक्ताओं को समस्त सूचनाएं प्रदान कर रहे हैं।

प्रत्येक ग्रंथालय द्वारा ऑन-लाइन सूचीकरण सेवा (Online Cataloguing) OPAC (Open Public Access Catalogues) के माध्यम से उपभोक्ताओं को सेवाएं प्रदान की जा सकती हैं। केन्द्रीयकृत सूचीकरण द्वारा समय की बचत होती है। यही कारण है कि अनेक ग्रंथालयों तथा सूचना केन्द्रों में डाटाबेस (Database) स्थापित किये गये हैं और यह डाटाबेस (Database) स्थानीय, प्रान्तीय, राष्ट्रीय तथा अन्तर्राष्ट्रीय स्तर पर कार्य कर रहे हैं।

(d) कर्मचारी प्रबन्ध (Personnel Management): संसाधन सहभागिता एवं प्रशिक्षित कर्मचारियों की सेवाओं का लाभ नेटवर्क के माध्यम से प्रत्येक ग्रंथालय को उपलब्ध होता है।

(e) सूचना सेवा (Information Service): विशिष्ट ग्रंथालयों एवं सूचना केन्द्रों के द्वारा सूचना सेवाएं प्रदान की जा रही हैं। सूचना एक महत्वपूर्ण स्रोत है। यही कारण है कि इसे मशीन में इस रूप में संग्रहित किया जाता है जो पठनीय हो। इससे सम्बन्धित अनेकों अन्तर्राष्ट्रीय प्रोग्राम स्थापित किये गये हैं। जैसे:- AGRIS (Agriculture Information Service), APIN (Asia Pacific Information Network in Social Science), BIOSIS (Bioscience Information System), MEDLINE (US National Library and Medicine), INIS तथा BARC.

(f) अनुवाद सेवा (Translation Service): अनुवाद सेवा संसाधन सहभागिता (Resource Sharing) के द्वारा अधिक कुशलता से दी जा रही है।

यह सेवा सामान्य रूप से सूचना केन्द्रों से सम्बन्धित नेटवर्क के माध्यम दी जा रही है। यही कारण है कि नेटवर्क के माध्यम से किसी भी भाषा में उपलब्ध संग्रह का अनुवाद प्राप्त किया जा सकता है।

(g) विशिष्ट संग्रह का विकास (Development of Special Storage): सभी बड़े ग्रंथालयों में कुछ विशिष्ट संग्रह उपलब्ध होते हैं जिन्हें ग्रंथालय सूचीकरण के माध्यम से प्रदर्शित किया जाता है और नेटवर्क (Network) द्वारा यह विशिष्ट संग्रह उपभोक्ताओं को उपलब्ध होता है। अतः संसाधन सहभागिता (Resource Sharing) के माध्यम से किसी भी ग्रंथालय में उपलब्ध विशिष्ट संग्रह सम्बन्धी सूचनाएं प्राप्त की जा सकती हैं।

(h) सहकारी संग्रहण (Cooperative Storage): सभी सूचना केन्द्र स्थानीय या क्षेत्रीय आधार पर सूचनाओं का संग्रह करते हैं। इसके लिए केन्द्र स्थापित किये गये हैं। इसके अतिरिक्त डाटा बैंक भी सूचना संग्रहण का कार्य करते हैं। नेटवर्क के माध्यम से सभी संग्रहित सूचनाओं को प्राप्त किया जा सकता है।

2. संसाधन सहभागिता की बाधाएं (Barriers of Resource Sharing): संसाधन सहभागिता (Resource Sharing) की सफलता के मार्ग में अनेक बाधाएं हैं जो इस प्रकार हैं:–

(a) कर्मचारी अंतर-ग्रंथालय आदान-प्रदान सेवा (Inter Library Loan Service) कार्य के प्रति उदासीन होते हैं। यदि वे इस कार्य में रूचि लें तो इस समस्या का समाधान सम्भव है।

(b) यदि अधिकारी अंतर-ग्रंथालय ऋण (Inter Library Loan) के अन्तर्गत प्रलेख देने को नियंत्रित करे।

(c) धन की कमी की समस्या अर्थात् धन की उचित व्यवस्था का अभाव।

(d) संचार के साधनों का उपयुक्त न होना।

(e) कर्मचारियों की कमी।

(f) ग्रंथालयों का अत्याधिक दूरी पर होना जिस कारण प्रलेख भेजना सम्भव नहीं होता है।

(g) प्रलेख की प्रतिलिपि तैयार करने की सुविधा का अभाव, जैसे:–फैक्स या जीरॉक्स मशीन का न होना।

(h) कुशलता का अभाव।

(i) ग्रंथालय के बारे में सम्पूर्ण विवरण का अभाव।

(j) भाषा की समस्या।

(k) संसाधन का उपयुक्त न होना अर्थात् संसाधन की कमी।

3. अंतर्राष्ट्रीय एजेंसी (International Agencies): अन्तर्राष्ट्रीयता स्तर पर अनेक ऐसी एजेंसियाँ (Agencies) हैं जो संसाधन सहभागिता (Resource Sharing) में महत्वपूर्ण भूमिका निभा रही हैं। उनका विवरण निम्नवत् है:–

(a) **इफ्ला** (IFLA – International Federation of Library Association): इफ्ला का संसाधन सहभागिता (Resource Sharing) में महत्वपूर्ण योगदान है। 1973 में इफ्ला द्वारा सामान्य समिति में सर्वव्यापी बिबलियोग्राफिकल नियंत्रण (Universal Bibliographical Control) के लिए एक कार्यालय स्थापित किया गया जिसका उद्देश्य बिबलियोग्राफी सम्बन्धी डाटा (Bibliographical Data) संग्रह करना, उसके मानक तैयार करना तथा उसका संकलन करना था। इफ्ला के द्वारा सभी राष्ट्रीय ग्रंथालयों को डाटाबेस (Database) स्थापित करने की सलाह दी गयी थी। इसके लिए अन्तर्राष्ट्रीय स्तर पर एक प्रकाशन योजना बनाई थी जिसके अन्तर्गत ग्रंथालयों को निर्देश देना, अन्तर्राष्ट्रीय स्तर पर सांख्यिकीय तैयार करना, विभिन्न बाधाओं एवं समस्याओं का अध्ययन कर उन्हें दूर करने के लिए सुझाव देना, आवश्यक सिद्धान्त एवं प्रणाली विकसित करना तथा यूनेस्को (UNESCO) से सहयोग करना था।

(b) **यूनिसिस्ट** (UNISIST): यूनिसिस्ट यूनेस्को का प्रतिनिधित्व करती है। उसके द्वारा संसाधन सहभागिता के अनुपालन में सहायता की जा सकती है।

4. राष्ट्रीय एजेंसी (National Agencies): भारत में कई ऐसे नेटवर्क (Network) हैं जिनकी सहायता से संसाधन सहभागिता (Resource Sharing) सफलतापूर्वक की जा रही है।

(a) **इनफ्लिबनेट** (INFLIBNET): यह सूचना नेटवर्क (Network) यू.जी.सी. द्वारा स्थापित किया गया है। इसका मुख्य केन्द्र अहमदाबाद में है। इसके द्वारा प्रत्येक विश्वविद्यालय तथा प्रमुख महाविद्यालयों के ग्रंथालयों को आधुनिक प्रौद्योगिकी (Technology) अपनाने के लिए सहायता प्रदान की जाती है। इसमें मुख्य रूप से ग्रंथालयों में कम्प्यूटर का प्रयोग, उपयुक्त सॉफ्टवेयर (Software) का निर्माण तथा प्रशिक्षित व्यक्ति का प्रावधान सम्मिलित है। इस नेटवर्क के अन्तर्गत सभी विश्वविद्यालय एक दूसरे से जुड़े हैं और संसाधन सहभागिता के क्षेत्र में परस्पर सहयोग करते हैं।

(b) **डेलनेट** (DELNET – Delhi Library Network): यह भारत का एक प्रमुख नेटवर्क है। इसके अन्तर्गत दिल्ली के सभी ग्रंथालय एक

दूसरे से जुड़े हुए हैं। सभी ग्रंथालयों का डाटाबेस (Database) स्थापित किया गया है जिसके कारण संसाधन सहभागिता का कार्य सुचारू रूप से होता है।

(c) **केलिबनेट** (CALIBNET – Calcutta Library Network): यह एक प्रमुख नेटवर्क है जिसके अन्तर्गत कोलकाता के सभी ग्रंथालयों का डाटाबेस (Database) स्थापित किया गया है और इस नेटवर्क के माध्यम से संसाधन सहभागिता (Resource Sharing) का कार्य सफलतापूर्वक किया जा रहा है।

इसके अतिरिक्त अनेक ऐसे नेटवर्क हैं जो अन्तर्राष्ट्रीय और राष्ट्रीय स्तर पर विशिष्ट क्षेत्र में कार्यरत हैं। इन सभी का संसाधन सहभागिता (Resource Sharing) में महत्वपूर्ण योगदान होता है।

डाटा-आधारित संचार प्रणाली (Databased Communication System) 4

डाटा (Data) किसी भी संगठन के लिए एक आवश्यक स्रोत है। डाटा के संग्रहण को डाटाबेस (Database) कहते हैं। सामान्य रूप से डाटा उपयुक्त व्यक्ति को उसकी माँग पर किसी भी माध्यम से उपलब्ध कराया जा सकता है। डाटाबेस (Database) किसी सॉफ्टवेयर (Software) पर आधारित होता है। पूर्व में ही इसके प्रयोग की प्रणाली निर्धारित की जाती है। डाटाबेस (Database) की व्यवस्था के लिए कर्मचारी, धन, उपकरण तथा स्थान की आवश्यकता होती है। विभिन्न संस्थाएं अपने स्तर पर विशिष्ट डाटा संग्रह करती हैं। Database किसी विशेष ढाँचे पर आधारित नहीं होता। सामान्य रूप से इसका प्रयोग ऑन-लाइन एक्सेस (Online Access) के द्वारा किया जाता है।

डाटाबेस (Database) से तात्पर्य है किसी विषय से सम्बन्धित डाटा (Related Data) का संग्रह। डाटाबेस सूचना सम्बन्धी फाइल भी हो सकता है। डाटाबेस सॉफ्टवेयर (Database Software) में प्रोग्राम दिया जाता है जिसके द्वारा डाटा का प्रबन्ध तथा उसका प्रयोग करना है। अतः डाटाबेस वह डाटा संग्रह है जिसे इस प्रकार से संगठित किया जाता है कि उपभोक्ता द्वारा आवश्यकता पड़ने पर इसका विखंडन (Dissemination) तथा पुनःप्राप्ति (Retrieval) किया जा सकता है।

डाटाबेस (Database) की तीन विशेषताएं होती हैं जो इस प्रकार हैं:–

1. डाटा का संगठन तथा संग्रह।
2. कम्प्यूटर के अनुसार डाटा का प्राकृतिक रूप से प्रस्तुतीकरण।
3. डाटा का प्रयोग लेकिन उसका डुप्लीकेशन (Duplication) न हो।

1. सूचना विज्ञान में डाटा आधार (Database in Information Science): ग्रंथालय एवं सूचना विज्ञान में डाटाबेस (Database) मशीन के माध्यम से वह बिबलियोग्राफिकल सूचना (Bibliographical Information) है जिसको संग्रहित किया जाता है।

इसके अन्तर्गत आवश्यक फाइल (File) तैयार की जाती है जो किसी विषय पर आधारित होती है। डाटाबेस (Database) की सीमा या क्षेत्र छोटा या बड़ा हो सकता है जो बिबलियोग्राफी सम्बन्धी सूचनाओं (Bibliographic Information) शोध कार्यों का विकास, जीवनी सम्बन्धी सूचनाएं, गणितीय सूचनाएं आदि पर आधारित है।

डाटाबेस प्रणाली (Database System) में निम्न तत्व (Components) शामिल हैं:–

1. डाटा को अद्यतन रखना (Data Up-to-date)
2. डाटा का प्रबन्धन (Data Management)
3. डाटा का विश्लेषण (Data Analysis)
4. डाटा का विखंडन (Data Dissemination)
5. डाटा का प्रस्तुतीकरण अर्थात् उपभोक्ता द्वारा डाटा प्राप्त करना (Data Retrieval)

डाटाबेस (Database) की सफलता निम्न बातों पर निर्भर करती है:–

1. सूचनाओं की संख्या (Quantity of Data)
2. सूचनाओं की गुणवत्ता (Value of Data)
3. उपभोक्ताओं को उपलब्धता (Access to User)
4. उपभोक्ताओं को सुविधा (Facility for User)

डाटाबेस (Database) गतिशील होना चाहिए और यह तभी सम्भव है जबकि सूचनाओं में गतिशीलता हो। सूचनाएं जितनी नवीन एवं गतिशील होगी डाटाबेस उतना ही अद्यतन और गतिशील होगा।

एक डाटाबेस तभी श्रेष्ठ समझा जाता है जब डाटा का चयन उपयुक्त हो अर्थात् वे ही डाटा चयन किये जाने चाहिए जो डाटा वास्तविक रूप से विषय का प्रतिनिधित्व करते हों या उस समस्या के अनुरूप हों जिस पर शोध कार्य किया जा रहा है या उपभोक्ता द्वारा जिसकी माँग की गयी है। डाटाबेस ऐसा होना चाहिए जो डाटा प्रोसेसिंग प्रणाली (Data Processing System) के अनुरूप हो।

बिबलियोग्राफिकल डाटाबेस फाइल (Bibliographical Database File) में किसी विषय विशेष की सूचनाएं संग्रहित की जाती हैं और ये सूचनाएं उस समस्या से सम्बन्धित होती हैं जो उपभोक्ता की माँग, डाटाबेस केन्द्र (Database Centre) की उपयुक्तता और उचित यांत्रिक प्रक्रिया (Mechanical Process) के अनुसार हों।

2. डाटा-आधारित प्रबन्ध प्रणाली (Databased Management System): आधुनिक समाज को सूचना समाज कहा जाता है। ये समाज सूचनाओं की उत्पत्ति, प्रक्रिया एवं प्रकीर्णन का कार्य करते हैं। समाज में परिवर्तन के कारण निम्नलिखित नये प्रयोग उत्पन्न हुए हैं:–

1. कृत्रिम बुद्धिमत्ता (Artificial Intelligence)
2. ज्ञान आधार (Knowledge Base)
3. ऑन-लाइन डाटाबेस (Online Database)
4. मल्टीमीडिया का प्रयोग (Use of Multimedia)
5. दृश्य एवं श्रव्य डिजिटल स्वरूप (Audio-Visual Digital Form)

डी.बी.एम.एस. (DBMS) सॉफ्टवेयर (Software) के संग्रह को कहते हैं जिसका प्रयोग डाटा (Data) के संग्रह, डाटा का निरस्तीकरण, डाटा सुधार प्रक्रिया तथा डाटा विखंडन, प्रकीर्णन कार्यों में किया जाता है। डी.बी.एम.एस. के माध्यम से उपभोक्ता डाटा का उपयोग करते हैं। उपभोक्ता डी.बी.एम.एस. के द्वारा ही सूचनाएं प्राप्त करते हैं।

(a) डाटा-आधार की आवश्यकता (Need of Database)

डी.बी.एम.एस. डाटा सम्बन्धी समस्त सूचनाएं उपलब्ध कराता है। उदाहरण के लिए फोर्ट्रान (FORTRAN) भाषा के आधार पर विद्यार्थियों की एक मास्टर फाइल (Master File) बनायी जा सकती है और उसमें विद्यार्थियों की पहचान, नम्बर, नाम, पता, कोर्स, ग्रेड तथा परीक्षा जो उत्तीर्ण की हो, का विस्तृत विवरण हो। उसी प्रकार कोबोल (COBOL) भाषा में शिक्षक की मास्टर फाइल (Master File) तैयार की जाती है जिसमें विभाग, वेतन, योग्यता और अध्यापन घण्टे भी लिखे जाते हैं। तीसरी फाइल पास्कल भाषा (PASCAL Language) पर कोर्स मास्टर फाइल (Master File) तैयार की जा सकती है जिसमें कोर्स का नाम, नम्बर, सेक्शन नम्बर (Section Number) और कोर्स से सम्बन्धित विद्यार्थियों को सूचना दी जा सकती है।

(b) उद्देश्य (Objectives)

1. इसका उद्देश्य विखंडन, उदारता प्रदान करना होता है जिनसे विभिन्न फाइल (File) में उपलब्ध डाटा के बीच सम्बन्ध स्थापित करना है।
2. डाटा का डुप्लीकेशन (Duplication) न हो इसके लिए मास्टर फाइल (Master File) की एक से अधिक प्रतियाँ न हो। डी.बी.एम.एस. यह सुविधा प्रदान करती है।
3. यह आश्वस्त करना कि उच्च स्तर पर डाटा की स्वतन्त्रता स्थापित की जायेगी और विभिन्न प्रोग्रामिंग (Programming) भाषाओं, प्रयोग पद्धतियों

और प्रक्रियात्मक वातावरण के प्रभाव से डाटा को अलग रखना भी एक उद्देश्य है।

(c) कार्य (Function)

डाटा (Data) से सम्बन्धित (Related) दो प्रमुख क्रियाएं होती हैं जो निम्न हैं:–

1. प्रकीर्णन क्रिया (Retrieval)
2. रख-रखाव क्रिया (Maintenance)

1. प्रकीर्णन क्रिया: प्रकीर्णन प्रक्रिया का तात्पर्य डाटा (Data) का पढ़ने के लिए प्रयोग किया जाना है। यह डाटा उपभोक्ताओं की माँग पर डाटा फाइल (Data File) के माध्यम से उपलब्ध करायी जाती है। अत: इसका प्रमुख कार्य पाठक को डी.बी.एम.एस. (DBMS) की सहायता से फाइल (File) में उपलब्ध डाटा को पढ़ने के लिए प्रदान करना है।

2. रख-रखाव क्रिया: रख-रखाव से अभिप्राय है आवश्यकतानुसार डाटा में परिवर्तन करना। इसके अन्तर्गत तीन कार्य किये जाते हैं:–

(a) शिक्षा सम्बन्धी डाटा (Education Data) में कुछ नये डाटा जोड़ना।

(b) अनावश्यक डाटा को निरस्त कर देना (Deletion of Unwanted Data)।

(c) डाटा (Data) में सुधार करना जिससे समय-समय पर सूचनाओं में होने वाले परिवर्तनों के अनुसार डाटा फाइल को आधुनिकतम बनाया जा सके।

(d) तत्व (Components)।

डी.बी.एम.एस. (DBMS) के दो आधारभूत तत्व (Components) होते हैं:–

(i) डाटा परिभाषित भाग (Data Definition Part)

(ii) डाटा मैनिपुलेशन भाग (Data Manipulation Part)

(i) डाटा परिभाषित भाग (Data Definition Part): यह डाटाबेस (Database) के उद्देश्यों के अनुरूप डाटा का विवरण तथा परिभाषा उपलब्ध कराता है। इसमें परिभाषित डाटा का प्रयोग किया जाता है। इस भाग का प्रमुख कार्य डाटाबेस (Database) की स्थापना के समय डाटाबेस (Database) के उद्देश्यों के अनुरूप उस ढाँचे को विकसित करना है।

(ii) डाटा मैनिपुलेशन भाग (Data Manipulation Part): इसके अन्तर्गत डाटा (Data) में उद्देश्यपूर्ण एवं आवश्यकतानुसार परिवर्तन के लिए पद्धति का

निर्माण करना है जिसमें डाटा का प्रयोग किया जाता है। डाटा परिवर्तन के लिए चार पद्धतियों का प्रयोग किया जाता है, जो इस प्रकार हैं:–

1. आन्तरिक प्रोग्रामिंग भाषा (Internal Programming Language)
2. प्रश्न सम्बन्धी भाषा (Query Language)
3. रिपोर्ट लेखक (Report Writer)
4. उपभोक्ता पद्धति (User Method)

3. डाटा-आधारित प्रबन्ध प्रणाली का ढाँचा (Architecture of DBMS): डाटा-आधारित प्रबन्ध प्रणाली के अन्तर्गत तीन स्तरीय ढाँचा निर्माण किया जाता है:–

1. स्कीम (Programme)
2. स्तर (Level)
3. दिग्दर्शन (View)

इन तीनों स्तरों में परिवर्तन किया जा सकता है।

स्कीम सबसे महत्वपूर्ण बाहरी स्तर है जिसके माध्यम से डाटा का अध्ययन किया जा सकता है। इसको हम आन्तरिक योजना (Internal Scheme) कहते हैं। किसी उपभोक्ता को सम्पूर्ण डाटाबेस (Database) के किसी एक छोटे से भाग की जरूरत होती है और उस भाग को हम बाहरी दिग्दर्शन (View) अर्थात् बाह्य स्कीमा (External Schema) कहते हैं जिसके माध्यम से हम विशेष रूप से उसी डाटा का अध्ययन कर सकते हैं।

दूसरा स्तर भावात्मक स्कीमा (Schema) होता है जिसका सम्बन्ध डाटाबेस में उपलब्ध सम्पूर्ण विवरण से होता है। यह अन्तर्राष्ट्रीय स्तर पर तथा डाटाबेस के पारस्परिक सम्बन्ध पर आधारित होता है। इसे डाटाबेस प्रशासन कहते हैं।

डाटा मॉडल (Data Model)

डाटा मॉडल (Data Model) वह प्रणाली है जिसके द्वारा सम्पूर्ण विश्व सम्बन्धी सूचनाओं के आधार पर डाटा का ढाँचा तैयार किया जाता है और वह ढाँचा इस तरह तैयार किया जाता है कि उपभोक्ताओं को उनकी आवश्यकतानुसार डाटा उपलब्ध हो सके। डाटा मॉडल (Data Model) तीन स्तरों के बीच सम्बन्ध स्थापित करता है। यह मॉडल (Model) मुख्य रूप से तीन प्रकार से प्रयोग किये जाते हैं:–

(i) शृंखलाबद्ध मॉडल (Hierarchical Model)
(ii) नेटवर्क मॉडल (Network Model)
(iii) सम्बन्धित मॉडल (Relational Model)

(i) शृंखलाबद्ध मॉडल (Hierarchical Model): इसका प्रयोग प्राचीन समय में किया जाता था। इसके द्वारा डाटा का निर्माण करते हैं जिससे डाटा के प्रत्येक तथ्यों या तत्वों के बीच शृंखलाबद्ध सम्बन्ध स्थापित किये जा सकें। ये सम्बन्ध निम्न प्रकार के होते हैं।

बायनेरी सम्बन्ध (Binary Relation): दो सेट (Set) के बीच के सम्बन्धों को बायनेरी सम्बन्ध (Binary Relation) कहते हैं। बायनेरी (Binary) से तात्पर्य है 0 और 1 के प्रयोग की पद्धति तथा तीन सेट (Set) के बीच सम्बन्ध जिसे हम क्रमबद्ध सम्बन्ध (Tertiary Relation) कहते हैं।

Exmp: 1:1 (one to one)

1:n (one to many)

n:1 (many to one)

n:m (many to many)

शृंखलाबद्ध मॉडल में दो प्रकार के रिकार्ड (Record) रखे जाते हैं। प्रथम रिकार्ड टाइप (Record Type) में 1:n में सम्बन्ध होता है जिसको पैरेन्ट रिकार्ड टाइप (Parent Record Type) कहते हैं।

दूसरा रिकार्ड टाइप (Record Type) जिसमें n:1 सम्बन्ध रखा जाता है इसे चाइल्ड रिकार्ड टाइप (Child Record Type) कहते हैं।

शृंखलाबद्ध मॉडल में दो सॉफ्टवेयर (Software) का विशेष रूप से प्रयोग किया जाता था।

(1) IMS (2) CDS/ISIS

(ii) नेटवर्क मॉडल (Network Model): इससे तात्पर्य है Child Parent Relation का पालन नहीं करना। यह नेटवर्क n:m (many-only-many) सम्बन्धों का पालन करता है।

(iii) सम्बन्धित मॉडल (Relational Model): इस मॉडल के अन्तर्गत डाटा तालिका (Data Table) के रूप में प्रस्तुत किये जाते हैं जिनका प्रयोग सामान्य रूप से सभी उपभोक्ताओं द्वारा किया जाता है। यह मॉडल गणितीय सिद्धांत (Theory) पर आधारित है। इस मॉडल (Model) के अन्तर्गत तीनों रिकार्ड टाइप (Record Type) प्रयोग किये जाते हैं:–

1:1 (one to one)

1:n (one to many)

n:1 (many to one)

इस मॉडल (Model) में निम्न सॉफ्टवेयर (Software) का प्रयोग किया जाता है।

(1) ORACLE (2) INGRESS (3) SYBASE

सम्बन्ध डाटाबेस प्रबन्धन (Relation Database Management) में अनेक प्रोग्रामों का संग्रह होता है और यह डाटाबेस में डाटा को संगठित करता है।

विशिष्टता (Speciality)

1. इसके अन्तर्गत सम्बन्ध को महत्व दिया जाता है।
2. सम्बन्ध के आधार पर प्रत्येक रिकार्ड (Record) को एक क्रम में रखा जाता है।
3. एक ही सम्बन्ध के अन्तर्गत दो तालिकाएं (Tables) प्रस्तुत की जा सकती हैं।
4. एक आँकड़े से सम्बन्धित डाटा को दूसरे विशेष डाटा से अलग दर्शाया जाता है।
5. प्रत्येक कॉलम (Column) में तथा तालिका (Table) में दिये गये डाटा को विशिष्ट तत्व के रूप में जाना जाता है।

4. डाटा-आधारित डिजाइन (Databased Design): यह एक जटिल प्रक्रिया है। डी.बी.एम.एस. (DBMS) के लिए डिजाइन (Design) तैयार करते समय निम्न बातों का ध्यान रखा जाता है:–

(a) डिजाइन लचीला होना चाहिए ताकि अधिक से अधिक उपभोक्ता उसका लाभ उठा सकें।

(b) डिजाइन भावी आवश्यकताओं को ध्यान में रखकर तैयार किया जाना चाहिए।

(c) डिजाइन तैयार करते समय सम्बन्धित व्यक्ति द्वारा कौशल और ज्ञान का प्रयोग किया जाना चाहिए।

(d) डाटाबेस (Database) में उपभोक्ताओं की आवश्यकताओं के अनुसार समय-समय पर परिवर्तन होना चाहिए।

(e) डिजाइन समयानुसार ही तैयार किया जाना चाहिए।

5. प्रक्रिया चरण (Process Stages):

(a) डाटाबेस (Database) में डाटा का निर्धारण

(b) योजना (Scheme) के निर्धारण के लिए सम्बन्धों पर आधारित मॉडल का प्रस्तुतीकरण

(c) उचित शृंखला (Segment) का चयन

(d) खाली डाटाबेस (Empty Database) में डाटा संग्रह

(e) डाटाबेस का प्रयोग (Use)

(f) उपभोक्ताओं की आवश्यकतानुसार डाटाबेस का विश्लेषण और उसके ढाँचे में परिवर्तन।

विवरणात्मक प्रश्न (Descriptive Questions)

1. डाटाबेस प्रणाली (Database System) के उद्देश्य और कार्य बताएं।
2. सम्बन्ध (Relationship) कितने प्रकार के होते हैं?
3. विभिन्न मॉडलों (Models) के बीच सम्बन्धों को विस्तार से लिखिए।
4. अधिकांश प्रयोग में आने वाला डाटा किसे कहते हैं?

मुख्य शब्द (Key Words)

सूचना प्राप्ति (Information Access): वह पद्धति जिसका प्रयोग डाटाबेस (Database) के माध्यम से डाटा के संग्रह, चयन एवं प्रकीर्णन के लिए किया जाता है।

डाटाबेस डिजाइन (Database Design): डाटाबेस डिजाइन वह क्रिया है जिसके अन्तर्गत उपभोक्ताओं की आवश्यकतानुसार डाटाबेस (Database) ढाँचे का विकास किया जाता है।

योजना (Schema): यह सम्पूर्ण डाटाबेस (Database) पर आधारित तार्किक विवरण है।

कृत्रिम बौद्धिकता (Artificial Intelligence): यह कम्प्यूटर विज्ञान (Computer Science) की वह शाखा है जो मनुष्य की विदूता का स्थान लेती है।

संचालन प्रणाली (Operating System): कम्प्यूटर का प्रयोग करते समय एक सॉफ्टवेयर (Software) के प्रोग्राम करने में उपभोक्ता के प्रयोग के लिए विकसित की गयी प्रणाली।

नेटवर्क एवं उसका वर्गीकरण (Network and Its Classification) 5

नेटवर्क से तात्पर्य इलेक्ट्रॉनिक (Electronic) माध्यम से सूचना का हस्तान्तरण है। सभी नेटवर्क बैंक, स्कूल, कार्यालय, मंत्रालय तथा अन्य को जोड़ने के माध्यम हैं। नेटवर्क, उपभोक्ताओं को तीव्रगति से सूचनाएं प्राप्त करने के स्रोत प्रदान करते हैं। किसी नेटवर्क में सामान्य रूप से तीन तत्व होते हैं। ये तीन तत्व हैं:–

1. संचार साधन (Transmission Media)
2. तकनीकी नियंत्रण (Mechanical Control)
3. आन्तरिक भाग (Internal Part)

सामान्यत: प्रत्येक नेटवर्क के अन्तर्गत यातायात क्षमता, आन्तरिक संचालन प्रणाली (Switching Mechanism) और उपभोक्ता आते हैं।

1. नेटवर्क परिवहन एवं संचालन (Network Transport and Switching):

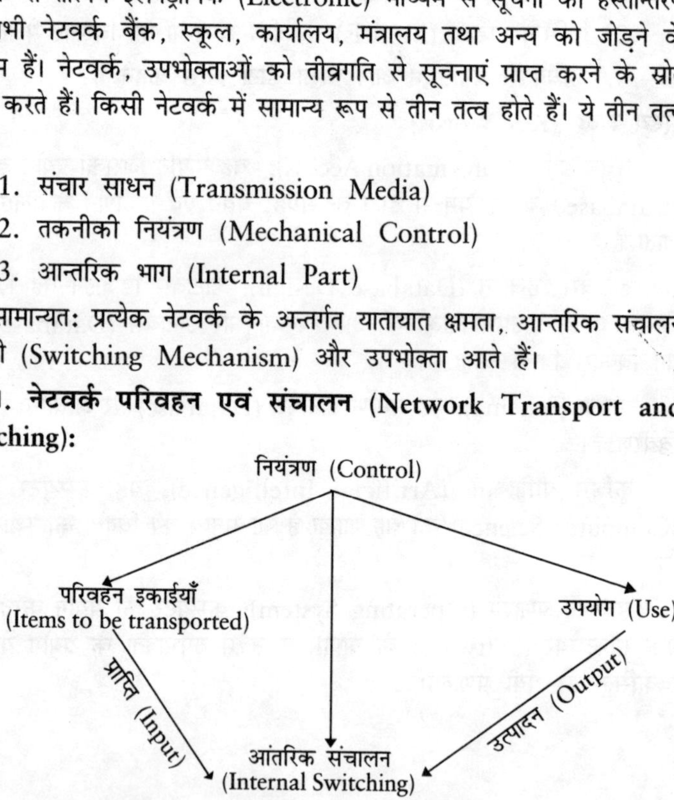

उदाहरण के लिए हम रेलवे की कार्य प्रणाली को ले सकते हैं। इसके अन्तर्गत रेलवे द्वारा किसी वस्तु का एक स्थान से उसके गंतव्य तक परिवहन सुविधा उपलब्ध करायी जाती है। यह सभी कार्य रेलवे के विभिन्न केन्द्रों द्वारा

किया जाता है। इस प्रकार स्पष्ट है कि किसी भी नेटवर्क की मुख्य विशेषता यह है कि इसके अन्तर्गत संचालन केन्द्र (Switching Centre) के नियंत्रण में किसी वस्तु को एक स्थान से दूसरे स्थान पर पहुँचाया जाता है। कम्प्यूटर नेटवर्क भी इस सिद्धांत पर काम करता है। जिस प्रकार रेलवे द्वारा किसी वस्तु को एक स्थान से दूसरे स्थान पर भेजा जाता है उसी प्रकार कम्प्यूटर नेटवर्क (Computer Network) के माध्यम से सूचनाओं का आदान-प्रदान किया जाता है। कम्प्यूटर नेटवर्क में भी नियंत्रण इकाई होती है जिसके द्वारा कम्प्यूटर नेटवर्क पर नियंत्रण रखा जाता है जिसे संचालन प्रणाली कहते हैं।

संचार साधन में मनुष्य की महत्वपूर्ण भूमिका है।

जब हम किसी प्रणाली का प्रयोग करते हैं उससे तात्पर्य है कि Data Handling Device का संग्रह करना जिसके द्वारा सूचना की प्रक्रिया और हस्तान्तरण किया जाता है।

वर्गीकरण (Classification)

प्राचीन समय में मनुष्य ड्रम, चिन्ह, संकेत आदि को संचार माध्यम के रूप में प्रयोग करते थे। लेकिन वर्तमान में इसके लिए विद्युत, रेडियो तथा ऑप्टिकल सिग्नल (Optical Signal) का प्रयोग किया जा रहा है। ऑप्टिकल सिग्नल (Optical Signal) में लेजर (Laser) तथा ग्लास फाइबर (Glass Fibre) का प्रयोग संचार के क्षेत्र में व्यापक रूप से किया जा रहा है। संचार नेटवर्क सूचना को सिग्नल के रूप में विश्व के सभी क्षेत्रों में सूचना हस्तान्तरण का कार्य करते हैं। स्वचालित संचार आज की आवश्यकता बन गयी है। नेटवर्क के माध्यम से हर स्थान से हर केन्द्र को जोड़ा गया है। यही कारण है कि कोई भी व्यक्ति किसी भी व्यक्ति से किसी भी परिस्थिति में विश्व के किसी भी हिस्से में किसी भी समय सम्पर्क कर सकता है। यह स्विचिंग प्रणाली (Switching System) द्वारा सम्भव हुआ है।

2. स्विचिंग प्रणाली का वर्गीकण (Classification of Switching **System):** स्विचिंग प्रणाली (Switching System), दूरसंचार अभियांत्रिकी (Telecommunication Engineering) का एक भाग है। अतः दूरसंचार नेटवर्क (Telecommunication Network) में प्रयोग किये जाने वाले स्विचिंग प्रणाली (Switching System) को भी दो भागों में वर्गीकृत किया जा सकता है। वह इस प्रकार हैं:–

(a) हस्तचालित स्विचिंग प्रणाली (Manual Switching System): यह प्राचीन पद्धति है जिसमें संचालक (Operator) द्वारा स्विचिंग प्रणाली (Switching System) का प्रयोग किया जाता है।

(b) स्वचालित स्विचिंग प्रणाली (Automated Switching System): इसको विद्युत् यांत्रिकी स्विचिंग प्रणाली (Electromechanical Switching System) भी कहते हैं। इसमें एनालॉग (Analog) के प्रयोग द्वारा चरणबद्ध (Step by Step) कार्य किया जाता है। इसमें समय, स्थान और सम्पर्क का ध्यान रखा जाता है। स्वचालित स्विचिंग प्रणाली को हम कई भागों में विभक्त कर सकते हैं:–

(i) विद्युत् यांत्रिकी स्विचिंग प्रणाली (Electromechanical Switching System): इसकी सहायता से एक मिनट के दसवें हिस्से में किसी से सम्पर्क बनाया और काटा जा सकता है।

(ii) स्ट्रोगर स्विचिंग प्रणाली (Strowger Switching System): इसे हम चरणबद्ध (Step by Step) स्विचिंग प्रणाली (Switching System) भी कहते हैं। इसका आविष्कार ए.बी. स्ट्रोगर (A.B. Strowger) के द्वारा किया गया। इसमें सर्किट (Circuit) का प्रयोग किया जाता है।

(iii) बार स्विचिंग प्रणाली (Bar Switching System): इसमें केबल (Cable) का प्रयोग किया जाता है। इसलिए इसकी क्षमता कम होती है।

(iv) इलेक्ट्रॉनिक स्विचिंग प्रणाली (Electronic Switching System): इसमें कम्प्यूटर का प्रयोग किया जाता है। इस प्रणाली को स्टोर प्रोग्राम नियंत्रण (Store Programme Control) भी कहते हैं।

(v) टाइम डिविजन स्विचिंग प्रणाली (Time Division Switching System): इस प्रणाली में सूचना हस्तान्तरण के लिए ध्वनि संकेतों (Speech Signal) का प्रयोग किया जाता है।

(vi) स्पेस स्विचिंग प्रणाली (Space Switching System): जब बायनरी कोड (Binary Code) के द्वारा सूचनाओं का आदान-प्रदान किया जाता है तो उसे स्पेस स्विचिंग प्रणाली (Space Switching System) कहते हैं। लेकिन यदि सूचनाओं के हस्तान्तरण में अधिक समय लगता है तब इस तकनीक को टाइम स्विचिंग (Time Switching) कहते हैं।

3. दूरसंचार का वर्गीकरण (Classification of Telecommunication): दूरसंचार (Telecommunication) चार प्रकार के होते हैं:–

(a) टेलीफोन नेटवर्क (Telephone Network)

(b) तार नेटवर्क (Telegraph Network)

(c) टेलेक्स नेटवर्क (Telex Network)

(d) डाटा नेटवर्क (Data Network)

(a) टेलीफोन नेटवर्क (Telephone Network): यह नेटवर्क सार्वजनिक स्विच्ड टेलीफोन नेटवर्क (Public Switched Telephone Network) कहलाता है। सम्पूर्ण विश्व में सभी व्यक्ति टेलीफोन (Telephone) के माध्यम से सम्पर्क करते हैं। यह सम्पूर्ण प्रक्रिया उपकरण तथा तकनीक पर आधारित होती है। दूसरे शब्दों में यह कम्प्यूटर नेटवर्क (Computer Network) के समकक्ष है। इनमें एनालॉग वॉयस सिग्नल (Analog Voice Signal) का प्रयोग किया जाता है।

(b) तार नेटवर्क (Telegraph Network): यह केबल (Cable) पर आधारित होता है और डाक और तार (Post and Telegraph) नेटवर्क द्वारा प्रयोग किया जाता है। इस नेटवर्क का उपयोग धीरे-धीरे कम होने लगा है।

(c) टेलेक्स नेटवर्क (Telex Network): टेलेक्स नेटवर्क (Telex Network) दूरसंचार के क्षेत्र में एक ऐसा नेटवर्क है जिसके माध्यम से संदेश अथवा सूचनाओं का लिखित रूप में आदान-प्रदान किया जाता है।

(d) डाटा नेटवर्क (Data Network): यह कम्प्यूटर (Computer) और संचार प्रौद्योगिकी (Communication Technology) के मिश्रित प्रयोग पर आधारित है। इसके अन्तर्गत सुदूर कम्प्यूटिंग तकनीक (Remote Computing Technology) का प्रयोग किया जाता है। इसमें डाटा (Data) को कम्प्यूटर के माध्यम से उपभोक्ताओं को दिया जाता है। इसमें डिजिट (Digit) का प्रयोग किया जाता है। इसमें डाटा ट्रैफिक और वॉयस ट्रैफिक (Data Traffic and Voice Traffic) महत्वपूर्ण है। कल्पना कीजिए कि एक उपभोक्ता कम्प्यूटर टर्मिनल (Computer Terminal) पर बैठा है। उसे सोचने में कुछ समय लगता है। फिर वह कम्प्यूटर में कमांड (Command) देता है और कम्प्यूटर प्रक्रिया के आरम्भ होने का इन्तजार करता है। इससे तात्पर्य है कि उपभोक्ता विचार (Thinking), निर्देश (Command), इन्तजार (Wait) तीन स्तर से गुजरता है। पहले दो स्तर में कोई डाटा संचार नहीं होता लेकिन तीसरे स्तर पर उपभोक्ता को डाटा प्राप्त होना शुरू हो जाता है। इसे ही डाटा ट्रैफिक (Data Traffic) कहते हैं। जब कम्प्यूटर के माध्यम से टेलीफोन का प्रयोग कर मौखिक रूप से सम्पर्क स्थापित किया जाता है तो उसे वॉयस ट्रैफिक (Voice Traffic) कहते है। इसमें समय का विशेष महत्व होता है।

4. स्विचिंग तकनीक (Switching Technique): स्विचिंग तकनीक का सामान्यत: चार प्रकार से प्रयोग किया जाता है। ये हैं:–

(a) सर्किट स्विचिंग (Circuit Switching)

(b) संग्रहण एवं अग्रसारित स्विचिंग (Store and Forward Switching)

(c) संदेश स्विचिंग (Message Switching)

(d) पॉकिट स्विचिंग (Pocket Switching)

(a) सर्किट स्विचिंग (Circuit Switching): सर्किट स्विचिंग टेलीफोन स्विचिंग (Telephone Switching) की तरह होता है। इसमें डाटा हस्तान्तरण के लिए विद्युत् की धारा (Current) प्रवाहित की जाती है। ये तार, केबल, रेडियो तरंग और उपग्रह पर आधारित होता है। इसमें एक बार में एक ही सम्पर्क किया जा सकता है। सर्किट स्विचिंग (Circuit Switching) की सबसे बड़ी त्रुटि यह है कि इसके माध्यम से डाटा हस्तान्तरण में समय लगता है। गलत सम्पर्क होने से नुकसान भी हो सकता है। इसकी गति सीमित होती है। इसमें त्रुटियों पर नियंत्रण रखना कठिन होता है।

(b) संग्रहण एवं अग्रसारित स्विचिंग (Store and Forward Switching): इसके अन्तर्गत स्विचिंग नोड (Switching Node) के माध्यम से सूचनाओं को एक स्थान से दूसरे स्थान पर पहुँचाया जाता है। प्रत्येक नोड (Node) में कार्यवाहक (Processor) लगा होता है। उपभोक्ता जब अपने सन्देश देता है तब वह उससे सम्बन्धित नोड पर हस्तान्तरित (Transfer) हो जाता है। इस प्रकार संदेश अपने गंतव्य पर पहुँच जाता है। इस तकनीक में नोड (Node) के माध्यम से सूचनाओं अथवा संदेशों का हस्तान्तरण होता है।

(c) संदेश स्विचिंग (Message Switching): इसके अन्तर्गत डाक (Postal) प्रणाली आती है जिसमें सन्देशों का परस्पर आदान-प्रदान किया जाता है। इस उद्देश्य को पूरा करने के लिए यह आवश्यक है कि–

(i) उपभोक्ता द्वारा भेजे गए पूर्व सन्देश को प्राप्त करें और उसका संग्रह करें।

(ii) सन्देश भेजने से पूर्व उसकी गलतियों का निरीक्षण करें।

(iii) उपभोक्ता को संदेश भेजने के स्थान का पूर्ण विवरण प्राप्त करें।

(iv) उस संचार माध्यम का चयन करें जिसके द्वारा संदेश अथवा सूचना अविलम्ब पहुँच सके।

(v) संदेश को उस नोड (Node) पर हस्तान्तरित करें जिनका चयन किया गया है।

इसमें सबसे बड़ी सावधानी यह करनी चाहिए कि सन्देश के अनुसार नोड (Node) में स्थान का निरीक्षण कर लें। यदि ऐसा नहीं किया गया तो संदेश

संग्रहित नहीं किया जा सकता है। यदि सन्देश के हस्तान्तरण में कोई त्रुटि पायी जाती है तो उसे पुन: हस्तान्तरित करना सम्भव नहीं होता है। इसके अतिरिक्त अधिक बड़े सन्देश भ्रम की स्थिति उत्पन्न कर सकते हैं। यदि अति आवश्यक सन्देश आता है और उसी समय कोई लम्बा सन्देश पूर्व से ही आ रहा है तो जब तक यह लम्बा सन्देश समाप्त नहीं हो जाता तब तक उस अति आवश्यक सन्देश को प्राप्त नहीं किया जा सकता।

(d) पॉकिट स्विचिंग (Pocket Switching): इस पद्धति में सन्देशों को छोटे-छोटे पॉकिट स्विचिंग (Pocket Switching) में रखा जाता है जिनका आकार भिन्न-भिन्न हो सकता है। इस तरह से पॉकिट (Pocket) में सन्देशों को संग्रहित किया जा सकता है और संदेशों (Messages) को आवश्यकतानुसार पॉकिट (Pocket) में डाला जा सकता है। यदि बड़ा सन्देश किसी एक पॉकिट में प्राप्त हो रहा है तो बिना किसी देरी के छोटे सन्देश को दूसरे पॉकिट में प्राप्त किया जा सकता है। लेकिन प्रत्येक पॉकिट में सूचना या संदेश सम्बन्धी विवरण तथा स्थान, माध्यम, संदेश इत्यादि लिखना आवश्यक होता है। पॉकिट को एक विशेष क्रम में रखा जाता है और यह दायित्व नेटवर्क का होता है। यह अधिक खर्चीली लेकिन अधिक सूचनाएं संग्रहित करने वाली प्रणाली है। इसके अन्तर्गत दो प्रकार की सेवाएं दी जाती हैं जिनको डाटा ऐक्सेस सेवा और सर्किट सेवा (Data Access Services and Circuit Service) कहते हैं।

5. नेटवर्क (Network): नेटवर्क कई प्रकार के होते हैं जो निम्न हैं-

कम्प्यूटर नेटवर्क (Computer Network): कम्प्यूटर नेटवर्क में कम्प्यूटर की सहायता से डाटा या सूचना का हस्तान्तरण किया जाता है। इसका संचार नेटवर्क के लिए व्यापक प्रयोग किया जाता है। कम्प्यूटर नेटवर्क का सर्वप्रथम प्रयोग अरपानेट (ARPANET) के रूप में किया गया। इसका प्रयोग अमेरिका में रक्षा सम्बन्धी सूचनाओं के लिए 1960 में प्रारम्भ हुआ। सैन्य उद्देश्यों के लिए प्रयोग किया जाने वाला दूसरा नेटवर्क मिलनेट (MILNET) था। इसके पश्चात् अन्य नेटवर्क भी विकसित किये गये, जैसे-

इथरनेट (ETHERNET, 1973)
मैप एंड टॉप (Map and Top)
जनरल मोटर कम्पनी, अमेरिका (General Motor Company, America)
यूज नेट (Use Net) (DUE University, U.S.A.)
सी.एस. नेट (CS Net) (National Science Foundation, 1980)
बिट नेट (BIT NET) (City University of New York, 1981)
जेनेट (JANET) (Joint Academy Network, U.K.)

एस.एन.ए. (SNA – Systems Network Architecture by IBM)

कम्प्यूटर नेटवर्क (Computer Network) के माध्यम से डाटा तीव्र गति से हस्तान्तरित किया जा सकता है। कम्प्यूटर (Computer) को माइक्रोवेव, उपग्रह, फाइबर ऑप्टिक्स तथा केबल (Microwave, Satellite, Fibre Optics and Cables) से जोड़ा जा सकता है। कुछ कम्प्यूटर नेटवर्क (Computer Network) में संचार साधनों को प्रत्यक्ष रूप से जोड़ा नहीं जा सकता। लेकिन नेटवर्क के अन्तर्गत मिनी कम्प्यूटर (Mini Computer) से जोड़ा जा सकता है। कम्प्यूटर डाटा प्रोसेसिंग (Data Processing) का कार्य करते हैं। मिनी कम्प्यूटर (Mini Computer) के मुख्य रूप से निम्न कार्य हैं:–

1. सन्देश का ढाँचा तैयार करना।
2. सन्देश को संचारित करना।
3. गलतियों का विश्लेषण करना।
4. समस्याओं का निदान करना।
5. नेटवर्क के अन्तर्गत कार्यरत कम्प्यूटरों को समस्याओं से अवगत कराना।
6. संचार साधनों की सहायता करना।
7. डाटा को कोड (Code) प्रदान करना।
8. नेटवर्क के अन्तर्गत ट्रैफिक (Traffic) का मार्ग निर्देशन करना।

मिनी कम्प्यूटर (Mini Computer) का आकार, विशेषताएं तथा लागत नेटवर्क की विशिष्टता पर निर्भर करता है।

कम्प्यूटर नेटवर्क के तत्व (Components of Computer Network)

कम्प्यूटर नेटवर्क (Computer Network) में दो प्रकार के तत्व होते हैं:–

1. प्रणालीबद्ध तत्व – जो संचार कार्यों में सहायता करते हैं।
2. कार्यों पर आधारित तत्व – जो कम्प्यूटर के माध्यम से उपभोक्ता को सहायता करते हैं।

इन दो तत्वों को भी अनेक वर्गों में विभाजित किया जा सकता है। ये हैं:–

1. डाटा प्रक्रिया कम्प्यूटर एवं सॉफ्टवेयर (Data Processing Computer and Software): यह सॉफ्टवेयर प्रणाली के प्रयोग में मदद करते हैं।
2. नेटवर्क से सम्बन्धित हार्डवेयर (Related to Network Hardware): जो व्यावहारिक कम्प्यूटर तथा डाटा संचारित सम्बन्धों में सहायता करते हैं।

3. डाटा संचार सुविधाएं (Data Transmission Facilities): इसके द्वारा तीव्रगति से उपग्रह सुविधाएं प्रदान की जाती हैं।
   (a) टर्मिनल प्रिंटर (Terminal Printer) तथा मिनी प्रिंटर (Mini Printer) जो उपभोक्ता की सहायता करते हैं।

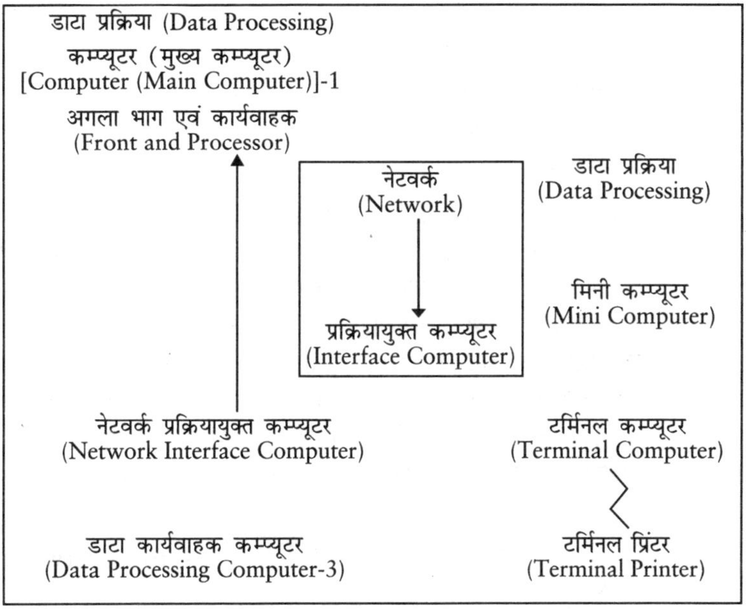

   (b) मिनी कम्प्यूटर (Mini Computer)

   इस चित्र में कम्प्यूटर-1 मुख्य कम्प्यूटर है। अन्य दो कम्प्यूटर (Mini Computer) हैं। दोनों मिनी कम्प्यूटर को नेटवर्क से जोड़ा गया है। यह कम्प्यूटर टर्मिनल (Terminal) से जोड़ दिए गए हैं। इनकी संख्या निश्चित नहीं होती। टर्मिनल कम्प्यूटर (Terminal Computer) को टर्मिनल प्रिंटर (Terminal Printer) से जोड़ा गया है जिनकी संख्या कुछ भी हो सकती है।

   (c) उपयोगिता पर आधारित नेटवर्क: कम्प्यूटर नेटवर्क (Computer Network) को उपयोगिता के आधार पर भी वर्गीकृत किया जा सकता है। मुख्य रूप से कम्प्यूटर नेटवर्क (Computer Network) का प्रयोग संसाधन सहभागिता (Resource Sharing), डाटा सहभागिता (Data Sharing), संचार और डाटा के आदान-प्रदान

(Communication and Data Exchange) के लिए किया जाता है।

(d) उपभोक्ताओं के अनुसार नेटवर्क: उपभोक्ताओं के आधार पर कम्प्यूटर नेटवर्क (Computer Network) को तीन भागों में वर्गीकृत किया जा सकता है:–

(i) व्यक्तिगत नेटवर्क (Private Network)

(ii) सार्वजनिक नेटवर्क (Public Network)

(iii) सहकारिता नेटवर्क (Co-operative Network)

(e) नेटवर्क के ढाँचे पर आधारित कम्प्यूटर नेटवर्क: कम्प्यूटर नेटवर्क (Computer Network) में विभिन्न प्रकार के कम्प्यूटर उपकरण (Computer Devices) भी होते हैं जो विभिन्न संचार माध्यमों से जुड़े होते हैं। जैसे:– टेलीफोन लाइन (Telephone Line), उपग्रह (Satellite), रेडियो (Radio), ऑप्टिकल फाइबर (Optical Fibre) तथा डिजीटल डाटा लाइन (Digital Data Line)। इनमें स्थानीय तथा वैश्विक महत्व की अनेक प्रणालियाँ सम्मिलित हैं। एक श्रेष्ठ कम्प्यूटर नेटवर्क ढाँचे में लचीलापन, आधुनिकता, विश्वसनीयता, सरलता तथा पूर्णता का होना आवश्यक है। इस प्रकार के नेटवर्क तीन हैं:–

(i) जीरॉक्स नेटवर्क सिस्टम आर्कीटेक्चर (Xerox Network System Architecture)

(ii) आइ.बी.एम. (IBM)

(iii) डी.ई.एस. डिजीटल सिस्टम आर्कीटेक्चर (DES Digital System Architecture)

(f) तकनीक के आधार पर डाटा हस्तान्तरण तथा नियंत्रण सम्बन्धी नेटवर्क: इसको निम्न श्रेणियों में वर्गीकृत किया जा सकता है:–

(i) स्विच्ड नेटवर्क (Switched Network): इसके अन्तर्गत सर्किट स्विच्ड नेटवर्क, मैसेज स्विच्ड नेटवर्क तथा पॉकिट स्विच्ड नेटवर्क आते हैं।

(ii) प्रसारण नेटवर्क (Broadcast Network): प्रसारण नेटवर्क में एक संचार धारा के माध्यम से सूचनाओं का संग्रह एक ही केन्द्र पर किया जाता है। इसके लिए रेडियो और उपग्रह (Radio and Satellite) का प्रयोग किया जाता है। जैसे:– LAN।

(iii) भौगोलिक क्षेत्र पर आधारित नेटवर्क (Network Based on Geographical Areas): इसको तीन भागों में विभाजित किया जा सकता है:–

(1) LAN (2) MAN (3) WAN

(1) स्थानीय क्षेत्र नेटवर्क (LAN, Local Area Network): इस नेटवर्क का स्थानीय स्तर पर किसी एक इमारत (Building) या संगठन में साधन के रूप में प्रयोग किया जाता है। इसके अन्तर्गत ऑप्टिकल फाइबर (Optical Fibre), को-एक्सीयल केबल (Coaxial Cables) का प्रयोग किया जाता है जो माध्यम के रूप में कार्य करते हैं। फाइबर ऑप्टिकल नेटवर्क (Fibre Optical Network) का प्रयोग LAN and MAN दोनों के लिए किया जाता है।

LAN, MAN and WAN एक दूसरे से भी परस्पर जोड़े जा सकते हैं जिससे सम्पूर्ण विश्व के लिए एक नेटवर्क तैयार होता है। यह तीनों नेटवर्क एक श्रृंखला के रूप में कार्य करते हैं।

(2) MAN (Metropolitan Area Network): इसके माध्यम से किसी बड़े क्षेत्र में सभी कम्प्यूटर के बीच सूचना संचारण किया जाता है। इसके लिए एंटीना (Antenna), टेलिविजन (Television), केबल (Cable), ऑप्टिकल फाइबर (Optical Fibre) तथा रेडियो लिंक (Radio Link) का प्रयोग किया जाता है। इसे ऑप्टिकल संचार लिंक सेवा (Optical Communication Link Service) कहते हैं। इसमें एंटीना (Antenna), केबल (Cables) आवाज़, डाटा तथा चित्र का एक साथ प्रयोग किया जाता है।

(3) WAN (Wide Area Network): भौगोलिक रूप से इसकी सीमा अत्यन्त विस्तृत होती है। इस नेटवर्क की सीमा इस प्रकार है:–

(i) शहरों के बीच नेटवर्क

(ii) देशों के बीच नेटवर्क

(iii) महाद्वीपों के बीच नेटवर्क

उपरोक्त तीनों नेटवर्क (Network) के लिए कुछ आधारभूत आवश्यकताएं होती हैं जिन्हें इसका आन्तरिक ढाँचा कहते हैं।

आन्तरिक ढाँचे के अन्तर्गत निम्न का प्रयोग किया जाता है:–

क्षेत्रीय डाटा नेटवर्क:

(a) केबल नेटवर्क का प्रयोग (Use of Cable Network)

(b) फाइबर नेटवर्क का प्रयोग (Use of Fibre Network)

(c) ऑप्टीकल लाइन का प्रयोग (Use of Optical Network)

(g) उपग्रह पर आधारित डाटा नेटवर्क (Satellite Based Data Network)।

(h) संचार माध्यमों पर आधारित नेटवर्क (Network Based on Communication Channels): इस नेटवर्क को निम्न प्रकार से वर्गीकृत किया जा सकता है:–

1. केबल नेटवर्क (Cable Network)
2. वीडियो टेक्स्ट (Video Text)
3. टेली टेक्स्ट (Tele Text)
4. इलेक्ट्रॉनिक मेल (Electronic Mail)
5. टेलेक्स (Telex)
6. इलेक्ट्रॉनिक पत्रिका (Electronic Journal)
7. वीडियो कान्फ्रेंसिंग (Video Conferencing)

6. विश्व के प्रमुख नेटवर्क (Important International Network):

1. BIT NET (Because it is time network, U.S.)
2. BLAISE (British Library Automated Information Service)
3. CS Net (Computer Science Network, U.S.A.)
4. ERNET (European Research Network, U.K.)
5. OCLC (Online Computer Library Centre, U.S.A.)
6. USENET (US Education Service Network, U.S.A.)

भारतीय नेटवर्क

1. DELNET (Delhi Library Network)
2. CALIBNET (Calcutta Library Network)
3. INFLIBNET (Information Library Network)

अन्तर्राष्ट्रीय नेटवर्क

1. AGRIS (Agricultural Research Information System, India)

2. ISONET (International Organisation for Standardisation Network—BIS India)
3. DEVSIS (Development Science Information System)
4. IFIS (International Food Information Service, UK)
5. ISDS (International Serial Data System—UNISIST)

नेटवर्क के उद्देश्य (Objectives of Network)

सूचना नेटवर्क के निम्न मुख्य उद्देश्य हैं:–

1. देश में उपलब्ध तकनीकी साहित्य की बिबलियोग्राफी।
2. कम्प्यूटर पर आधारित बिबलियोग्राफिकल आधार तैयार करना।
3. ज्ञान, तकनीक तथा सामाजिक क्षेत्र में प्रयोग के लिए गैर-बिबलियोग्राफिकल डाटाबेस (Non-bibliographical database) तैयार करने हेतु प्रोत्साहित करना।
4. डाटा हस्तान्तरण को सुदृढ़ बनाने के लिए तकनीकी तथा संगठनात्मक ढाँचे के विकास को प्रोत्साहित करना।
5. विशिष्ट विषयों के क्षेत्र में विशिष्ट नेटवर्क विकसित करना।
6. राष्ट्रीय स्तर पर सूचना का आन्तरिक ढाँचा विकसित करने में सहायता करना।

7. ग्रंथालय एवं सूचना नेटवर्क (Library and Information Network): ग्रंथालय का महत्वपूर्ण कार्य सूचना को संगठित करना और उसकी उपलब्धता में सहायता करना है। सूचना नेटवर्क से ग्रंथालयों के विकास में काफी सहयोग दिया है। ग्रंथालय विज्ञान में नेटवर्क शब्द से अभिप्राय साधनों का वह सामूहिक संगठन जिसमें एक से अधिक ग्रंथालय सम्मिलित हैं। ये एक शृंखला अथवा सहभागी के रूप में सूचनाओं का परस्पर आदान-प्रदान करते हैं।

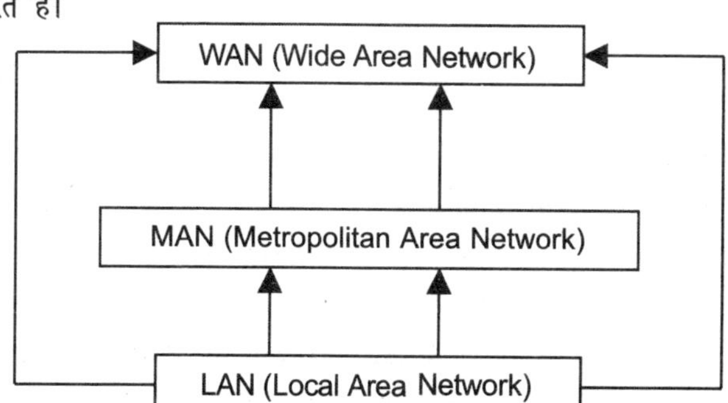

ग्रंथालय नेटवर्क (Library Network) की निम्न विशेषताएं हैं:–

1. यह ग्रंथालय के तकनीकी क्रियाकलापों में सहायता करते हैं। जैसे:– सहकारी सूचीकरण।
2. वे कुछ सेवाओं में एक संगठन के रूप में कार्य करते हैं।
3. ग्रंथालय नेटवर्क के अन्तर्गत सभी ग्रंथालय तकनीकी आधार पर एक दूसरे की सहायता करते हैं।

1963 में Ohio College द्वारा सर्वप्रथम ग्रंथालय नेटवर्क (Library Network) का आरम्भ किया गया जिसके अन्तर्गत अनेक ग्रंथालयों को ऑन–लाइन कम्प्यूटर (Online Computer) के माध्यम से जोड़ दिया गया। जिसको ओ.सी.एल.सी. (OCLC) नाम से जाना जाता है। दूसरा प्रयास 1915 में किया गया जब अमेरिका में राष्ट्रीय प्रलेख प्रोग्राम के अन्तर्गत ग्रंथालय एवं सूचना विज्ञान राष्ट्रीय आयोग (Library and Information Science National Commission) की स्थापना की गयी।

इस आयोग के अनुसार जब दो या दो से अधिक ग्रंथालय एक सामान्य सूचना हस्तान्तरण कार्य में संचार माध्यमों का उपयोग करते हैं उसे ग्रंथालय नेटवर्क कहते हैं। इस नेटवर्क में प्रलेख, सूचना और सेवा तीन भाग होते हैं जिनके द्वारा उपभोक्ताओं को सूचनाएं उपलब्ध करायी जाती हैं।

ग्रंथालय एवं सूचना विज्ञान के निम्न उद्देश्य हैं:–

1. शोध कार्यों में सहयोग।
2. बिबलियोग्राफी नियंत्रण जिसमें सहयोग, वितरण, सहकारी अधिग्रहण, संग्रहण, प्रकीर्णन तथा सूचना स्रोतों का वितरण शामिल है।
3. समय की बचत।
4. सटीकता।

(a) ग्रंथालय एवं सूचना विज्ञान में चार प्रमुख पहलू हैं:–

1. डाटा (Data)
2. विखंडन (Dissemination)
3. सूचना प्राप्ति (Access to Information)
4. उपभोक्ता (Consumer)

(b) ग्रंथालय एवं सूचना नेटवर्क की विशेषताओं का निम्न शीर्षक के अन्तर्गत वर्णन किया जा सकता है:–

(i) सूचना प्राप्ति की समानता: प्रत्येक उपभोक्ता चाहे उसका मानसिक, बौद्धिक, शारीरिक तथा सामाजिक स्तर कुछ भी हो, वह कभी

भी, कहीं भी संचार साधनों के माध्यम से सूचनाएं प्राप्त कर सकता है।

(ii) स्वाधीनता: कोई भी ग्रंथालय स्वयं में पूर्ण नहीं होता। उसे दूसरे ग्रंथालयों का भी सहयोग लेना पड़ता है। ग्रंथालय और सूचना नेटवर्क (Library and Information Network) इस दिशा में उनकी सहायता करता है।

(iii) डाटा-आधार नेटवर्क: ग्रंथालयों को बिबलियोग्राफिकल डाटाबेस (Bibliographical database) बनाने में सहायता करता है।

(iv) मानक एवं गुणवत्ता: नेटवर्क अन्तर्राष्ट्रीय स्तर पर बिबलियोग्राफिकल (Bibliographical) सेवाओं की गुणवत्ता वृद्धि में सहायता करता है तथा अन्तर्राष्ट्रीय स्तर पर मानक प्रदान करता है।

(v) एकाधिकार में कमी: ग्रंथालयों के द्वारा नेटवर्क में हिस्सा लेने से उनका व्यक्तिगत महत्व कम हो जाता है। इसका सभी उपभोक्ता अधिक लाभ उठा सकते हैं।

(vi) निर्णय लेने में सहभागिता।

(vii) ग्रंथालय समन्वय: सहकारिता के आधार पर ग्रंथालय एवं सूचना नेटवर्क के माध्यम से ही ग्रंथालयों में परस्पर सहयोग सम्भव है।

(viii) केन्द्रीयकरण: नेटवर्क का कार्य केन्द्रीयकृत होता है जहाँ सभी ग्रंथालयों के प्रलेखों का बिबलियोग्राफिकल डाटाबेस (Bibliographical Database) तैयार किया जाता है।

(ix) लागत: ग्रंथालयों के पारस्परिक सहयोग से उपभोक्ताओं को सेवा कम लागत में ही उपलब्ध हो सकती है।

(x) शोध एवं विकास: ग्रंथालय एवं सूचना नेटवर्क से शोध एवं विकास कार्यों में सहायता मिलती है।

(xi) अन्तर्राष्ट्रीयता: इसका प्रयोग व्यापक रूप से सम्पूर्ण विश्व में किया जा सकता है।

(xii) ऑन-लाइन कम्प्यूटर और संचार: ऑन-लाइन कम्प्यूटर और संचार ग्रंथालय एवं सूचना नेटवर्क के माध्यम से ही सम्भव है।

उदाहरण:- CALIBNET, INFLIBNET, DELNET

(c) ग्रंथालय एवं सूचना के क्षेत्र में नेटवर्क-

(i) CALIBNET (Calcutta Library Network): यह कोलकाता के ग्रंथालयों का नेटवर्क है। इसके अन्तर्गत कोलकाता के सभी

ग्रंथालय परस्पर सहयोग के आधार पर कम्प्यूटर के माध्यम से सूचना का चयन, संग्रहण तथा प्रकीर्णन करते हैं। इसके द्वारा निम्न कार्य किए जाते हैं:–

(1) अधिग्रहण (Acquisition)
(2) सामायिकी नियंत्रण (Serial Control)
(3) सूचीकरण (Cataloguing)
(4) आदान-प्रदान सेवा (Circulation Service)
(5) उपभोक्ता सेवा (User Service)

(ii) DELNET (Delhi Library Network): यह दिल्ली के सभी प्रमुख ग्रंथालयों का नेटवर्क है। इसके द्वारा दिल्ली तथा अन्य स्थानों के उपभोक्ताओं को निम्न क्षेत्रों में सेवाएं प्रदान की जाती हैं:–

(1) अधिग्रहण (Acquisition)
(2) सामायिकी नियंत्रण (Serial Control)
(3) पुस्तकों एवं पत्रिकाओं का रख-रखाव (Maintenance of Books and Magazines)
(4) आदान-प्रदान सेवा (Exchange of Service)
(5) उपभोक्ता सेवा (Consumer Service)
(6) बिबलियोग्राफिक डाटाबेस का संगठन एवं रख-रखाव (Organisation and Maintenance of Bibliographic Database)
(7) अन्तर-ग्रंथालय उपभोक्ता सेवा (Inter-Library Consumer Service)
(8) प्रलेख प्रतिलिपि प्रदान करना (Document Copy Provided)
(9) राष्ट्रीय एवं अन्तर्राष्ट्रीय डाटाबेस से सूचना प्राप्त करना
(10) संघीय सूची (Union Catalogue)
(11) CAS and SDI Services
(12) विषय प्रोफाइल (Subject Profile)
(13) सार-सूची (Abstract)

(iii) INFLIBNET (Information Library Network): U.G.C. के सहयोग से विश्वविद्यालय, महाविद्यालय एवं शोध

संस्थाओं के लिए राष्ट्रीय स्तर पर सूचना एवं ग्रंथालय नेटवर्क की स्थापना की गयी है जिसका केन्द्र अहमदाबाद में है। इसे INFLIBNET के नाम से जाना जाता है।

उद्देश्य (Objectives)

(1) यह देश में ग्रंथालय एवं सूचना केन्द्रों के लिए राष्ट्रीय नेटवर्क के रूप में कार्य करता है तथा सूचना हस्तान्तरण को प्रोत्साहन देता है।

(2) ऑन-लाइन संघीय सूची के माध्यम से प्रलेख संग्रह प्राप्त करने में सहायता प्रदान करना।

(3) अन्तर्राष्ट्रीय डाटाबेस (Database) से ऑन-लाइन एक्सेस (Online Access) के आधार पर सभी बिबलियोग्राफिकल सूचना (Bibliographical Information) स्रोतों की सारसूची प्राप्त करना।

(4) संसाधन केन्द्र के माध्यम से प्रलेख सेवा प्रदान करना।

(5) सहकारी सूचीकरण, अन्तर-ग्रंथालय ऋण सेवा प्रदान करना।

(6) सभी ग्रंथालयों एवं सूचना केन्द्रों को समान मानक स्थापना में कम्प्यूटर सेवा प्रदान करना।

(7) वैज्ञानिकों, शोधकर्ताओं, विद्यार्थियों आदि को शोध के क्षेत्र में संचार सम्बन्धी सेवाएं प्रदान करना।

(8) भिन्न-भिन्न स्थानों पर रह रहे उपभोक्ताओं को सूचना के समान अवसर उपलब्ध कराना।

(9) ऑन-लाइन सूचना सेवा (Online Information Service) को प्रोत्साहित करना।

(10) ग्रंथालयों के बीच परस्पर सहयोग को प्रोत्साहित करना।

8. आई.एस.डी.एन. नेटवर्क (ISDN—Integrated Service Digital Network): दूरसंचार (Telecommunication) के क्षेत्र में यह एक महत्वपूर्ण नेटवर्क है। इस के अन्तर्गत विभिन्न सेवाओं के लिए समान डिजिटल स्विच (Digital Switch) तथा डिजिटल पथ (Digital Path) प्रयोग किये जाते हैं।

आई.एस.डी.एन. (ISDN) एक ऐसी पद्धति है जो रख-रखाव तथा प्रबन्ध सेवा प्रदान करती है। यह वॉयस और नॉन-वॉयस सेवा (Voice and Non-Voice Service) दोनों प्रकार की सेवा देता है। ISDN की आवश्यकता निम्न कारणों से हुई:–

(a) सामाजिक आवश्यकता

(b) आर्थिक आवश्यकता

(c) तकनीकी विकास

(a) सामाजिक आवश्यकता: समाज में हो रहे निरन्तर विकास के कारण संचार सुविधाओं की आवश्यकता बढ़ती जा रही है। प्रबन्धकों को महत्वपूर्ण निर्णय लेने होते हैं और इसके लिए उन्हें दूरसंचार (Telecommunication) के ऐसे ढाँचे की आवश्यकता है जिसके माध्यम से आवाज़, डाटा, चित्र तथा सेवाओं का हस्तान्तरण किया जा सके। इन सब कार्यों के लिए ISDN की आवश्यकता हुई।

(b) आर्थिक आवश्यकता: किसी भी नेटवर्क के लिए यह आवश्यक है कि उसका आन्तरिक ढाँचा सुदृढ़ हो जिससे कि वे अपनी सेवाएं सुचारू रूप से प्रदान कर सके। इसके लिए प्रशिक्षित मानव संसाधन, मशीनरी, भवन तथा सफल प्रशासन की आवश्यकता होती है। इन सब कार्यों के लिए धन की आवश्यकता होती है। यही कारण है कि अलग-अलग नेटवर्क स्थापित करने के बजाये सम्पूर्ण विश्व के लिए एक संयुक्त नेटवर्क स्थापित किया जाये तो यह कम खर्चीला तथा अधिक प्रभावशाली होगा।

(c) तकनीकी विकास: एक स्वतन्त्र नेटवर्क के लिए पृथक् उपकरणों की आवश्यकता होती है। उनकी विद्युत्, इलेक्ट्रॉनिक, सिग्नल (Signals) तथा संचार व्यवस्था पृथक् होती है। फिर भी विश्व के अनेक नेटवर्क प्रभावशाली सेवा देने में सक्षम नहीं हैं।

वर्तमान में डिजिटल तकनीक (Digital Technology) के विकास के कारण इस दिशा में सम्भावनाएं अधिक बढ़ गयी हैं। इसके परिणामस्वरूप ISDN की आवश्यकता भी बढ़ गई है।

आई.एस.डी.एन. (ISDN) के द्वारा दी जाने वाली सेवाएं:-

1. वीडियो टेक्स्ट (Video Text)
2. इलेक्ट्रॉनिक मेल (Electronic Mail)
3. टेली टेक्स्ट (Tele Text)
4. डाटा आधार प्राप्ति (Database Access)
5. सूचना हस्तान्तरण (Information Transfer)
6. इमेज तथा ग्राफिक आदान-प्रदान (Image and Graphic Exchange)
7. प्रलेख संग्रह एवं प्रलेख प्रदत्त सेवा (Document Storage and Document Delivery)
8. स्वचालित अलार्म सेवा (Automatic Alarm Service)
9. दृश्य श्रव्य कांफ्रेंस (Audio Video Conference)

संक्षिप्त प्रश्न (Short Questions)

1. नेटवर्क किसे कहते हैं? दूरसंचार के क्षेत्र में इसका क्या महत्व है?
2. सिग्नल के आधार पर दूरसंचार नेटवर्क का वर्णन करें।
3. सर्किट स्विचिंग तथा संग्रहण एवं अग्रसारित स्विचिंग में अन्तर बताइये।
4. कम्प्यूटर नेटवर्क के क्या लाभ हैं? इसके वर्गीकरण को विस्तारपूर्वक समझाइये।
5. कम्प्यूटर नेटवर्क के मुख्य तत्वों का वर्णन कीजिए।
6. सूचना नेटवर्क के उद्देश्य को स्पष्ट करें।
7. ग्रंथालय एवं सूचना नेटवर्क कितने प्रकार के होते हैं? टिप्पणी कीजिए।
8. ISDN का विश्लेषणात्मक वर्णन कीजिए।

मुख्य शब्द (Key Words)

1. कम्प्यूटर नेटवर्क (Computer Network): वह नेटवर्क है जिसके द्वारा कम्प्यूटर दूरसंचार माध्यमों से जुड़े होते हैं।
2. इलेक्ट्रॉनिक मेल (Electronic Mail): इसका अभिप्राय मेल बॉक्स (Mail Box) की उन सुविधाओं से है जिनमें विद्युत् धाराओं की सहायता से संदेश का आदान-प्रदान होता है।
3. सूचना प्रौद्योगिकी (Information Technology): कम्प्यूटर और दूरसंचार माध्यमों की सहायता से सूचना का अधिग्रहण, प्रक्रिया, संग्रह तथा अन्य क्रियाओं का प्रकीर्णन।
4. स्थानीय क्षेत्र नेटवर्क (Local Area Network): संचार सुविधाएं जो किसी निश्चित सीमा के अन्तर्गत व्यक्तिगत कम्प्यूटर की सहायता से सर्वर तथा कम्प्यूटर केन्द्र से जुड़े होने के कारण उपलब्ध हैं।
5. मिनी कम्प्यूटर (Mini Computer): यह मध्यम आकार की प्रोसेस यूनिट होती है जिसमें 128 से 512 KB के टर्मिनल, डिस्क यूनिट, टेप ड्राइवर तथा प्रिंटर लगे होते हैं।
6. नेटवर्क (Network): उन सभी तत्वों का एक SET है जो चैनल (Channel) से जुड़ा होता है।
7. नोड (Node): नेटवर्क का नियंत्रण स्थान।
8. सॉफ्टवेयर (Software): वह प्रोग्राम जो संचालन से प्रत्यक्ष रूप से जुड़ा होता है।
9. दूरसंचार (Telecommunication): विद्युत् चुम्बकीय संकेतों (Electromagnetic Signal) के रूप में डाटा का संचार एवं प्राप्त

करने की प्रक्रिया जिसमें प्रसारण रेडियो (Broadcast Radio) तथा सम्प्रेषण लाइन (Transmission Line) का प्रयोग किया जाता है।

10. टेली टेक्स्ट (Tele Text): यह टेलेक्स (Telex) सेवा का उच्च स्तरीय रूप है। ये टर्मिनल (Terminal) से जुड़े होते हैं। इनमें विवरण के सम्पादन (Edit) के निर्देश उपलब्ध होते हैं।
11. टर्मिनल (Terminal): वह विधि जिसके द्वारा कम्प्यूटर के माध्यम से डाटा को भेजने तथा प्राप्त करने का कार्य किया जाता है।

ग्रंथालय स्वचालन
(Library Automation)

6

पिछले दो दशकों में ग्रंथालय एवं सूचना विज्ञान के क्षेत्र में कम्प्यूटर (Computer) का प्रयोग प्रारम्भ हुआ है। NISSAT के द्वारा ग्रंथालय स्वचालन के विकास में सहयोग दिया गया है। लगभग 100 से अधिक बड़े ग्रंथालयों में स्वचालन का कार्य किया जा चुका है। इनमें कुछ प्रमुख निम्न हैं:–

1. इन्डसॉक (INDSOC)
2. डी.आर.टी.सी. (DRTC)
3. आई.आई.टी. (IIT – Delhi, Roorkee, Mumbai, Chennai, Guwahati, Kanpur, Kharagpur, Jamshedpur)
4. एन.आई.सी. (NIC)
5. बार्क (BARC, Mumbai)
6. टी.आई.एफ.आर. (TIFR, Kolkata)
7. शारीरिक अनुसंधान प्रयोगशालाएं (Physical Research Laboratories, Delhi, Hyderabad)
8. डेसी डॉक (DESI DOC)
9. एन.आई.एस.एस.ए.टी. (NISSAT Sectorial Centres, Lucknow, Chennai, Bangalore, Mysore)

दूरसंचार (Telecommunication) विभाग तथा इलेक्ट्रॉनिक (Electronic) विभाग के द्वारा डाटा संचार नेटवर्क (Data Communication Network) स्थापित किये गये हैं, वे इस प्रकार हैं:–

1. NICNET by NIC
2. INDONET by CMC
3. VIKRAM by Department of Telecommunication
4. ERNET (Academic and Research Network)

5. Other LAN, WAN, MAN जो 1986 से कार्यरत हैं। NISSAT के द्वारा यूनेस्को (UNESCO) की सहायता से एक सॉफ्टवेयर (Software) भी विकसित किया गया है। अन्तर्राष्ट्रीय स्तर पर संचार सुविधाओं के विस्तार के क्षेत्र में काफी प्रगति हुई है। यूनीसिस्ट (UNISIST), यूनेस्को (UNESCO), इफ्ला (IFLA) के द्वारा अन्तर्राष्ट्रीय स्तर पर केन्द्रीयकृत इनपुट प्रोसेसिंग तथा वितरण (Centralised Input Processing and Distribution) विकसित की गई है। ये निम्न हैं: INIS, AGRIS, DVESIS तथा अन्य अन्तर्राष्ट्रीय सूचना नेटवर्क इस प्रकार हैं:–
   1. LOCKHEED
   2. DIALOG
   3. ORBIT
   4. ESA सूचना पुनः प्राप्ति प्रणाली के द्वारा लगभग 100 डाटाबेस (Database) तैयार किये गये हैं जिनके माध्यम से उपभोक्ताओं को ऑन-लाइन (Online Service) प्रदान की जाती है। ये संचार (Communication) नेटवर्क हैं–
      1. TYM NET
      2. TELE NET
      3. ESA NET: इसके द्वारा सूचना केन्द्रों को संचार सुविधाएं उपलब्ध करायी जा रही हैं। इसी सन्दर्भ में अमेरिका और भारत में कुछ अन्य प्रणालियाँ भी विकसित की गयी हैं।
         (1) MARC FORMAT (1960), OCLC (1967), RLIN (1978) AND WLN (1972): इनका विकास USA द्वारा किया गया।
         (2) INFLIBNET: यह भारत द्वारा विकसित किया गया है।

1. ऑन-लाइन सूची के माध्यम से सूचना प्राप्ति (Information Access through Online Catalogue): इसका उद्देश्य सूचीकरण करना है। इसकी सहायता से किसी भी ग्रंथालय में उपलब्ध संग्रह को सरलता से ढूँढा जा सकता है। इसे आठ श्रेणियों में विभक्त किया जा सकता है–

(a) सूची उत्पाद प्रक्रिया एवं रख-रखाव (Catalogue Product Process and Maintenance): यह सेवा Card, Printed Book,

Magnetic Tape, Floppy, Optical Disc (CD-ROM) के द्वारा प्रदान की जाती है।

(b) वॉण्गमय डाटाबेस सेवा (Bibliographic Database Service): CAS, SDI SERVICE. EXP, CA Search, BIOSIS, INSPEC, COMPENDEX ZEOREF, MEDLARS, AGRIS आदि के माध्यम से दी जाने वाली सेवा।

(c) प्रलेख प्रदत्त सेवा (Document Access Service): इसके अन्तर्गत निम्न कार्य आते हैं:–

(i) अंतर-ग्रंथालय ऋण मांग (Inter Library Loan Request)

(ii) संदर्भित सेवा (Referral Service)

(iii) इलेक्ट्रॉनिक मेल (Electronic Mail)

(iv) बुलेटिन बोर्ड (Bulletin Board)

(v) शैक्षिक संचार (Academic Communication)

Example: INFLIBNET

2. ग्रंथालय स्वचालित संगठन (Organisation of Library Automation): सामान्यतया ग्रंथालय स्वचालन संगठन में योजना कार्यान्वयन तथा प्रबन्धन सम्बन्धी व्यवस्थाएं सम्मिलित की जाती हैं, जो निम्न हैं:–

(a) स्टाफ का सहयोग (Cooperation of Staff)

(b) संगठन सम्बन्ध (Relationship of Organisation)

(c) स्वचालित कार्य (Automation Tasks)

(d) उद्देश्य (Objectives)

(e) प्रणाली विश्लेषण (System Analysis): प्रणाली विश्लेषण के अन्तर्गत निम्न दो कार्य आते हैं:–

(i) प्रणाली का डिजाइन (System Design)

(ii) निरीक्षण प्रक्रिया (Observation Process)

(f) परिवर्तन (Conversion): इसका अभिप्राय पुरानी प्रणाली से नयी प्रणाली में परिवर्तन। इसमें ये सम्मिलित हैं:–

(i) बारकोड प्रणाली (BAR Code System)

(ii) अतिरिक्त सुरक्षा (Back up Safeguard)

(iii) संचालन प्रणाली का ज्ञान (Knowledge of Operating System)

(iv) हार्डवेयर प्रणाली का ज्ञान (Knowledge of Hardware System)

(v) संचालन (Operation)

(vi) प्रशिक्षण (Training)

मूल्यांकन (Evaluation): गुणवत्ता के आधार पर मूल्यांकन करते समय निम्न तथ्यों को ध्यान में रखा जाता है:-

(i) स्थायित्व (Stability)

(ii) विश्वसनीयता (Credibility)

(iii) उपयोगिता (Profitability)

(iv) व्यय (Expenditure)

(v) हस्तान्तरण (Delivery)

(vi) स्थापना (Installation)

(vii) जाँच (Testing)

(a) संख्या के आधार पर मूल्यांकन करते समय निम्न चीजों पर विचार किया जाता है:-

(i) प्रणाली का आकार (Scope of System)

(ii) उपभोक्ता जिन्हें सेवाएं दी जाती हैं (User Served)

(iii) वह क्षेत्र जो ग्रंथालय के कार्य क्षेत्र में आते हैं (Area Served)

(b) लेखा-जोखा प्रणाली (Accounting System)

(c) आदान-प्रदान नियंत्रण (Circulation Control):

(i) पंचकार्ड प्रणाली (Punched Card System)

(ii) ऑन-लाइन कार्ड (Online Card)

(iii) कम्प्यूटर एक गणक (Computer as Calculating Machine)

(d) कम्प्यूटर सहायक प्रणाली (Computer Aided System):

(i) आदेश (Ordering)

(ii) आदान-प्रदान (Landing)

(iii) अंतर-ग्रंथालय ऋण (Inter Library Loan)

(e) पत्रिकाओं की सूची तथा प्रदत्त कार्य (Periodical Listing and Accessing):

(i) सामयिकी जाँच प्रणाली (Serial Checking System)

(ii) सामयिकी संघीय सूची (Union List of Periodicals)

(f) वॉण्गमय सूची (Bibliographic List):

(i) आई.बी.एम. प्रलेख लेखक (IBM Document Writer)

(ii) टेपटाइप लेखक (Tape Writers)

(iii) पंचकार्ड प्रणाली (Punched Card System)

(iv) मार्क टेप (Marc Tape)

(g) अंतर-ग्रंथालय लेन-देन (Inter Library Landing):

(i) संसाधन (Resources)

(ii) संघीय सूची (Union List)

(iii) संदर्भ ग्रंथ (Bibliographic)

(iv) संसाधन निर्देशिका (Resource Directory)

(v) सूक्ष्म रूप (Micro Form)

(vi) फोटो कॉपी (Photocopy)

(vii) टेली टाइप (Tele Type)

(h) अंतर-ग्रंथालय नेटवर्क (ILL Network):

(i) TWX ILL NETWORK

(ii) MINI TEX NETWORK

(iii) Machine Readable Database (Library of Congress)

(iv) OCLC

(v) RLIN डाटाबेस (Database)

(vi) WLN डाटाबेस (Database)

(i) ऑन-लाइन सूची (Online Catalogue) ऑन-लाइन सूची उपभोक्ताओं को निम्नलिखित सेवाएं प्रदान करता है:-

(i) रिकार्ड की खोज हेतु प्रणाली।

(ii) शोधकार्य के निर्णय को अवगत कराने के लिए।

(iii) सूचना खोजने के लिए उपयुक्त शब्दावली (Information Search Terms) का निर्माण करना तथा Broader Narrow Related Terms के बीच सम्बन्ध स्थापित करना। इसके लिए उपभोक्ता तथा ऑन-लाइन सूची (Online Catalogue) प्रणाली के बीच सम्बन्धों का होना आवश्यक है। यह सम्बन्ध उपभोक्ता के विभिन्न वर्गों के आधार पर स्थापित किये जाते हैं। जैसे:- ग्रंथालयाध्यक्ष (Librarian) तथा उपभोक्ताओं (Users) के बीच सम्बन्ध।

अतः सम्बन्ध को स्थापित करने के लिए निम्न तकनीकें अपनायी जाती हैं:–

(a) कमांड लाइन (Command Line)

(b) फुल स्क्रीन (Full Screen)

(c) ग्राफिक इंटरफेस (Graphic Interface)

ऑन-लाइन सूची (Online Catalogue) के अन्तर्गत निम्नलिखित कमांड (Commands) दिये जाते हैं:–

1. पूर्व की खोज विवरण के आधार पर खोज परिणाम स्पष्ट करना।
2. पूर्व खोज विवरण की सूची की समीक्षा करना।
3. फाइल में कुछ विशेष सन्दर्भ एकत्रित करना जिससे खोज प्रारम्भ की जा सके।
4. ई-मेल (E-mail) के माध्यम से उपभोक्ता को खोज के परिणाम से अवगत कराना।
5. उपभोक्ता को प्रिंट (Print) प्रदान करना।
6. उपभोक्ता की आवश्यकतानुसार ऑन-लाइन सूची प्रणाली (Online Catalogue System) के द्वारा उसे निरन्तर सूचनाएं प्रदान कराना।

इस प्रकार यह स्पष्ट है कि ग्रंथालयों तथा सूचना केन्द्रों में ग्रंथालय स्वचालन दिनोंदिन प्रगति पर है। इस क्षेत्र में अनेकों नयी प्रणालियाँ तथा हार्डवेयर (Hardware) तथा सॉफ्टवेयर (Software) का विकास किया जा रहा है। परिणामस्वरूप आज सम्पूर्ण विश्व में आधुनिकतम कम्प्यूटर (Computer) के द्वारा अधिक उपयोगी प्रोग्राम तैयार कर अनेकों गतिशील नेटवर्क की सहायता से ग्रंथालय एवं सूचना सेवा प्रदान की जा रही है।

ग्रंथालय स्वचालन प्रक्रिया (Library Automation Process) 7

ग्रंथालय स्वचालन सूचना के क्षेत्र में वह विकसित प्रणाली है जिसके द्वारा उपभोक्ता कम समय में शीघ्रता से आधुनिकतम मशीन एवं कम्प्यूटरयुक्त स्वचालित प्रणाली की सहायता से वांछित सूचनाएं प्राप्त कर सकता है। दूसरे शब्दों में, ग्रंथालय स्वचालन वह प्रक्रिया है जिसमें परम्परागत प्रणालियों के विकसित स्वरूप अर्थात् कम्प्यूटर पर आधारित सूचना प्रक्रिया के माध्यम से ग्रंथालय सेवा उपलब्ध करायी जाती है। इस प्रक्रिया में कम्प्यूटर (Computer) हार्डवेयर (Hardware), सॉफ्टवेयर (Software) तथा संचार माध्यम (Communication Channel) का प्रयोग किया जाता है।

1. आवश्यकता (Need): ग्रंथालय स्वचालन की आवश्यकता निम्न कारणों से महसूस की गई:–

(1) स्वचालन प्रणाली आधुनिक प्रणाली है जिसमें मानव या विशेषज्ञ केवल निर्देशन का कार्य करते हैं।

(2) स्वचालन प्रणाली परम्परागत प्रणाली का विकसित रूप है। परम्परागत प्रणाली में सूचना सम्बन्धी सभी कार्य मानव के द्वारा ही किये जाते थे जिससे गलतियों की सम्भावना अधिक रहती थी। इस प्रकार की सूचना उपभोक्ता को भ्रमित भी कर सकती थी। स्वचालित प्रणाली के द्वारा ये सभी सम्भावनाएं समाप्त हो गयी हैं।

(3) पूर्व में ग्रंथालय सम्बन्धी कार्य, जैसे:– सूचीकरण, सन्दर्भ ग्रंथ सूची (Bibliography), आदि कार्य ग्रंथालय द्वारा ही किये जाते थे। इसमें बहुत अधिक समय लगता था। ग्रंथालय में पुस्तक प्राप्त करने से लेकर पाठकों को पुस्तक उपलब्ध होने तक लगभग 15 दिनों का समय लगता था। इससे पाठकों को निराशा होती थी। स्वचालन प्रक्रिया के द्वारा यह कार्य अविलम्ब हो जाता है और पाठकों को बिना समय नष्ट किये ग्रंथालय में पुस्तक या पाठ्य सामग्री प्राप्त होते ही उपलब्ध हो जाती है।

(4) पूर्व में ग्रंथालय में मशीनी प्रणाली का प्रयोग नहीं किया जाता था। कम्प्यूटर (Computer) के आविष्कार के पश्चात् तथा सॉफ्टवेयर (Software) के विकास के परिणामस्वरूप यह सभी प्रक्रिया स्वचालित हो गयी है। अत: ग्रंथालय कर्मचारियों को केवल निर्देशन का कार्य करना पड़ता है।

(5) ग्रंथालय स्वचालन प्रक्रिया में संचार व्यवस्था का विशेष महत्व है। वर्तमान में उपग्रह संचार (Satellite Communication) के द्वारा सम्पूर्ण विश्व के ग्रंथालय एक श्रृंखला के रूप में कार्य करने में सक्षम हैं। आज एक कमरे में कम्प्यूटर टर्मिनल (Computer Terminal) पर बैठा उपभोक्ता विश्व के किसी भी भाग में उपलब्ध प्रलेख प्राप्त कर सकता है या पढ़ सकता है।

2. विशेषताएं (Characteristics):

(1) स्वचालन प्रक्रिया स्वचालित तकनीक के माध्यम से प्रयोग की जाती है।

(2) इसमें समय की बचत (Time Saving) होती है।

(3) यह अधिक सरल (Easy) है।

(4) इसमें गलतियों की कम सम्भावनाएं (Less Chances of Errors) होती हैं।

(5) यह कम खर्चीली (Economical) प्रणाली होती है।

(6) इसमें मानवीय श्रम की अधिक आवश्यकता नहीं होती (Less Manpower)।

(7) इसकी सहायता से विश्व के किसी भी स्थान पर उपलब्ध प्रलेख का विवरण प्राप्त किया जा सकता है (Online Access)।

(8) ग्रंथालय स्वचालन प्रणाली के द्वारा आधुनिकतम सूचनाएं (Up-to-date Information) प्राप्त करने में मदद मिलती है।

3. कम्प्यूटर के द्वारा आन्तरिक प्रक्रिया का प्रयोग (Use of Computer for Housekeeping Operation): ग्रंथालय स्वचालन ग्रंथालय की आन्तरिक प्रक्रिया तथा सूचना सेवा में महत्वपूर्ण योगदान करती है। कम्प्यूटर ग्रंथालय के संगठन में एक महत्वपूर्ण इकाई है। यह ग्रंथालय के आन्तरिक कार्य में वर्गीकरण, सूचीकरण, आदान-प्रदान, वार्षिक जांच तथा पत्र-पत्रिकाओं के नियंत्रण में सहायता प्रदान करता है। प्रत्येक प्रणाली से अनेकों कार्य तथा सेवाएं जुड़ी हुई हैं। अनेक ऐसी प्रणालियाँ हैं जिनके द्वारा सभी कार्य नहीं किये जा सकते। उनकी अपनी सीमाएं हैं। कुछ ऐसे ग्रंथालय भी हैं जहाँ स्वचालन का प्रयोग पूर्ण रूप

से नहीं किया जा रहा है लेकिन समयबद्ध योजना के अन्तर्गत इसका विकास किया जा रहा है।

डा. जी. भटटाचार्य के अनुसार, ग्रंथालय स्वचालन शब्द् का प्रयोग सामान्य रूप से कम्प्यूटर के कार्य के सन्दर्भ में किया जाता है। स्वचालन प्रक्रिया के अन्तर्गत सूचना विखंडन, स्वचालित सूचीकरण (Automatic Indexing), सार सूचीकरण (Abstracing) एवं पाठ्य विश्लेषण (Textual Analysis) आते हैं। सूचना प्रकीर्णन (Retrieval) एवं नेटवर्क भी सूचना स्वचालन के ही अन्तर्गत आते हैं। ग्रंथालय स्वचालन को हम दो भागों में बाँट सकते हैं:

ग्रंथालय की आन्तरिक प्रक्रिया (Housekeeping Operation): इसके अर्न्तगत निम्नलिखित कार्य आते हैं:–

(a) अधिग्रहण (Acquisition):

स्वचालन पर आधारित अधिग्रहण नियत्रंण: अधिग्रहण किसी भी ग्रंथालय के प्रकार एवं आकार का आधार है। इस कार्य को हम खोज और संग्रह (Hunting and Gathering) के नाम से जानते हैं। अधिग्रहण के क्षेत्र में कम्प्यूटर का प्रयोग इसके नियंत्रक के रूप में किया जाता है लेकिन उसका एक क्षेत्र होता है। ग्रंथालय के अधिग्रहण पर दो बातों का अधिक प्रभाव होता है–ग्रंथालय स्वचालन तथा इलेक्ट्रॉनिक प्रकाशन (Electronic Publication)। स्वचालन अधिग्रहण प्रणाली के द्वारा मिनी कम्प्यूटर की सहायता से अधिग्रहण सम्बन्धी अनेक कार्य किए जा सकते हैं। अधिग्रहण से तात्पर्य है खोज, चयन तथा ग्रंथालय सामग्री का आदेश देना तथा प्राप्त करना, चाहे वे किसी भी रूप में हों। जैसे:– पुस्तकें, पत्रिकायें, फिल्म, समाचार पत्र (Newspaper), हस्त पुस्तिका (Pamphlet) तथा Micro form। प्रत्येक उपभोक्ता ग्रंथालय में अपनी वांछित सामग्री की खोज करता है और वह यह खोज, समीक्षाओं, प्रकाशकों के सूची-पत्र, ग्रंथालय सूची तथा लेखक के बारे में व्यक्तिगत जानकारी के माध्यम से करता है। कम्प्यूटर के उपयोग से यह कार्य सरल हो गया है। पाठ्य सामग्री को खोजने की प्रक्रिया दो रूप में होती है। ग्रंथालय में पूर्व से उपलब्ध पाठ्य सामग्री की खोज तथा ग्रंथालय के अलावा पाठ्य सामग्री कहाँ, कैसे तथा किस मूल्य पर प्राप्त की जा सकती है। एक सुनियोजित डाटा प्रणाली (Data System) के द्वारा कम्प्यूटर नेटवर्किंग (Computer Networking) की सहायता से समस्त सूचनाएं प्राप्त की जा सकती हैं। इसके लिए ग्रंथालय कुछ फाइलों की रचना करते हैं। जैसे:– सेल्फ लिस्ट फाइल (Self List File), सूची फाइल (Catalogue File), प्रोसेसिंग फाइल (Processing File), सर्कुलेशन फाइल (Circulation File), मार्क टेप (MARC Tape), राष्ट्रीय संघीय सूची (National Union Catalogue) तथा अन्य सन्दर्भ उपकरण जिनकी सहायता

से आवश्यक पाठ्य समाग्री की खोज की जा सकती है। चयन प्रणाली मानसिक एवं विवेकपूर्ण प्रक्रिया है। कम्प्यूटर इस कार्य को नहीं कर सकता। LC MARC FILE, लेखक, तिथि, भाषा, तथा अन्य सूचनाएं उपलब्ध करा सकते हैं। जिनसे चयन प्रक्रिया में सहायता मिल सकती है।

(b) आदेश कार्य (Order Work):

कम्प्यूटर के द्वारा यह कार्य सरलता से किया जाता है जिससे समय व श्रम दोनों की बचत होती है। इसके लिए कम्प्यूटर द्वारा प्रत्येक एजेन्सी (Agency) की फाइल तैयार की जाती है जिसके माध्यम से एक एजेन्सी (Vendor) को दिये जाने वाले आदेश की सम्पूर्ण जानकारी एक फाइल से प्राप्त हो जाती है।

पाठ्य सामग्री की प्राप्ति के क्रम में निम्न कार्य किए जाते हैं:–

(1) प्रलेख (Documents) को बिल (Bill) या इनवॉयस (Invoice) से मिलान करते हैं।

(2) यदि गलत प्रलेख आता है तो उसे वापिस किया जाता है।

(3) अगर कोई पुस्तक उपलब्ध नहीं होती है तो इसकी सूचना दी जाती है।

(4) यदि पुस्तक की प्राप्ति के क्रम में किसी प्रकार की क्षति होती है तो इसकी सूचना दी जाती है।

(5) स्वचालन प्रक्रिया के द्वारा इस कार्य को बड़ी सरलता से किया जा सकता है। पाठ्य सामग्री प्राप्त करने के पश्चात् स्वचालन प्रणाली के द्वारा उन पर उपयुक्त कूट अंक (Code Number) डाला जा सकता है। जैसे:– ISBN नम्बर, जिससे प्रकाशक की पहचान की जा सके।

सीमा (Scope): स्वचालित अधिग्रहण प्रणाली (Acquisition System) को निम्न क्षेत्रों में बाँटा जा सकता है:–

(a) मिश्रित वातावरण (Integration Combination)

(b) बाह्य प्रणाली (External System)

(c) स्थानीय नियंत्रण (Local Control)

(a) मिश्रित वातावरण (Integration Combination): मिश्रित वातावरण से तात्पर्य है तकनीकी सेवा, आदान-प्रदान तथा OPAC तीनों का सम्मिलित रूप। इसके द्वारा अधिग्रहण की प्रक्रिया के क्रम में माध्यम के रूप में कागज का बहिष्कार। आदेश (Orders) देने से पूर्व आवश्यक सामग्री की खोज तथा पाठ्य सामग्री के विवरण की जाँच करना है। इस प्रणाली के द्वारा समसामयिक जागरूकता (Current Awareness) सेवा भी उपलब्ध करायी जाती है।

(b) बाह्य प्रणाली (External System): बाह्य प्रणाली के अन्तर्गत पुस्तक विक्रेता (Bookseller) तथा सब्सक्राइबिंग एजेंसी (Subscribing Agency) के पारस्परिक सहयोग से निम्नलिखित कार्य किये जा सकते हैं:–

(i) ग्रंथालय पाठ्य सामग्री से सम्बन्धित विवरण के लिए चुम्बकीय टेप (Magnetic Tape) की सहायता ले सकते हैं।

(ii) बिल (Bill) तथा इनवॉइस (Invoice), डिस्क (Disc) तथा टेप (Tape) के रूप में प्राप्त करना।

(iii) ऑन-लाइन (Online) के माध्यम से सम्पूर्ण जानकारी प्राप्त करना।

(c) स्थानीय नियंत्रण (Local Control): यह कार्य मिनी कम्प्यूटर (Mini Computer) की सहायता से किया जाता है। जैसे:–

(i) विभिन्न कम्प्यूटर (Computer) पर आधारित अधिग्रहण उपकरणों की सहायता से।

(ii) आदेश देने, प्राप्त करने तथा लेखा-जोखा का डाटा रखने के लिए लचीली प्रणाली का प्रयोग करना।

(iii) अधिग्रहण प्रणाली के सृजन के लिए मिनी कम्प्यूटर (Mini Computer) का प्रयोग करना।

(iv) उपयुक्त सॉफ्टवेयर पैकेज (Software Package) का विकास करना।

आवश्यकता (Needs): प्रत्येक ग्रंथालय पाठकों को शीघ्र एवं कुशल सेवा प्रदान करना चाहता है। दूसरी ओर पाठकों की असीमित मांग होती है जिसमें पाठकों की संख्या के साथ-साथ वृद्धि होती रहती है। इसके अतिरिक्त प्रकाशन में निरन्तर वृद्धि हो रही है। परिणामस्वरूप पाठ्य सामग्री के उत्पादन में भी उसी अनुपात में वृद्धि हो रही है। इस स्थिति में यह निश्चय करना कठिन हो जाता है कि कौन-सा प्रलेख हमारे लिए अधिक उपयुक्त है। इस समस्या के समाधान रूप में सूचना प्रौद्योगिकी (Information Technology) के अन्तर्गत ग्रंथालयों के कम्प्यूटरीकरण (Computerization) की आवश्यकता महसूस की गई। इसके अनेक लाभ हैं:–

(i) सरल एवं सस्ते स्वचालन प्रक्रिया में वृद्धि।

(ii) कम लागत में डाटा संग्रह (Data Storage)।

(iii) टेक्स्ट (Text), ग्राफिक (Graphic), साउंड (Sound) और विडियो (Video) के माध्यम से सूचना का नियंत्रण।

(iv) विभिन्न माध्यमों के बीच डाटा हस्तान्तरण (Data Transfer) की उपलब्धता।

(v) दूरसंचार (Telecommunication) का विकास। जैसे:– ISDN.

(vi) कम आकार के उपकरणों का प्रयोग।

(vii) विश्वसनीय हार्डवेयर (Hardware) तथा सॉफ्टवेयर (Software) में वृद्धि।

(viii) स्वचालित अधिग्रहण को अधिक सुविधाजनक बनाने के लिए पुस्तक विक्रेता, प्रकाशक, पुस्तक, चयन उपकरण तथा ऑन-लाइन (Online) सेवा का विस्तार किया गया। इसके आधार पर अनेक प्रणालियाँ विकसित की गयीं। जैसे:– स्थानीय ऑन-लाइन सेवा (Local Online System), ओपेक (OPAC), नॉलेज बैंक (Knowledge Bank), एक्सपर्ट सिस्टम (Expert System) और सी.डी. रोम (CD-Rom) इत्यादि।

कम्प्यूटर आधारित अधिग्रहण कार्य (Computer-based Acquisition Work):

(1) विज्ञान के क्षेत्र में आवश्यकतानुसार सांख्यिकीय एवं वित्तीय सूचनाएं प्रदान करना।

(2) बढ़ते व्यय की व्यवस्था करना।

(3) समय-समय पर विवरण (Report) तैयार करना।

(4) कागज का प्रयोग कम से कम करना।

(5) ग्रंथालय संग्रह के क्षेत्र में उचित निर्णय लेने का प्रयास करना।

(6) कार्यालयी कार्य में कमी करना।

(7) पारस्परिक ग्रंथालय की प्रणाली का विकास करना।

संक्षिप्त प्रश्न (Short Questions)

(1) कम्प्यूटर आधारित अधिग्रहण नियंत्रण (Computer-based Acquisition Control) के प्रमुख तत्व क्या हैं?

(2) स्वचालित अधिग्रहण प्रणाली (Antomated Acquisition System) के विकास के कौन-कौन-से क्षेत्र हैं?

(3) कम्प्यूटर आधारित अधिग्रहण (Computer-based Acquisition) की आवश्यकता क्यों है?

(4) कम्प्यूटर आधारित अधिग्रहण (Computer-based Acquisition) से सम्बन्धित कार्यों का वर्णन करें।

कम्प्यूटर-आधारित सूची (Computer-based Catalogue) 8

स्वचालित सूचीकरण प्रणाली का विकास मशीन के माध्यम से पाठ्य रूप सामग्री (Machine Readable Form) के रूप में हुआ। इसके अन्तर्गत मार्क फार्मेट (MARC Format) पर फाइल रिकार्ड (File Record), डाटा संग्रह तथा डाटा का वितरण किया जाता है। इसमें कई प्रणालियों का प्रयोग किया जाता है।

1. **यूनिट रिकार्ड प्रणाली** (**Unit Record System**): 1940 में यूनिट रिकार्ड मशीन (Unit Record Machine) के प्रयोग से पुस्तकों की सूची तैयार की गयी। इसमें सूचीकरण सूचनाएं की-पंच (Key Punch) की जाती थीं तथा पंच कार्ड (Punch Card) को एक विशेष क्रम में व्यवस्थित किया जाता है। इसके आधार पर बुक सूची (Book Catalogue) तथा कार्ड सूची (Card Catalogue) तैयार की जाती है।
2. **कम्प्यूटर-आधारित प्रणाली** (**Computer-based System**): 1950 में लाइब्रेरी ऑफ कांग्रेस (Library of Congress) ने स्वचालित तकनीक प्रारम्भ की। 1958 में किंग समिति (King Committee) के द्वारा सूचना प्रकीर्णन तकनीकी पर 1963 में एक रिपोर्ट प्रस्तुत की गई जिसमें पिछले 10 वर्ष के सम्पूर्ण संग्रह को सूचीकरण के लिए सम्मिलित किया गया। इस कार्य के लिए LC ने 1963 में, IBM 1401 तथा IBM 1403 कम्प्यूटर प्रयोग किये गए जिसकी कार्य प्रणाली को MARC का नाम दिया गया।
   (a) मार्क (MARC): यह अन्तिम रूप से अप्रैल 1966 में अपनाया गया जिसमें पहला टेप (Tape) 16 ग्रंथालयों को भेजा गया ताकि इसकी त्रुटियों का पता लगाया जा सके। इसका आधार LC सूची कार्ड (Catalogue Card) था, इसमें रोमन अक्षरों (Roman Alphabets) का प्रयोग किया गया। इसके द्वारा चुम्बकीय टेप (Magnetic Tape) पर संग्रहित प्रलेखों का पूर्ण विवरण रखा गया। मार्क रिकार्ड (MARC Record) चुम्बकीय टेप (Magnetic Tape) पर संग्रहित है। MARC

विवरण सेवा को RECON प्रोजेक्ट के नाम से जाना जाता है। इसका प्रारम्भ 1969 में किया गया।

(b) UNIMARC: यह मार्क फार्मेट (MARC Farmat) का ही वह रूप है जिसको 11 देशों ने मिलकर विकसित किया है लेकिन 5 देशों ने जिनमें बेल्जियम, स्वीट्जरलैंड, ग्रेट ब्रिटेन, फ्रांस और नीदरलैंड सम्मिलित हैं, ने इसे नये रूप में विकसित किया जिसे इंटर मार्क (Inter MARC) के नाम से जाना जाता है। 1973 में IFLA कार्य समूह (Working Group) के द्वारा UNI MARC की स्थापना की गई जिसमें रिकार्ड के अनुवाद तथा अन्तर्राष्ट्रीय डाटा एक्सचेंज (Data Exchange) की व्यवस्था थी। 1976 में इसको लागू किया गया। UNI MARC को ISBD के आधार पर तैयार किया गया है।

(c) सी.सी.एफ. (C.C.F.): यूनेस्को (UNESCO) के द्वारा सामान्य सूचना प्रोग्राम के अन्तर्गत अन्तर्राष्ट्रीय मानक पर आधारित सामान्य सूचना फार्मेट (Common Communication Format) विकसित किया गया जिसे 1980 में यूनेस्को द्वारा प्रकाशित किया गया। यह मशीन अंतर्राष्ट्रीय मानव संगठन रूप में रिकार्ड का विवरण उपलब्ध कराती है। यह (ISO) 2-709 के नियमों पर आधारित है।

3. डाटा संग्रह (Data Collection):

(a) संग्रहण रिकार्ड (Input Record): संग्रहण रिकार्ड को ऑफ-लाइन (Offline) तथा ऑन-लाइन (Online) दो रूपों में डाटाबेस (Database) में एकत्रित किया जाता है। प्रारम्भ में सूची (Catalogue) डाटाबेस (Database) में आवश्यक डाटा की खोज करती है कि क्या शीर्षक (Title) से सम्बन्धित रिकार्ड डाटाबेस (Database) में उपलब्ध हैं। यदि उपलब्ध नहीं है तो उसका रिकार्ड डाटाबेस में संग्रहित किया जाता है तथा चुम्बकीय टेप (Magnetic Tape) को क्रमानुसार संग्रहित किया जाता है। दूसरी तरफ डिस्क (DISC) में रिकार्ड संग्रहित करते समय यह देखा जाता है कि उसमें रिकार्ड (Record) रखने का कितना स्थान खाली है। किसी भी रिकार्ड को अतिशीघ्र पहचानने के लिए मुख्य शब्द (Key Word) की आवश्यकता होती है। उदाहरण के लिए रिकार्ड को लेखक के नाम के अनुसार व्यवस्थित किया जाता है और लेखक का नाम मुख्य शब्द (Key Word) के रूप में प्रयोग किया जाता है।

(b) निर्गमन रिकार्ड (Output Record): डाटा को वितरित करने के लिए ऑफ-लाइन (Offline) ऑन-लाइन (Online) का प्रयोग किया जाता

है। ऑफ-लाइन (Offline) प्रणाली में चार रूप में तैयार किया जाता है:–

(i) मुद्रित पुस्तक (Printed Book)

(ii) सूची कार्ड (Catalogue Card)

(iii) सूक्ष्म रूप (Micro Form)

(iv) टेप सेवा (Tape Service)

मुद्रित पुस्तक (Printed Book) तथा सूक्ष्म सूची (Micro Catalogue) के लिए प्रोग्राम में कार्य व्यवस्था नियम (Rules) के आधार पर स्वचालित पद्धति से की जाती है। यह शब्दों तथा अक्षरों के आधार पर होता है। जैसे:– डाटा की ऑन-लाइन प्राप्ति (Online Access of Data), VDU (Visual Display Unit)।

यह स्क्रीन (Screen) पर प्रदर्शित किया जाता है तथा प्रिंटर (Printer) के माध्यम से वितरित किया जाता है। ऑन-लाइन सूची (Online Catalogue) का सामान्य रूप से सभी ग्रंथालयों द्वारा प्रयोग किया जाता है। ऑन-लाइन (Online) प्रणाली के अन्तर्गत अनेक सुविधाएं हैं। जैसे:– कम्प्यूटर के द्वारा बहुत दूर स्थित ग्रंथालय की सूचियों (Catalogue) को संग्रहित किया जा सकता है। ऑन-लाइन सूची (Online Catalogue) को समय-समय पर अद्यतन (up-to-date) करना होता है और इसके द्वारा तीव्रगति से सूचना प्राप्त की जा सकती है।

ऑन-लाइन सेवा (Online Service): मार्क ऑन-लाइन (MARC Online) आधुनिक दूरसंचार प्रौद्योगिकी (Telecommunication Technology) की सहायता से सुदूर कम्प्यूटर (Remote Computer) के रूप में विकसित किया गया है जिसे ऑन-लाइन सेवा (Online Service) कहते हैं। इसके द्वारा रिकार्ड की रचना की जाती है।

(c) स्थानीय सूची सेवा (Local Catalogue Service): 1970 में ब्रिटिश ग्रंथालय के द्वारा इसे विकसित किया गया। इसमें एक छोटी फाइल रखी जाती है जिसमें UK तथा US MARC File को संगठित किया जाता है। यह File प्रतिमाह अद्यतन (up-to-date) की जाती है तथा सम्पूर्ण सूचना सूक्ष्म रूप (Micro Form) में उपलब्ध करायी जाती है। OCLC भी इसी प्रकार की सेवा प्रदान करता है।

भारत में Machine Readable Catalogue Service: भारत में ऐसी कोई एजेन्सी नहीं है जो MARC सेवा प्रदान कर सके। कुछ ग्रंथालयों ने अपनी

ग्रंथालय सूची को स्वचालित किया अर्थात् कम्प्यूटरीकृत किया। कुछ प्रमुख सॉफ्टवेयर पैकेज (Software Packages) निम्न हैं:–

(1) SALIM by Uptron, New Delhi

(2) WILSIS by Wipro, Mumbai

(3) LIVMAN by Data Pro, Pune

(4) LYBSIS by Infotech, New Delhi

(5) OASIS by Soft Link, New Delhi

इसके अतिरिक्त कुछ स्थानीय क्षेत्र नेटवर्क (Local Area Network) भी कार्यरत हैं जिनमें CALIBNET, DELNET, INFLIBNET, MALIBNET, PUN NET इत्यादि प्रमुख हैं।

संक्षिप्त प्रश्न (Short Questions)

1. कम्प्यूटरीकृत सूचीकरण (Computerised Cataloguing) का सूक्ष्म इतिहास लिखिए।
2. कम्प्यूटरीकृत सूचीकरण (Computerised Cataloguing) की क्या प्रक्रिया है?

संक्षिप्त नोट्स (Short Notes)

(1) स्वचालित सूची (Catalogue) का मानक

(2) स्वचालित सूची (Catalogue) का वितरण रूप (Output)

(3) भारत में प्रमुख स्वचालित सूचीकरण

(4) ऑन-लाइन ऑटोमेटिक सूची (Online Automatic Catalogue)

मुख्य शब्द (Key Words)

इनपुट फार्मेट (Input Format): डाटा के प्रवेश, उसके विशिष्ट क्षेत्र तथा उसकी प्रक्रिया से सम्बन्धित ढांचा।

मैनीपुलेशन (Manipulation): डाटा की वह प्रकिया जिसके द्वारा डाटा का प्रिंट आउट (Print Out) निकाला जाता है और वितरण किया जाता है।

रिकार्ड फार्मेट (Record Format): यह एक क्षेत्र, ढांचा तथा उसकी पहचान से सम्बन्धित है।

स्वचालित श्रृंखला नियन्त्रण (Automatic Serial Control) 9

श्रृंखला खंड (Serial Division): श्रृंखला खंड के अनेक कार्य हैं जो इस प्रकार हैं:–

(a) चयन (Selection): किसी भी ग्रंथालय के लिए श्रृंखला चयन (Serial Selection) बहुत महत्वपूर्ण है। इसके लिए सामयिकी के महत्व को ध्यान में रखना होता है। ग्रंथालय में पत्रिकाओं को उपलब्ध कराने मे अनेक एजेन्सियाँ सहायता करती हैं, जैसे:–

(i) स्थानीय विक्रेता (Local Vendor) से क्रय करना।

(ii) प्रकाशक से प्रत्यक्ष रूप से क्रय करना।

(iii) स्वयं की संस्था द्वारा प्रकाशित पत्रिका के बदले में दूसरी संस्था से पत्रिका प्राप्त करना।

(iv) सोसाइटी (Society) या एजेन्सी के सदस्य बनने पर पत्रिका प्राप्त करना। कम्प्यूटर के माध्यम से श्रृंखला प्रणाली (Serial System) लागू करने के लिए ग्रंथालय में उपलब्ध तथा क्रय की जाने वाली सभी पत्रिकाओं का विवरण तैयार करना पड़ता है जिसके लिए निम्न जाँच आवश्यक है:–

(1) समयान्तरण (Frequency)

(2) मुद्रा परिवर्तन (Currency Conversion)

(3) स्मरण कराना (Reminder)

(4) निश्चित समय में पत्रिका उपलब्ध कराना (Timely Availability of Magazine)

(5) आदेश निरस्त करना (Cancellation of Order)

(b) अधिग्रहण (Acquisition): इसके अन्तर्गत सबसे पहले सामयिकी (पत्रिकाओं) की स्वीकृति लेनी पड़ती है और ऐसी सामयिकी

(पत्रिकाओं) का सम्पूर्ण विवरण तैयार करना पड़ता है जो कि कम्प्यूटर प्रणाली में संग्रहित किया जा सके। यह विवरण इस प्रकार है:–

(i) सामयिकी का शीर्षक (Heading of Journal)

(ii) प्रकाशक (Publisher)

(iii) समयावधि (Frequency)

(iv) वार्षिक चंदे का समय (Time of Annual Subscription)

(v) विदेशी या भारतीय पत्रिका (Foreign or Indian Magazine)

(vi) प्राप्त करने का तरीका (How to Get It?)

(vii) सामयिकी की कीमत (Cost of Serial)

(viii) भाग (Volume) तथा संस्करण संख्या (Issue Number) विक्रेता (Vendor) या उपलब्ध कराने वाली एजेन्सी।

(c) प्राप्ति तथा नियंत्रण (Receipt and Control): ग्रंथालय में सभी पत्रिकाओं का प्राप्त होना आवश्यक है। इसे वेंडर वॉयस (Vendor Voice) की सहायता से किया जाता है। इसमें यह देखा जाता है कि पत्रिका का कोई भी अंक गायब (Missing) तो नहीं है। इसके लिए कई तरीके अपनाये जाते हैं। जैसे:– लेजर प्रणाली (Laser System), कार्ड प्रणाली (Card System), तीन कार्ड प्रणाली (Three Card System) तथा कार्डेक्स (Cardex)। इन सभी में पत्रिका सम्बन्धी सम्पूर्ण विवरण लिखा जाता है।

(d) आदान-प्रदान (Circulation): जब ग्रंथालय में पत्रिका प्राप्त हो जाती है तो उसका समस्त विवरण तैयार किया जाता है। इसके पश्चात् पत्रिका पर ग्रंथालय की मोहर लगायी जाती है और उसे प्रदर्शन रैक (Display Rack) पर प्रदर्शित कर दिया जाता है। तब उसका समस्त विवरण तैयार किया जाता है। जब इसका अगला अंक (Issue) आ जाता है तभी पिछला अंक (Issue) पाठकों को दिया जाता है।

(e) लेखों की अनुक्रमणिका तैयार करना (Indexing of Articles): अनुक्रमणिका एक व्यवस्थित क्रम में दी गई सूचना है। विश्लेषणात्मक सूची (Analytical Index) में प्रकाशित लेखों के विशिष्ट शीर्षक (Topic) होते हैं जिससे कि पाठकों को विषय सम्बन्धी विशिष्ट सूचना प्राप्त हो सके। विश्लेषणात्मक सूची (Analysed Index) में विवरणात्मक सूची होती है जिसमें लेख (Article) से सम्बन्धित सूचनाएं तथा उसका महत्व दिया जाता है। जब किसी लेख (Article) के विवरण के साथ उसका सारांश दिया जाता है तब उसे सारसूची (Abstract) कहते हैं।

(f) वार्षिक शुल्क (Annual Subscription): पत्रिकाओं का वार्षिक शुल्क सदैव पूर्व में ही लिया जाता है और इसकी सम्पूर्ण जानकारी रखी जाती है। वार्षिक शुल्क भेजने से पूर्व यह निश्चित किया जाता है कि पत्रिका पाठकों के लिए उपयोगी है या नहीं।

(g) जिल्द (Binding): वर्ष में अन्त में जब एक Volume के सभी अंक प्राप्त हो जाते हैं तब इसे जिल्द (Binding) के लिए भेज दिया जाता है। जिल्द (Binding) के पश्चात् इसकी तकनीकी प्रक्रिया पूरी की जाती है।

(h) खोज (Search): पत्रिका की सबसे महत्वपूर्ण प्रक्रिया उसकी खोज है। जब ग्रंथालय में बड़ी संख्या में पत्रिकाएं प्राप्त होती हैं, उनमें अनेक लेख (Articles) होते हैं। उन लेखों को एक प्रणाली के अन्तर्गत व्यवस्थित किया जाता है। उन्हें ढूँढने के लिए खोज करनी पड़ती है, जो इस प्रकार है:–

सामान्य खोज (Simple Search): सामान्य खोज के अन्तर्गत तीन बातों पर ध्यान दिया जाता है–

(A) क्या पत्रिका का नया अंक आया है तथा क्या वह ग्रंथालय में उपलब्ध है।

(B) क्या ग्रंथालय में वह प्राप्त हो चुका है?

(C) उससे सम्बन्धित विषय पर अन्य कौन-कौन-सी पत्रिकाएं ग्रंथालय में हैं। किसी भी लेख को खोजने के लिए उसके शीर्षक, भाग (Volume) तथा अंक (Issue) संख्या की सहायता ली जाती है।

(i) विखंडन सेवा (Dissemination Service): इसके अन्तर्गत CAS, SDI, सारसूची बुलेटिन (Abstract Bulletin) तथा न्यूजपेपर क्लीपिंग सेवा (Newspaper Clipping Service) आते हैं।

(j) रिपोर्ट तथा सांख्यिकी (Report and Statistics): कम्प्यूटरीकृत श्रृंखला प्रणाली (Computerised Serial System) द्वारा रिपोर्ट तैयार की जाती है। जैसे:– सामयिकी (Serials) की सामयिक सूची (Current List), एस.डी.आई. सूची (SDI List), नवीनतम पत्रिकाओं (Current Journals) से सम्बन्धित रिपोर्ट तथा वार्षिक शुल्क की सूची। इन रिपोर्ट के अलावा कुछ सांख्यिकी रिपोर्ट भी तैयार की जाती है जिसका अपना विशेष महत्व है। जैसे विषय के अनुसार सांख्यिकी वार्षिक सांख्यिकी, मासिक सांख्यिकी, तथा उपभोक्ता से सम्बन्धित सांख्यिकी।

अंतर्राष्ट्रीय सामयिकी मानक (International Serial Standard) 10

वेबस्टर शब्दकोश (Webster Dictionary) के अनुसार मानक से तात्पर्य उस वस्तु से है जो किसी विशेष संस्था या प्रक्रिया के द्वारा निर्मित्त की गयी हो और उसे मॉडल (Model) के रूप में सर्वमान्यता प्राप्त हुई है। स्वचालन के क्षेत्र में डाटा हस्तान्तरण तथा उसके संचार के लिए कुछ मानक की आवश्यकता हुई, जिसके द्वारा ग्रंथालयों के पारस्परिक सहयोग के आधार पर नेटवर्क स्थापित किया जा सके तथा Machine readable database के माध्यम से डाटा का चयन, संग्रहण, विखण्डन तथा अन्य सम्पूर्ण विवरण सम्बन्धी सूचनाओं का मानक तैयार किया जा सके। इस सम्बन्ध में BSI तथा ISO ने निम्न मानक तैयार किये हैं:–

1. **BS 5999-1980:** ग्रंथालय तथा सूचना केन्द्र के लिए सामायिकी के रख-रखाव सम्बन्धी विशिष्ट निर्देश।

2. **ISO 3297-1986:** प्रलेखन ISSN (International Standard Organisation)।

3. **जटिल खोज (Composite Search):** यदि उपभोक्ता यह जानना चाहता है कि उसके क्षेत्र में और कौन-कौन-से प्रकाशन हैं जो इस क्षेत्र में उसकी सहायता कर सकते हैं। ऐसी स्थिति में उपभोक्ता की इस समस्या का समाधान की-वर्ड (Keywords) की सहायता से की जा सकती है। की-वर्ड (Keywords) के अलावा समय तथा प्रकाशन का स्थान महत्वपूर्ण होता है। इसके लिए प्रमुख बुलियन (Boolean) प्रणाली होती है जिसमें AND OR NOT तीन शब्दों की सहायता से सम्बन्धित सूचना को ढूँढा जा सकता है। OR से तात्पर्य है अधिक संख्या में रिकार्ड अर्थात् अधिक सूचनाएं जिनमें कुछ सूचनाएं अनुपयोगी भी हो सकती है। AND का अभिप्राय है वह खोज जिसमें केवल आवश्यक सूचनाएं ढूँढी जा सकती हैं तथा NOT का प्रयोग उस सूचना के लिए किया जाता है जो आवश्यक नहीं है।

4. मुक्त विवरण खोज (Free Text Search): यह सूचना तभी सम्भव है जब लेख तथा विषय सम्बन्धी सभी सूचनाएं उपलब्ध हों। इसमें की-वर्ड (Keywords) का प्रयोग किया जाता है तथा थिसोरस (Thesaurus) की सहायता ली जाती है।

सेवा (Service): ग्रंथालय में कम्प्यूटर के प्रयोग से अनेक लाभ हैं। इसके द्वारा निम्न सेवाएं दी जाती हैं:–

(a) किसी भी आवश्यक प्रलेख का प्रकीर्णन जिसमें प्रकाशक ISSN, देश का नाम, तारीख, मूल्य, विषय तथा अन्य सूचनाएं प्राप्त करने के लिए की-वर्ड (Keyword) की सहायता ली जाती है।

(b) बुलियन तकनीक के द्वारा सूचना की खोज।

(c) संदर्भ ग्रंथ सूची (Bibliography) का संकलन।

(d) विभिन्न सांख्यिकीय रिपोर्ट तैयार करना।

5. मार्क स्वरूप (MARC Format): यह अनेक ग्रंथालयों द्वारा अपनाया गया है। यह ग्रंथालय स्वचालित प्रणाली के लिए एक नमूना (Design) है। इसकी सहायता से कम्प्यूटर प्रणाली में उपलब्ध डाटा को दूसरे ग्रंथालय में हस्तान्तरित किया जा सकता है यदि ग्रंथालयों में भी समान प्रणाली (System) है।

6. भारत में उपलब्ध सॉफ्टवेयर पैकेज (Software in India): भारत में विशेष रूप से तीन स्वचालित पैकेज (Package) हैं:–

(a) LIBRA

(b) LIBSYS

(c) CLIS

इन सभी में सामयिकी (Serial) को संग्रह करने के लिए विशिष्ट व्यवस्था होती है।

7. अन्तर्राष्ट्रीय स्तर पर सॉफ्टवेयर (Software at International Standard): अन्तर्राष्ट्रीय स्तर पर सामयिकी नियंत्रण (Serial Control) के लिए 5 सॉफ्टवेयर प्रमुख हैं:–

(a) CAIRS: इसके द्वारा आधुनिक डिजाइन का Acquisition Cataloguing, Circulation, OPAC तथा Serial Control के लिए विशेष मॉडल (Model) तैयार किया गया है।

(b) LIBRARIAN: इसे यूरोपीय सलाहकार (European Consultant) द्वारा तैयार किया गया है। इसमें वार्षिक शुल्क एजेन्सी (Vendor) से प्राप्त होने का समय, दावा आदि विवरण होते हैं।

(c) OASIS (Open Access Strategic Information System): यह Dawson Technology के द्वारा विकसित किया गया है और यह PC पर आधारित मॉडल (Model) है। इसके अन्तर्गत सूचीकरण, आदान-प्रदान, ओपेक (OPAC), अधिग्रहण शृंखला (Aquisition Serial) तथा अन्तर-ग्रंथालय ऋण (Inter Library Loan) सम्बन्धी विशेषताएं आती हैं।

(d) ISIS (International Standard Information System): यह बी.एच. ब्लैकवेल (B.H. Blackwell) के द्वारा विकसित किया गया है। इस System में आदेश (Order), दावा (Claim), प्राप्ति (Receipt), पूछताछ (Enquiry), जिल्द (Binding) तथा कोष (Funds) से सम्बन्धित विशेषताएं हैं।

(e) माइक्रो लिंक्स (MICRO LINX): इसको फैक्सन यू.के. लिमिटेड (Faxon U.K. Limited) के द्वारा विकसित किया गया है। यह भी PC पर आधारित है। इसमें प्राप्त करना, दावा (Claim), सामान्य कार्य (Routine Work), जिल्द (Binding), पर्ची (Slips) का मुद्रण, पत्रिकाओं की सूची तथा उसके उपयोग सम्बन्धी विशेषताएं हैं।

संक्षिप्त प्रश्न (Short Questions)

1. किसी भी पत्रिका को Subscribe करने के लिए कौन-से चरण हैं?
2. Indexing Articles की कौन-कौन-सी प्रणाली है?
3. जब पत्रिका प्राप्त होती है, उसके पश्चात् कौन-कौन-से कार्य करने होते हैं?
4. CAS तथा SDI में क्या अन्तर है?
5. स्वचालित सामयिकी प्रणाली को लागू करने में कौन-कौन-सी क्रियायें आवश्यक हैं?

मुख्य शब्द (Key Words)

1. अथॉर्टी फाइल (Authority File): यह की-वर्ड (Keyword), विषय (Subject) और लेखक (Author) के नाम से सम्बन्धित मानक सूची है जिसका प्रयोग इनकी प्रविष्टि (Entry) करने के समय करना होता है।
2. सॉफ्टवेयर (Software): यह कम्प्यूटर को निर्देश देने वाले प्रोग्राम का संग्रह है। इसे हम कम्प्यूटर प्रोग्राम (Computer Programme) भी कहते हैं।

स्वचालित आदान-प्रदान कार्य (Automatic Circulation) 11

ग्रंथालय में आदान-प्रदान कार्य का अपना विशेष महत्व होता है। इसका सीधा सम्बन्ध उपभोक्ता से होता है। किसी भी ग्रंथालय में उसके संग्रह की श्रेष्ठता इस बात पर निर्भर करती है कि उस संग्रह के उपभोक्ता द्वारा उसका कितना उपयोग किया जाता है। ग्रंथालय द्वारा उपभोक्ताओं को अधिक से अधिक लाभ उपलब्ध कराने के उद्देश्य से समय-समय पर नये सिद्धान्त तथा प्रणालियों का आविष्कार किया जाता है। आज के विज्ञान और प्रौद्योगिकी (Science and Technology) के युग के लिए अनेक स्वचालन प्रक्रिया का प्रयोग किया जा रहा है। आदान-प्रदान विभाग में कम्प्यूटर का प्रयोग बढ़ता जा रहा है तथा इस क्षेत्र में नए-नए सॉफ्टवेयर पैकेज (Software Package) तैयार किये जा रहे हैं।

आदान-प्रदान प्रलेख लौटाने की तिथि (Overdue Date) के पश्चात् सदस्यों को तालिका के रूप में स्मृति पत्र भेजे जाते हैं। स्पष्ट है कि सूचना प्रौद्योगिकी (Information Technology) के युग में सभी आधुनिक ग्रंथालय द्वारा स्वचालित प्रणाली का प्रयोग किया जा रहा है। लेकिन भारत जैसे विकासशील देश में ग्रंथालयों द्वारा कम्प्यूटर (Computer) का अभी भी सीमित प्रयोग किया जाता है और इसे विकसित होने में समय लगेगा।

1. आदान-प्रदान विभाग (Circulation Section): आदान-प्रदान विभाग द्वारा आधुनिक प्रणालियों का प्रयोग उपभोक्ताओं के विशेष हित को ध्यान में रख कर किया जाता है।

डाटा का केन्द्रीयकृत संग्रह डाटाबेस (Database) कहलाता है।

उपभोक्ता के पुस्तक लेने और देने की प्रक्रिया अधिकतर आदान-प्रदान विभाग (Circulation Section) के द्वारा की जाती है। इसके लिए 'D Base III Plus' पद्धति का विकास किया गया। लेकिन यह पद्धति बड़े ग्रंथालयों में उपयोगी सिद्ध नहीं हुई है। डाटाबेस प्रबंध (Database Management—DBM) का अभिप्राय है ग्रंथालय में उपलब्ध सामग्री के उपयोग के लिए एक डाटाबेस (Database) तैयार करना।

2. डाटा आधार (Database): आदान-प्रदान विभाग (Circulation Section) के लिए डाटा आधार (Database) तीन भाग में तैयार किया जाता है:–

(a) प्रलेख प्रबन्ध मॉडल (Book Management Model): प्रलेख से सम्बन्धित मैनुअल (Manual) में निम्न सूचनाएं संग्रहित की जाती हैं:–

(i) नयी सूचनाएं
(ii) नये प्रलेख
(iii) प्रलेखों का विवरण
(iv) प्रलेखों की सूची
(v) प्रलेख सम्बन्धी रिपोर्ट
(vi) प्रलेख सम्बन्धी समस्याएं
(vii) प्रलेख की विशेषता सम्बन्धी रिपोर्ट

(b) सदस्यों से सम्बन्धित मॉडल (Model Related to Members): इसमें निम्न सूचनाएं आती हैं:–

(i) नये सदस्य
(ii) सदस्यों का विवरण
(iii) सदस्यों की सूची
(iv) सदस्यों से सम्बन्धित समस्याएं
(v) सदस्यों से सम्बन्धित रिपोर्ट
(vi) सारांश – नये सदस्यों की स्थिति, नाम, पिता का नाम, पता, पुस्तक का नाम, पुस्तक लेने की तिथि, पुस्तक वापिस करने की तिथि, आदि विवरण दिया होता है।

आदान-प्रदान मॉडल (Circulation Model) के अन्तर्गत निम्न विवरण दिए जाते हैं:–

(i) प्रलेख देना (Charging Issuing)
(ii) प्रलेख प्राप्त करना (Discharging Return)
(iii) सूची तैयार करना (Listing)
(iv) आदान-प्रदान रिपोर्ट तैयार करना (Circulation Report)
(v) आदान-प्रदान सम्बन्धी प्रश्न (Circulation Queries)
(vi) स्मरण पत्र तैयार करना (Reminder)
(vii) सारांश रिपोर्ट (Summary Report) तैयार करना।

(c) आदान-प्रदान डाटाबेस की विशेषताएं (Characteristics of Circulation Database):

(i) इसमें प्रतिवर्ष आने वाले नये प्रलेखों को शामिल किया जाता है और उनकी प्राप्ति संख्या (Accession Number) तथा उनकी प्राप्ति की तिथि लिखी जाती है।

(ii) इसमें प्रलेखों का सम्पूर्ण विवरण संग्रहित किया जाता है।

(iii) प्रशासनिक उद्देश्यपूर्ण रिपोर्ट तैयार की जाती है जो विषय, प्रकाशक व लेखक पर आधारित होती है।

(iv) प्रलेख (Document) के विवरण सम्बन्धी सूचनाएं भी संग्रहित की जाती हैं। जैसे काल नम्बर, विषय, संख्या, लेखक तथा प्रकाशक (Call Number, Subject, Title, Author and Publisher)। इनसे उपभोक्ताओं को सहायता मिलती है।

(v) पुस्तक की उपलब्धता, उसके गायब होने (Missing), नष्ट होने (Damage) तथा उसके उपलब्ध न होने की सम्पूर्ण सूचना रखी जाती है।

(vi) नये सदस्यों के सम्बन्ध में सूचनाएं संग्रहित की जाती हैं।

(vii) यदि किसी सदस्य का पता तथा टेलीफोन नम्बर (Telephone Number) में कोई परिवर्तन होता है तब इसमें भी संशोधन किया जाता है।

(viii) सदस्यों का सम्पूर्ण विवरण दिया जाता है।

(ix) सदस्यों से सम्बन्धित एक रिपोर्ट (Report) तालिका के रूप में तैयार की जाती है जिसमें सदस्यों का कोड नम्बर (सदस्य नं॰) भी होता है।

(x) पुस्तक निर्गत करने (Books Issue) के लिए सदस्य संख्या की आवश्यकता पड़ती है जिसके साथ पुस्तक का नम्बर भी अंकित किया जाता है।

(xi) पुस्तक को वापिस करने की तिथि तथा पुस्तक निर्गत करने की तिथि तालिका के रूप में तैयार की जाती है।

(xii) प्रलेख लौटाने की तिथि (Overdue date) के पश्चात् सदस्यों को स्मरण (Reminder) पत्र भेजे जाते हैं।

उपरोक्त के आधार पर यह स्पष्ट है कि सूचना प्रौद्योगिकी (Information Technology) के युग में सभी आधुनिक ग्रंथालय स्वचालित प्रणाली का प्रयोग कर रहे हैं लेकिन भारत जैसे देश में जो कि अर्द्धविकसित देश है, में अभी तक

अधिकतर ऐसे पुस्तकालय हैं जहाँ कम्प्यूटर (Computer) का प्रयोग करने के लिए अधिक समय लगेगा।

(d) आधुनिक प्रणालियाँ (Modern Systems): आदान-प्रदान विभाग (Circulation Section) में जो भी आधुनिक प्रणालियाँ प्रयोग की जाती हैं उससे उपभोक्ता को अनेक लाभ होते हैं:-

(i) ग्रंथालय कर्मचारियों की सहायता की अधिक आवश्यकता नहीं होती।

(ii) उपभोक्ता पुस्तक लेने और देने की प्रक्रिया अधिकतर स्वयं कर लेते हैं।

(iii) स्वचालित प्रणाली से समय की बचत होती है।

(iv) कम्प्यूटर के प्रयोग से खर्च कम आता है।

(v) स्वचालित प्रणाली अधिक विश्वसनीय होती है। अत: उपभोक्ता पूर्ण संतुष्ट होते हैं।

(vi) प्रलेख (Document) सम्बन्धी सभी सूचनाएं अविलम्ब प्राप्त हो जाती हैं। स्वचालित प्रणाली केवल विकसित देशों में ही अधिक उपयोग की जा रही है। अर्द्धविकसित तथा अविकसित देशों में धन के अभाव तथा प्रशिक्षित व्यक्तियों की कमी के कारण स्वचालित प्रणाली के विकास और प्रसार में बाधा आ रही है।

बजट प्रबन्ध (Budget Management) 12

ग्रंथालय एक सामाजिक सस्था है जहाँ समाज का प्रत्येक व्यक्ति बिना जाति, रंग और भेद के ज्ञानार्जन कर सकता है। इसके लिए ग्रंथालय को वित्तीय सहायता की आवश्यकता होती है जिसका प्रयोग ग्रंथालय में संग्रह, कर्मचारी तथा भवन के निर्माण, प्रशिक्षण एवं विकास के लिए आवश्यक है। अत: ग्रंथालय की वित्तीय आवश्यकताओं की पूर्ति के निम्न स्रोत हैं:

(a) शैक्षणिक ग्रंथालय (Academic Library): यू.जी.सी. अनुदान, शासकीय अनुदान, विद्यार्थियों की फीस, प्रकाशनों की बिक्री, रिप्रोग्राफ़िक सेवा, दान आदि।

(b) विशिष्ट ग्रंथालय (Special Library): संस्था के द्वारा वित्तीय व्यवस्था, विभिन्न योजनाओं के अन्तर्गत वित्तीय संस्थाओं द्वारा प्राप्त वित्तीय सहायता जैसे यूनेस्को (UNESCO), प्रकाशनों की बिक्री, सूचना फीस, अनुवाद फीस, रिप्रोग्राफिक शुल्क (Reprographic Charges) तथा सदस्यता शुल्क आदि।

(c) सार्वजनिक ग्रंथालय (Public Library): ग्रंथालय टैक्स, ग्रंथालय शुल्क, शासकीय अनुदान, दान आदि।

1. बजट (Budget): बजट किसी भी ग्रंथालय की अनुमानित आय तथा व्यय का वित्तीय लेखा-जोखा है। इसके आधार पर ग्रंथालय के उद्देश्यों के अनुरूप नीति निर्धारित की जाती है। यह एक निश्चित समय के लिए होता है।

बजट कई प्रकार के होते हैं:–

(a) 'किस लिए' बजट ('On What' Budget)

(b) फार्मूला बजट (Formula Budget)

(c) इकाई लागत बजट (Unit Cost Budget)

(d) निश्चित धनराशि बजट (Lumpsum Budget)

(e) प्रोग्राम बजट (Programme Budget)

(f) क्रियात्मक बजट (Operating Budget)

(g) पूंजीगत बजट (Capital Budget)

(h) अंतिम खाता बजट (Balance Sheet Budget)

(a) 'किस लिए' बजट ('On What' Budget): 'किस लिए' बजट को आइटम (Item) बजट भी कहते हैं। इसमें प्रमुख रूप से वेतन (Salary) प्रलेखों का मूल्य, जिल्दसाजी (Binding) का खर्च, फोटोस्टेट पर खर्च तथा रख-रखाव का खर्च प्रमुख है। यह बजट सभी ग्रंथालयों में अलग-अलग होते हैं और उस संस्था के उद्देश्यों तथा कार्यों के अनुरूप होते हैं।

(b) फार्मूला बजट (Formula Budget): फार्मूला बजट किसी विशेष फार्मूला (Formula) के आधार पर तैयार किया जाता है। जैसे:- विद्यार्थियों की संख्या, शिक्षण प्रोग्राम, अध्यापकों की संख्या तथा पुस्तकों के संग्रह इत्यादि।

(c) इकाई मूल्य बजट (Unit Cost Budget): इकाई मूल्य बजट को क्रियात्मक बजट भी कहते हैं। यह ग्रंथालय के कार्य तथा सेवा के मानदण्डों पर आधारित होता है। इसमें ग्रंथालय के प्रत्येक व्यय का पृथक् अनुमान लगाया जाता है।

(d) निश्चित धनराशि बजट (Lumpsum Budget): यह पूर्व निर्धारित नहीं होता है। संस्था के द्वारा वर्ष में कभी भी प्रदान किया जा सकता है।

(e) प्रोग्राम बजट (Programme Budget): यह ग्रंथालय के कार्यों पर निर्भर करता है कि किस कार्य को किस उद्देश्य से किया जा रहा है। यह घटाया और बढ़ाया भी जा सकता है।

(f) क्रियात्मक बजट (Operating Budget): यह सामान्य बजट होता है जिसका ग्रंथालय के लिए संचालन हेतु विशेष महत्व नहीं होता है। जैसे:- कर्मचारियों की तनख्वाह, प्रलेखों के क्रय के लिए निश्चित धन, जिल्दसाजी तथा मुद्रण पर व्यय।

(g) पूंजीगत बजट (Capital Budget): पूंजीगत बजट सामान्य बजट से भिन्न होता है। यह ग्रंथालय के विकास के लिए किसी योजना के अन्तर्गत दिया जाता है। जैसे:- भवन निर्माण, पत्र-पत्रिकाएं, उपकरण तथा मशीन के क्रय इत्यादि। इसे विकास बजट भी कहते हैं।

(h) अंतिम खाता बजट (Balance Sheet Budget): यह लेखा-जोखा के आधार पर तैयार किया जाता है। ग्रंथालय द्वारा आय-व्यय का लेखा-जोखा रखना पड़ता है जिससे बजट का समयानुसार व्यय किया जा सके।

2. बजट के उद्देश्य (Objectives of Budget):

(a) बजट का उद्देश्य आय और व्यय का विवरण रखना होता है।

(b) यह स्रोत तथा व्यय के बीच समन्वय स्थापित करता है।

(c) यह सेवाओं का सम्पूर्ण विवरण प्रस्तुत करता है।

(d) यह प्रमुख रूप से वित्तीय नियंत्रण करता है।

(e) इसके आधार पर ग्रंथालय के विकास की रूपरेखा तैयार की जा सकती है।

(f) इससे भावी योजना बनाने में मदद मिलती है।

(g) ये अधिकारियों के लिए एक उपकरण का कार्य करती है।

3. बजट के विशेष तत्व (Main Elements of Budget):

(a) संस्था का स्वरूप।

(b) संस्था का आकार।

(c) क्या ग्रंथालय का बजट स्वतंत्र है या मुख्य संस्था के बजट में सम्मिलित है?

(d) उपभोक्ता की रूचि क्या है और उन्हें किस प्रकार की सेवा की आवश्यकता है?

(e) ग्रंथालय संग्रह।

(f) ग्रंथालय द्वारा दी जाने वाली सेवाएं।

(g) बजट योजना।

4. बजट की प्रणालियाँ (Methods of Budget): बजट की तैयारी के लिए अनेक पद्धतियों का प्रयोग किया जाता है जो इस प्रकार हैं:–

(a) प्रति व्यक्ति पर आधारित प्रणाली (Per Capita Method)

(b) अतिरिक्त लागत पर आधारित कीमत (Cost of Addition Method)

(c) विवरण पर आधारित पद्धति (Method of Details)

(d) अनुपात पर आधारित पद्धति (Method of Proportions)

(e) प्रोग्राम पर आधारित पद्धति (Programmed Budgeting)

(f) शून्य पर आधारित पद्धति (Zero-based Budgeting)

(a) प्रति व्यक्ति पर आधारित प्रणाली (Per Capita Method): इस पद्धति के अन्तर्गत वार्षिक बजट के लिए प्रति व्यक्ति व्यय का अनुमान

लगाया जाता है। इसमें प्रति उपभोक्ता व्यय के आधार पर बजट तैयार किया जाता है।

(b) अतिरिक्त लागत पर आधारित प्रणाली (Cost of Addition Method): इसके अन्तर्गत प्रलेखों पर होने वाले व्यय के आधार पर प्रति वर्ष बजट बनाया जाता है अर्थात् अन्य सभी व्ययों में प्रतिवर्ष होने वाले प्रलेख के व्यय को जोड़कर बजट तैयार किया जाता है।

(c) विवरण पर आधारित पद्धति (Method of Details): इसमें व्यय से सम्बन्धित सम्पूर्ण विवरण तैयार किया जाता है और उसके आधार पर बजट बनाया जाता है। इसमें पिछले साल के व्यय को देखकर अगले साल के व्यय का अनुमान लगाया जाता है।

(d) अनुपात पर आधारित पद्धति (Method of Proportions): इस पद्धति में मुख्य संस्था जिसका कि ग्रंथालय एक भाग है, के बजट से ग्रंथालय के बजट की व्यवस्था की जाती है। जैसेः– मुख्य सस्थंा का 2 : 5 भाग आदि।

(e) प्रोग्राम पर आधारित पद्धति (Programmed Budgeting): इस बजट के अन्तर्गत पुस्तकालय की आवश्यकताओं को ध्यान में रखा जाता है। इसमें मुख्य संस्था के उद्देश्यों एवं कार्यों को ध्यान में रखकर ग्रंथालय का बजट तैयार किया जाता है। इसमें पूर्व में किये गये व्यय का भी विश्लेषण किया जाता है।

मुख्य तत्व (Main Components): इसके अन्तर्गत निम्न आते हैं:–

(1) ग्रंथालय सांख्यिकी का प्रयोगः ग्रंथालय में प्रतिवर्ष कार्य एवं सेवाओं के आधार पर सांख्यिकी तैयार की जाती है। एक अच्छे बजट की तैयारी में इस सांख्यिकी की प्रमुख भूमिका होती है।

(2) ग्रंथालय मानक का प्रयोगः ग्रंथालय के लिए यह आवश्यक नहीं कि वह राष्ट्रीय मानकों के आधार पर अपना बजट तैयार करे। वह अपने मानक स्वयं तैयार कर सकता है या किसी समकक्ष ग्रंथालयों के मानकों को भी अपना सकता है।

कुछ सामान्य मानक निम्न हैं:–

(1) उपयुक्त स्टॉफ फार्मूला (Staff Formula) के आधार पर अनुमान।

(2) फर्नीचर, स्थान, भवन आदि के मानकों का पालन करना।

(3) प्रलेख की संख्या के आधार पर बनाये गये मानकों का प्रयोग करना।

डा. रंगनाथन तथा U.G.C. द्वारा स्टाफ फार्मूला (Staff Formula) का विकास किया गया है। इसके अलावा पुस्तकें, पत्रिकाओं, जिल्दसाजी (Binding) आदि के लिए भी कुछ मानक बनाये गये हैं जिनके पालन करने से ग्रंथालय के बजट का वास्तविक अनुमान लगाया जा सकता है।

लाभ: इसके अनेक लाभ हैं जिनमें से कुछ निम्न हैं:–

(1) यह ग्रंथालय योजना प्रक्रिया में समन्वय प्रदान करता है।

(2) यह ग्रंथालय के मुख्य कार्यों पर व्यय किये गये धन के औचित्य की जाँच करता है।

(3) यदि वर्तमान एवं आवश्यक स्तर तथा माँग के बीच अन्तर है तो यह पद्धति उस पर निर्णय लेने में सहायता करती है।

(4) यह ग्रंथालय में होने वाले परिवर्तनों के लिए उचित मार्ग प्रशस्त करती है।

(5) प्रोग्राम बजट छोटे-छोटे इकाई (Items) पर आधारित बजट के समान है।

(f) शून्य पर आधारित पद्धति (Zero-based Budgeting): इस बजट का विकास पीटर पायर (Peter Pyhrr) के द्वारा किया गया था। इस बजट में उद्देश्यों के आधार पर बजट की योजना बनायी जाती है। इसमें ग्रंथालय के सभी प्रोग्राम, प्रोजेक्ट तथा लिये गये आवश्यक निर्णय पर पूरी तरह विचार किया जाता है लेकिन पिछले वर्ष के बजट को शून्य (0) समझकर वर्तमान वर्ष के लिए बजट बनाया जाता है।

बजट के वास्तविक आँकड़े तैयार करना

पिछले वर्ष के व्यय की समीक्षा: ग्रंथालय बजट के लिए वास्तविक आँकड़े तैयार करने के लिए पिछले वर्ष के व्यय की पूर्ण समीक्षा की जाती है जिससे सम्पूर्ण बजट का सदुपयोग किया जा सके।

संक्षिप्त प्रश्न (Short Questions)

(1) विभिन्न ग्रंथालयों में वित्त के कौन-कौन-से स्रोत हैं?

(2) बजट को परिभाषित करते हुए बजट के प्रकार का वर्णन करें।

(3) ग्रंथालय के व्यय की विभिन्न श्रेणियों को बताइये।

(4) बजट के लिए उद्देश्य तथा कुछ विशिष्ट तत्वों की आवश्यकता होती है? ऐसे तत्वों का वर्णन करें।

(5) वित्तीय अनुमान लगाने के लिए कौन-कौन-सी पद्धतियाँ अपनायी जाती हैं?

(6) बजट सम्बन्धी निम्न मानकों पर टिप्पणी लिखें:

(a) लागत

(b) लाभ

मुख्य शब्द (Key Words)

बजट (Budget): अनुमानित आय और व्यय का वित्तीय लेखा-जोखा।

पूँजीगत बजट (Capital Budget): वह बजट जिसमें सामान्य व्यय के अलावा विशिष्ट व्यय सम्मिलित किये जाते हैं।

आवर्तक व्यय (Recurring Expenditure): वे व्यय जो प्रतिवर्ष सामान्य रूप से किये जाते हैं।

ओपेक (OPAC – Online Public Access Catalogue) 13

यह वह ग्रंथालय सूची (Library Catalogue) है जो ऑनलाइन ग्राफिक प्रकीर्णन प्रणाली (Online Graphic Retrieval System) पर आधारित है। आधुनिक ग्रंथालयों द्वारा इनका प्रयोग किया जाता है।

परिभाषा (Definition): विभिन्न विद्वानों ने इसकी अलग-अलग परिभाषा दी है।

हील डर्थ (Hil Derth)—यह वह प्रणाली है जिसके अन्तर्गत ऑनलाइन सूची (Online Catalogue) उपभोक्ताओं के साथ संचार का काम कर सकती है तथा यह सूचना प्रदान कर सकता है जो कि पारम्परिक सूचियों में उपलब्ध नहीं थी।

फ्रेडरिक किलगॉर (Frederick Kilgour) के अनुसार OPAC सम्पूर्ण संग्रह के स्थान की खोज तथा उसके क्रमबद्ध विवरण की सूची है।

यह वह डाटाबेस (Database) है जिसके अन्तर्गत प्रलेखों की सम्पूर्ण विवरणात्मक प्रविष्टियाँ (Entries) संग्रहित की जाती हैं तथा लेखक (Author), शीर्षक (Title) तथा विषय (Subject) के आधार पर सम्पूर्ण प्रश्नों का उत्तर दिया जा सकता है।

मैकडोनाल्ड (McDonald) के अनुसार OPAC वह ऑनलाइन सूची (Online Catalogue) है जो Cutter के उद्देश्यों को पूरा करती है।

ओपेक (OPAC) के अन्तर्गत निम्न सूचनाएं प्राप्त हो सकती हैं:–

(1) प्रलेखों की सम्पूर्ण विवरणात्मक सूचनाएं (Detail Information of Documents)

(2) प्रकीर्णन कार्य (Retrieval Function)

(3) सूचना प्राप्त करने का बिन्दु (Access Point of Information)

(4) कार्ड सूची (Card Catalogue) के रूप में सूचना प्राप्त करना। जैसे:–प्रविष्टि (Entry) बनाना, नोट लिखना तथा ट्रेसिंग (Tracing) सम्बन्धी सूचना प्रदान करना।

1. आवश्यकता: समय के साथ सामाजिक जीवन में भी परिवर्तन होते रहते हैं। आधुनिक समाज कागजविहीन ग्रंथालय (Paperless Library) की ओर उन्मुख है जिसका विशेष महत्व है। प्रत्येक ग्रंथालय एवं सूचना केन्द्र के लिए यह आवश्यक है कि वह उचित सूचना उचित उपभोक्ता को उचित समय पर उपलब्ध कराये। OPAC इस क्षेत्र में प्रभावशाली एवं कुशल भूमिका अदा कर रहा है। यह उपभोक्ताओं की आवश्यकताओं के अनुसार सूचना प्रदान करता है। प्रत्येक उपभोक्ता किसी भी प्रलेख का पूर्ण विवरण प्राप्त कर सकता है। यद्यपि प्रारम्भ में इसमें अधिक व्यय आता है। फिर भी यह प्रणाली अधिक मितव्ययी है।

2. लाभ (Advantages):

(1) इसमें सरलता से सूचना ढूँढी जा सकती है।

(2) इसमें केटलॉग केबिनेट (Catalogue Cabinet) तक जाने और सूचना ढूँढने में कठिनाई नहीं होती है।

(3) इसमें एक साथ अनेक कार्डों (Cards) को देखा जा सकता है।

(4) इसके द्वारा उपभोक्ता अपनी पुस्तक के सम्बन्ध में लेखक, शीर्षक (Title) तथा विषय (Subject) आदि की जानकारी प्राप्त कर सकता है।

(5) उपभोक्ता को किसी भी विवरण को लिखने की आवश्यकता नहीं होती बल्कि प्रिंटर (Printer) की सहायता से उसकी कॉपी (Copy) दी जा सकती है।

(6) उपभोक्ता को ग्रंथालय जाने की आवश्यकता नहीं होती। वह किसी भी स्थान से इस सूचना को प्राप्त कर सकता है।

(7) इसको हर समय अद्यतन (up-to-date) बनाया जा सकता है। यही कारण है कि इसमें पत्रिकाओं के विवरण अनेकों विवरण फाइलों के रूप में विभिन्न डाटाबेस (Database), उचित निर्देश तथा ग्रंथालय सम्बन्धी सभी सूचनाएं प्राप्त हो सकती हैं।

3. ओपेक का डिजाइन तैयार करने के लिए निर्देश (Guidelines to Design OPAC):

(a) उपभोक्ता (User): किसी भी OPAC का डिजाइन (Design) तैयार करने से पूर्व यह जानकारी आवश्यक है कि उपभोक्ता कौन है, उसकी आवश्यकताएं तथा कुशलता का स्तर क्या है?

(b) आन्तरिक पहलू (Interface): यह सरल होना चाहिए जिससे कि उपभोक्ता डाटाबेस (Database) से प्रभावशाली एवं कुशल तरीके से वांछनीय सूचना प्राप्त कर सके।

(c) फाइल (File): उपभोक्ता को कौन-सा रिकार्ड (Record) या फाइल (Files) उपलब्ध हो सकती है।

(d) प्रौद्योगिकी (Technology): OPAC के लिए कौन-सा हार्डवेयर (Hardware) तथा उसका कॉन्फीग्रेशन (Configuration) उपयुक्त है और किसके द्वारा सूचना हस्तान्तरित (Transfer) की जा सकती है।

(e) प्रबन्धन (Management): इसके लिए कितनी लागत तथा कर्मचारी (Staff) की आवश्यकता होती है। यह देखना भी आवश्यक होता है।

उपरोक्त अध्ययन के आधार पर हम यह कह सकते हैं कि ग्रंथालय के संदर्भ में ऑनलाइन सूची (Online Catalogue) आधुनिक पद्धति है। इसमें आवश्यकतानुसार कभी भी परिवर्तन किया जा सकता है। विभिन्न स्रोतों के माध्यम से इसे विकसित किया जा सकता है। इसका प्रयोग ग्रंथालय तथा व्यापारिक फर्मों में भी किया जा सकता है। यह सूचना प्रकीर्णन प्रणाली का विशेष उपकरण है।

दूरसंचार प्रौद्योगिकी (Telecommunication Technology) 14

1. दूरसंचार प्रौद्योगिकी के मूलभूत आधार (Fundamentals of Telecommunication Technology): वास्तविक सूचना का प्रकीर्णन एक कठिन कार्य है क्योंकि विभिन्न शोधकार्यों तथा अनुभवों के आधार पर मानवीय ज्ञान में निरन्तर वृद्धि हो रही है। सूचना उत्पत्ति, संग्रह, विखण्डन एवं प्रकीर्णन के लिए एक व्यवस्थित शृंखलाबद्ध सूचना सेवा की आवश्यकता होती है जिसके माध्यम से सूचना का तीव्र गति से संचार हो सके। कम्प्यूटर तथा दूरसंचार प्रौद्योगिकी ने इस क्षेत्र में प्रभावी भूमिका अदा की है। दूरसंचार के माध्यम से दूर तक इन सूचनाओं को प्राप्त किया जा सकता है। मुख्य रूप से पत्र, तार, टेलीफोन तथा कम्प्यूटर (Computer) संचार के ऐसे साधन हैं जिनके माध्यम से सूचनाओं को दूर तक संचारित किया जा सकता है। दूरसंचार (Telecommunication) के क्षेत्र में दिन प्रतिदिन वृद्धि हो रही है।

2. तत्व (Components): दूरसंचार परिवर्तन के लिए तीन तत्व का उल्लेख किया जा सकता है:–

(a) संचार की गति (Speed of Transmission)

(b) वह उपकरण जिनके माध्यम से सूचना प्राप्त कर सकते हैं (Access Tools)

(c) पारस्परिक सहयोग (Integration)

(a) संचार की गतिः दूरसंचार (Telecommunication) के लिए आवश्यक है कि वह तीव्र गति से सेवा दे। इसके लिए अनेक नए दूरसंचार साधन विकसित किये गये हैं। जैसे:–ताँबे का केबल (Copper Cable), फाइबर ऑप्टिक (Fibre Optic), रेडियो तरंगें (Radio Waves)। फाइबर ऑप्टिक केबल (Fibre Optic Cable) अन्य माध्यमों से एक लाख गुना गतिशील हैं तथा ये सूचना देने में भी कम खर्चीले हैं। उपग्रह संचार (Satellite Communication) का भी संचार के क्षेत्र में महत्वपूर्ण योगदान है। इसकी सहायता से विश्व के दुर्गम स्थान पर

भी सूचना उपलब्ध करायी जा सकती है। वर्तमान में लगभग 100 उपग्रह आकाश में स्थापित हैं तथा इनकी संख्या निरन्तर बढ़ती जा रही है। इन संचार साधनों से सूचना हस्तान्तरण प्रक्रिया की गुणवत्ता में वृद्धि हुई है। इनके माध्यम से अधिकतम सूचनाएं, रंगीन फोटो तथा X-ray कुछ ही मिनटों में लिया जा सकता है। दूसरी ओर डाटाबेस (Database) से सूचना प्राप्त करने में केवल टेलीफोन (Telephone) का डायल घुमाने का ही समय लगता है।

(b) सम्पूर्ण एक्सेस इंफारमेशन टेक्नोलॉजी (Total Access Information Technology): आधुनिकतम कम्प्यूटर, नवीनतम कम्प्यूटर, सॉफ्टवेयर तथा संचार के तीव्रतम साधनों ने सम्पूर्ण सूचना तकनीक को ही बदल दिया है। दूरसंचार के क्षेत्र में PC का सामान्य प्रयोग एक बहुत बड़ी सफलता है। इससे दूरसंचार नेटवर्क (Telecommunication Network) की कार्यक्षमता और कुशलता में वृद्धि हुई है। दूरसंचार उपग्रह (Telecommunication Satellite) ने इस क्षेत्र में क्रान्ति ला दी है।

(c) पारस्परिक सहयोग (Integration): कम्प्यूटर दूरसंचार, सूचना संग्रह आदि सभी प्रतिस्पर्धा तथा उपयुक्तता पर आधारित हैं। PC के द्वारा दूरसंचार (Telecommunication) सुविधायें मॉडम (Modem) तथा सॉफ्टवेयर (Software) की सहायता से अधिक प्रभावशाली हैं। यही कारण है कि कम्प्यूटर (Computer) व दूरसंचार (Telecommunication) के बीच पूर्ण समन्वय है।

3. साधन (Media): किसी भी संस्था में सूचना स्रोतों के लिए ग्रंथालय प्रमुखता रखता है। यह पारम्परिक कार्यों के अलावा सूचना के बाहरी स्रोतों की सहायता से उपभोक्ता की माँग को पूरा करते हैं। नेटवर्क के माध्यम से सूचना हस्तान्तरण ग्रंथालय का प्रमुख कार्य है। यही कारण है कि नेटवर्क तथा दूरसंचार प्रौद्योगिकी के माध्यम से हम डिजिटल लाइब्रेरी (Digital Library) की ओर बढ़ रहे हैं जिसे हम दीवार विहीन लाइब्रेरी (Library without Walls) कहते हैं।

दूरसंचार नेटवर्क (Telecommunication Network) का सूचना हस्तान्तरण के क्षेत्र में महत्वपूर्ण योगदान है। लाखों प्रलेख कम्प्यूटर प्रौद्योगिकी (Computer Technology) की सहायता से संग्रहित किये जाते हैं। और ऑनलाइन (Online) उपलब्ध कराए जाते हैं। वर्तमान में सूचना की खोज ऑनलाइन टर्मिनल (Online Terminal) पर होने लगी है। अनेक ऐसे ऑनलाइन सिस्टम नेटवर्क (Online System Network) हैं जिनकी सहायता से डाटाबेस (Database) से आधुनिकतम सूचनाएं प्राप्त कर सकते हैं। जैसे– National Library of Medicine, USA के द्वारा विकसित, MEDLAR, OCLC (Ohio College),

BALLOTES, DIALOG तथा ORBIT। भारत में शासन की सहायता से सूचना प्रौद्योगिकी (Information Technology) के क्षेत्र में तेजी से विकास हो रहा है। अनेक ऐसे संसाधन सहभागिता नेटवर्क (Resource Sharing Network) हैं जो भारतीय ग्रंथालय एवं सूचना केन्द्रों को सूचना सेवा प्रदान कर रहे हैं। जैसे:- CALIBNET, DELNET, SIR NET, NICNET, INFLIBNET इत्यादि। इस शताब्दी की सबसे प्रमुख तकनीकी उपलब्धि इंटरनेट (Internet) है। वर्ल्ड वाइड वेब (World Wide Web—WWW) इंटरनेट (Internet) का एक शक्तिशाली उपकरण है। टेलीफोन के माध्यम से इंटरनेट सेवा (Internet Service) धीमीगति से दी जाती है लेकिन इसकी गति बढ़ाने के लिए 64KBPS ISDN के माध्यम से गतिशीलता प्राप्त की जा रही है। भारत में इंटरनेट सेवा (Internet Service) प्रदान करने वाला BSNL एक प्रमुख संगठन है।

4. सी.डी. रोम डाटाबेस (CD-ROM Database): सूचना एक ऊर्जा है जो कि सूचना प्रौद्योगिकी (Information Technology) तथा संचार प्रौद्योगिकी (Communication Technology) के समन्वय द्वारा उत्पन्न की जाती है और राष्ट्रीय विकास में योगदान करती है। सूचना को विभिन्न उद्देश्यों के लिए संग्रहित एवं प्रदर्शित किया जाता है। सूचना संग्रह तथा प्राप्त करने के लिए विभिन्न माध्यमों जैसे:-भृद्भाड (Clay Tablets), गुफाओं की दीवारें, पेपाइरस (Papyrus), प्रिंट मिडिया (Printmedia), फिल्म मीडिया (Film Media), चुम्बकीय मीडिया (Magnetic Media), इलेक्ट्रॉनिक मीडिया (Electronic Media), ऑप्टीकल मीडिया (Optical Media) आदि का प्रयोग किया जाता रहा है। सी.डी. रोम प्रौद्योगिकी (CD-ROM Technology) के द्वारा ग्रंथालयों एवं सूचना केन्द्रों में क्रान्ति आ गई है। CD-ROM ऑप्टीकल डिवायस (Optical Device) है जो सूचना केन्द्रों में सूचना संग्रह तथा विखण्डन में प्रयोग की जाती है। CD-ROM को 'काम्पैक्ट डिस्क रीड ऑनली मेमोरी' (Compact Disc Read Only Memory) के नाम से जाना जाता है। यह ऑप्टीकल डिस्क (Optical Disc) 4.72 इंच डायमीटर (Diameter) तथा 1-2 mm मोटाई की होती है। इसका गोल घेरा पोली कार्बोनेट (Poly Carbonate) का बनता है। इसमें सूचना रिकार्ड (Record) की जाती है और लेजर (Laser) तरंगों के माध्यम से पढ़ा जाता है। सूचना संग्रह करने के पश्चात् दूसरी सूचना का संग्रह किया जा सकता है। CD-ROM का सर्वप्रथम आविष्कार चीन में 1981 में किया गया। यह प्रणाली ऑडियो डिस्क (Audio Disc) प्रणाली पर आधारित है और इसे डिस्क ड्राइव (Disc Drive) की सहायता से प्रयोग किया जा सकता है।

(a) सी.डी. रोम की आवश्यकता (Need of CD-ROM): सी.डी. रोम

डाटाबेस (CD-ROM Database) में संग्रह क्षमता अधिक होती है। इसके एक ओर डाटा रिकार्ड (Data Record) किये जाते हैं जो कि स्थानीय रूप से संग्रहित होते हैं। डाटा डिजिटल रूप (Data Digital Form) में संग्रहित किये जाते हैं। सी.डी. रोम (CD-ROM) में संग्रहण क्षमता 700 MB होती है जो इस प्रकार हैं: तीन लाख A-4 size Papers का विवरण, 1500 Floppy Disc 5.25 inch, Reels of 1600 BPI magnetic tapes, 1800 pages of computer graphics, 4500 Hours of digitalise, voice 3000 Micro Fitch.

सी.डी. रोम प्रौद्योगिकी (CD-ROM Technology) ग्रंथालय एवं सूचना केन्द्रों के लिए अधिक महत्वपूर्ण है। इस डाटाबेस (Database) में सम्पूर्ण विवरण, दृश्य (Image), निर्देशिका (Directory), संदर्भग्रंथ सूची (Bibliography), संदर्भ (References), ग्राफ (Graph), सांख्यिकी (Statistics), प्रोग्राम (Programmes), विडियो (Video) तथा नियमावली (Manual) संग्रहित किये जा सकते हैं। शब्दावली (Dictionary), विश्वकोश (Encyclopaedia), हस्तपुस्तिका (Hand book), क्लासिक्स (Classics), टेलीफोन निर्देशिका (Telephone Directory), उपभोक्ता डाटा डायरी (Users Data Diary), तथा प्रकाशकों का सम्पूर्ण विवरण आदि संग्रह करने की इसमें क्षमता होती है।

(b) सी.डी. रोम डाटाबेस (CD-ROM Database): CD-ROM सूचना के विखण्डन तथा विवरण के लिए प्रयोग किया जाता है। सी.डी. रोम डाटाबेस (CD-ROM Database) में प्रमुख रूप से व्यापक संग्रहण क्षमता होती है। सी.डी. रोम डाटाबेस निर्देशिका (CD-ROM Database Directory) के अनुसार इसमें सम्पूर्ण विवरण के साथ सूचना संग्रहित की जा सकती है।

(c) डाटाबेस की भाषा (Database Language): CD-ROM विभिन्न भाषाओं में तैयार की जाती है जिसमें अंग्रेजी (English) तथा अफ्रीकन भाषा प्रमुख हैं।

इसमें कुल 20 भाषा सम्बन्धी सूचनाओं का संग्रह किया जा सकता है तथा प्रत्येक भाषा को डाटाबेस संख्या (Database Number) दिया जाता है। जैसे:– अंग्रेजी (English) का 6638, चीनी भाषा (Chinese) का 0041, रूसी भाषा (Russian) का 0016 आदि। CD-ROM शीर्षक का अन्तर डाटाबेस (Database) के स्वरूप पर निर्भर करता

है। CD-ROM खर्चीली पद्धति है। इसकी सेवाओं पर अधिक खर्च होता है। जैसे:–38 Item तक कोई चार्ज नहीं होता, 4000 Item तक 1 से लेकर 100 डॉलर तक खर्च होता है। यह 21वीं शताब्दी की महत्वपूर्ण उपलब्धि है। सी.डी. रोम (CD-ROM) का संशोधित उपकरण DVD है जिसके प्रयोग से CD-ROM Database से कहीं अधिक क्षमता वाला Database प्रयोग किया जा सकता है।

सूचना संस्थानः मूल्यांकन एवं विकास (Information Institutions: Evaluation and Growth) 15

सूचना संस्थान (Information Institutions): पीटर ड्रिकर (Peter Dricker) के अनुसार प्रत्येक विकसित देश में सामान्य रूप से संस्था रूपी समाज होता है। संस्थान के कार्य से ही आधुनिक समाज का कार्य परिलक्षित होता है।

ए.डी. लिटिल (A.D. Little) ने 'सूचना युग' ('Information Age') नाम की पत्रिका में अपनी रिपोर्ट प्रस्तुत करते हुए कहा है कि सूचना पर सामूहिक प्रभाव से तीन मूलभूत सूचना हस्तान्तरण विधियों की पहचान होती है। सूचना की हस्तान्तरण प्रक्रिया के अन्तर्गत अनेक कार्य आते हैं जिसके आधार पर हम संस्थान को तीन भागों में बाँट सकते हैं:–

1. ज्ञान का सृजन करने वाले सूचना संस्थान (Knowledge Generating Institutions):

(a) शोध प्रयोगशालायें

(b) शोध एवं विकास विभाग

(c) उच्च शिक्षण संस्थान

(d) ऐसे विश्वविद्यालय जहाँ शोध कार्य किये जाते हैं।

2. सूचना प्रकीर्णन करने वाले संस्थान (Information Retrieving Institutions):

(a) पुस्तक एवं पत्रिकाओं के प्रकाशक

(b) सांख्यिकीय डाटा संगठन करने वाली संस्थाएं

(c) विज्ञान एवं तकनीकी डाटा केन्द्र।

ये संस्थाएं ज्ञान का संग्रह, परिग्रहण क्रिया, विखंडन तथा प्रकीर्णन सेवाएं प्रदान करती हैं तथा विभिन्न रूपों में सूचना को रिकार्ड करती हैं।

विभिन्न सूचना संस्थान तथा उनकी क्रियाएं (एक श्रृंखला)

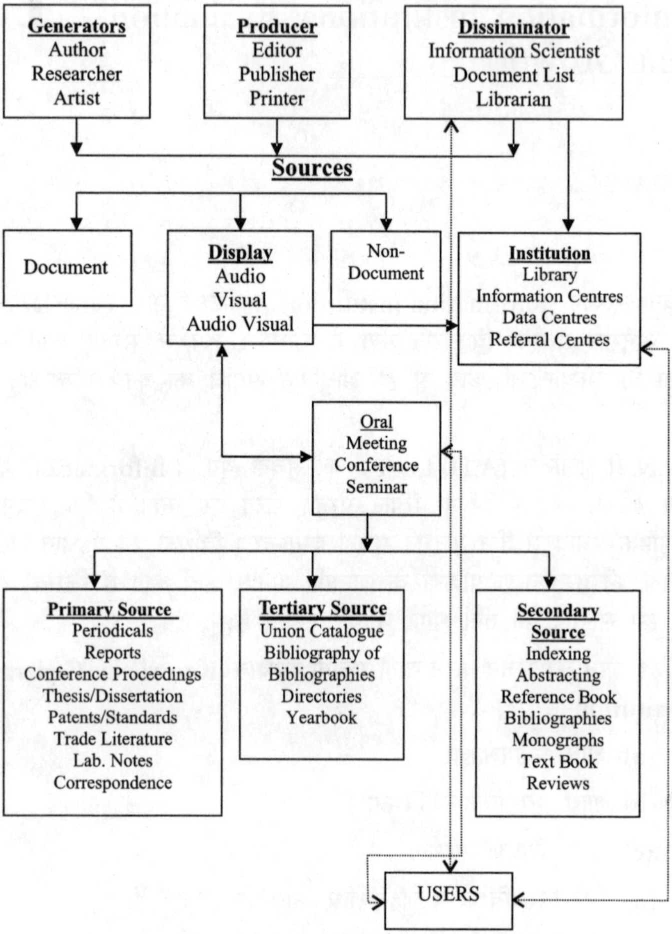

(Oral, dissiminator, institution)

उपरोक्त चार्ट से यह स्पष्ट है कि सूचना के हस्तान्तरण के लिए चार श्रेणियाँ हैं।

3. श्रेणियाँ (Categories):

(a) सृजन करने वाला

(b) सृजन का रूपः इसके आधार पर भौतिक, मौखिक तथा दृष्टिगत साधनों का सृजन होता है जिन्हें हम कई भागों में बाँट सकते हैं। जैसेः– प्राथमिक (Primary), द्वितीय (Secondary), तृतीय (Tertiary), मौखिक (Oral), इलेक्ट्रॉनिक (Electronic) इत्यादि सूचना स्रोत।

(c) संस्थाएंः जिनमें सूचना स्रोत संग्रहित किये जाते हैं तथा विभिन्न क्रियाओं के द्वारा उनका प्रकीर्णन कर प्रयोग के लिए प्रस्तुत किये जाते हैं।

(d) पाठकः प्राप्तकर्ता जो सूचना प्राप्त करता है।

4. सूचना संस्थाओं के प्रकार, उद्भव एवं विकास (Type of Information Institutions and Their Evolution): वर्तमान समय में सूचना संस्थान तेजी से विकसित हो रहे हैं। विकास एक निरंतर प्रक्रिया है। विकास के विभिन्न चरण इस प्रकार हैं:–

(a) संचार उपग्रह (Communication Satellite)

(b) केबल संचार (Cable Communication)

(c) ऑप्टीकल एवं डिजिटल वीडिओ डिस्क (Optical and Digital Video Disc)

5. विशिष्ट शक्तिशाली सूक्ष्म कम्प्यूटर (Special Powerful Micro Computer): धीरे-धीरे हम कागजविहीन (Paperless) ऐसे समाज की ओर बढ़ रहे हैं जहाँ मुद्रित सामग्री का प्रयोग न्यूनतम होगा। उस कागजविहीन ग्रंथालय (Paperless Library) को डिजिटल ग्रंथालय (Digital Library) कहते हैं। पुस्तकालय कई प्रकार के होते हैं। उनका क्षेत्र और स्वरूप भिन्न-भिन्न होता है। वे समाज की सेवा कर रहे हैं। सेवा का आधार (Print or non-print) सामग्री होती है। इसकी सहायता से किसी प्रकार की सूचना विश्व के किसी भी भाग में आसानी से प्राप्त की जा सकती है। इसके आधार पर सूचना संस्थान पाँच प्रकार के होते हैं जो निम्न हैं:–

(1) प्रलेखन केन्द्र (Documentation Centre)

(2) सूचना विश्लेषण केन्द्र (Information Analysis Centre)

(3) डाटा केन्द्र (Data Centre)

(4) संदर्भित केन्द्र (Referral Centre)

(5) क्लीअरिंग केन्द्र (Clearing House)

(1) **प्रलेखन केन्द्र (Documentation Centre)**: सूचना सस्थानों में प्रलेखन केन्द्र विशेष महत्व रखते हैं। इनके द्वारा सूचनाओं का संग्रह तथा प्रकीर्णन किया जाता है। प्रलेखन केन्द्र मुख्य संस्था के उद्देश्यों के अनुरूप उसकी योजनाओं और कार्यों को सफलतापूर्वक पूर्ण करने के

लिए अपनी सेवाएं प्रदान करते हैं। राष्ट्रीय प्रलेखन केन्द्र राष्ट्रीय विकास एवं योजना से सम्बन्धित विभिन्न शोधकार्यों के लिए कार्य करते हैं। ये केन्द्र राष्ट्रीय, क्षेत्रीय तथा स्थानीय स्तर पर स्थापित किये जाते हैं।

(2) **सूचना विश्लेषण केन्द्र (Information Analysis Centre):** मि. वेन बर्ग (Mr. Wein Berg) के अनुसार सूचना विश्लेषण केन्द्र का कार्य विज्ञान एवं तकनीक के क्षेत्र में सूचना सेवाएं प्रदान करना है। ये सूचना केन्द्र सामान्य रूप से चार कार्य करते हैं:–

(a) सूचना का विखण्डन (Dissemination of Information)
(b) सूचना का प्रकीर्णन (Retrieval of Information)
(c) नई सूचनाओं का उद्‌भव (Generation of New Information)
(d) सूचना विश्लेषण केन्द्र इंजीनियर, वैज्ञानिक तथा शोध कार्यों से सम्बन्धित विशेषज्ञों की सहायता करते हैं।

कोसाटी (Cosati) के अनुसार सूचना विश्लेषण केन्द्र वह संगठनात्मक ढाँचा है जिसका उद्देश्य सूचना का अधिग्रहण, संग्रहण, प्रकीर्णन, मूल्यांकन, विश्लेषण एवं संश्लेषण करना है। इसके अतिरिक्त यह समाज के दूसरे व्यक्ति, संस्थाओं तथा प्रबन्धन को आवश्यक सूचनाएं तथा डाटा (Data) उपलब्ध कराते हैं।

(a) सूचना विश्लेषण केन्द्रों के कार्य: सूचना विश्लेषण केन्द्रों के द्वारा निम्नलिखित कार्य किये जाते हैं:–

(1) सन्दर्भ ग्रंथ सम्बन्धी (Bibliography) तथा CAS से सम्बन्धित सूचना का चयन एवं संग्रह करना।
(2) सूचीकरण (Indexing) तथा सारसूची (Abstracting) सेवाएं प्रदान करना।
(3) सूचनाओं की खोज में उपभोक्ताओं की सहायता करना।
(4) शोधकर्ताओं द्वारा शोध के क्षेत्र में अन्तिम रूप से निर्णय लेने में सहायता करना।

(b) सूचना केन्द्रों द्वारा निम्न मूल्यांकन कार्य किए जाते हैं:–

(i) सम्पूर्ण क्षेत्र की समीक्षा करना।
(ii) डाटा के संकलन का मुल्यांकन करना।
(iii) समस्याओं के समाधान के लिए अपने अनुभवों से उपभोक्ता को अवगत कराना।
(iv) विभिन्न डाटा के बीच सम्बन्धों का मूल्यांकन करना।

(3) **डाटा केन्द्र** (Data Centre): वर्तमान समाज को योजना, विकास तथा अन्य कार्य एवं उद्देश्यों के लिए हर समय डाटा (Data) की आवश्यकता होती है। डाटा के प्रयोग के लिए उसका संग्रह, प्रक्रिया और संगठन आवश्यक है। डाटा को हम कई भागों में बाँट सकते हैं:-

(i) वैज्ञानिक डाटा (Scientific Data)

(ii) तकनीकी डाटा (Technical Data)

(iii) आर्थिक डाटा (Economic Data)

(iv) व्यापारिक डाटा (Commercial Data)

(v) औद्योगिक डाटा (Industrial Data)

(vi) कर्मचारी प्रबन्ध डाटा (Personnel Management Data)

(vii) सामाजिक, आर्थिक डाटा (Social, Economic Data)

(viii) जनसंख्या सम्बन्धी डाटा (Demographic Data): जनसंख्या सम्बन्धी डाटा विभिन्न पद्धतियों द्वारा विभिन्न स्रोतों के माध्यम से संग्रह किया जाता है और उपभोक्ताओं को उनकी आवश्यकता के अनुरूप प्रदान किया जाता है। UNESCO के अनुसार डाटा केन्द्र अपने केन्द्र पर अधिकतर संख्यात्मक डाटा (Numerical Data) संग्रह करते हैं। इन केन्द्रों का प्राथमिक कार्य डाटा का संग्रह, संगठन, विखण्डन करना तथा सेवा प्रदान करना है।

(a) तत्व – डाटा केन्द्र के तीन विशेष तत्व हैं:-

(i) उपयुक्त डाटा संग्रह (Data Collection)।

(ii) डाटा स्रोतों से सम्बन्ध रखना जिससे कि डाटाबेस (Database) स्थापित करने में सहायता मिले।

(iii) उपभोक्ताओं के साथ सम्पर्क बनाना जिन्हें डाटाबेस (Database) के माध्यम से इंटरनेट (Internet) सेवा की आवश्यकता है।

Data Source → Database → Users

(b) डाटा केन्द्र को स्थापित करने के मूलभूत सिद्धान्तः-

(i) विशेषज्ञों के समूह द्वारा विभिन्न स्रोतों से डाटा का संग्रह करना।

(ii) प्राप्त डाटा को इस तरह से संगठित किया जाना कि वे मूलभूत डाटा से सम्बन्धित हों और उनके विश्लेषण और संश्लेषण में सहायक सिद्ध हों।

(iii) डाटा को मशीन रीडएबल रूप (Machine Readable Form) में परिवर्तित किया जा सकता है और कम्प्यूटर के द्वारा डाटाबेस (Database) प्रक्रिया को अपनाया जाता है।

(4) **सन्दर्भित केन्द्र (Referral Centre):** सन्दर्भित केन्द्र भी सूचना के विखण्डन का कार्य करते हैं। ये केन्द्र मुख्य संस्था द्वारा प्रभावी सेवा देने के लिए उत्तरदायी होते हैं।

सन्दर्भित केन्द्र निम्न सेवाएं प्रदान करते हैं:–

(i) सूचना के क्षेत्र में मशीनी उपकरणों का प्रयोग करना।

(ii) ये केन्द्र किसी संस्था या व्यक्ति की तकनीकी तथा वैज्ञानिक विषयों से सम्बन्धित उत्तर देने के लिए निर्देशन या माध्यम का कार्य करते हैं।

(iii) ये केन्द्र विषय विशेषज्ञों की सहायता करते हैं।

(iv) ये केन्द्र पाठक की सूचना सम्बन्धी समस्याओं को हल करने के लिए सहायता प्रदान करते हैं।

सन्दर्भित केन्द्रों की तैयारी:–

(i) सन्दर्भित केन्द्रों को विभिन्न विषयों से सम्बन्धित महत्वपूर्ण सूचना स्त्रोतों की सूची तैयार करनी चाहिए।

(ii) विज्ञान एवं तकनीकी सूचनाओं के लिए आवश्यक तृतीयक (Tertiary) स्त्रोतों का प्रकाशन करना चाहिए। जैसे:– वैज्ञानिक एवं तकनीकी निर्देशिका।

(iii) सन्दर्भित केन्द्र को सूचना क्षेत्र में पारस्परिक सम्बन्धों के आधार पर सूचना का विश्लेषण करना चाहिए।

सन्दर्भित स्त्रोतों के विभिन्न स्वरूप: सन्दर्भित स्त्रोत के विभिन्न स्वरूप हैं जो इस प्रकार हैं:–

(a) व्यावसायिक समाज (Occupational Society)

(b) विश्वविद्यालय शोध केन्द्र तथा उसके शोध अध्ययन संस्थान (University Research Centre)

(c) शासकीय संस्थाएं (Government Organisation)

(d) ग्रंथालय, विशेष रूप से विशिष्ट ग्रंथालय (Special Library)

(e) प्रयोगशाला केन्द्र (Experiment Centre)

(f) व्यक्तिगत विशेषज्ञ (Individual Expert)

(g) तकनीकी ग्रंथालय (Technical Library)

(h) प्रलेखन एवं सूचना केन्द्र (Documentation and Information Centre)

(i) सारसूची अनुक्रमणिकाएं सेवा एजेंसी (Abstracting, Indexing Service Agencies)

सन्दर्भित केन्द्रों के कार्य:–

(a) सन्दर्भित केन्द्र टेलीफोन, व्यक्तिगत रूप से तथा पत्रों के माध्यम से उपभोक्ता की समस्याओं को प्राप्त करते हैं।

(b) समस्याओं की प्राप्ति के पश्चात् ये उन्हें उचित परामर्श देते हैं।

(c) यह विभिन्न स्रोतों में उपलब्ध सम्पूर्ण विवरण प्रदान करते हैं।

(5) **स्पष्टीकरण केन्द्र** (Clearing House): सचूना केन्द्रों के उद्भव एवं विकास में यह पंचम श्रेणी में आता है। यह एक ऐसा केन्द्र है जो सूचना का संग्रह, वर्गीकरण तथा वितरण करता है। यह दो प्रकार के होते हैं:–

(1) विशिष्ट सूचना केन्द्र

(2) पारम्परिक ग्रंथालय

स्पष्टीकरण केन्द्र एक नया शब्द है जो सामान्य रूप से सन्दर्भित केन्द्र के समान होता है।

स्पष्टीकरण केन्द्र के निम्नलिखित कार्य हैं:–

(1) यह प्रलेखों (Documents) के संग्रह केन्द्र के रूप में कार्य करते हैं।

(2) सूचना के वितरण सम्बन्धी कार्य में यह तत्पर रहते हैं।

(3) यह शोध सम्बन्धी रिकार्ड को यथावत् व्यवस्थित करने और संग्रह करने का कार्य करते हैं।

(4) यह सन्दर्भित केन्द्र के समान कार्य करते हैं।

(5) यह विभिन्न क्षेत्रों में विशेषज्ञों की पहचान तथा सूची तैयार करते हैं।

(6) यह विशेष क्षेत्रों में संग्रह के विकास के साथ-साथ उसका संग्रहण भी करते हैं।

(7) यह सूचना संग्रह नेटवर्क की सेवाएं भी प्रदान करते हैं।

(8) यह केन्द्र शोध और विकास के क्षेत्र में विभिन्न समस्याओं से सम्बन्धित सूचनाओं को ढूँढने में सहायता करते हैं।

स्पष्टीकरण केन्द्र एजेन्सियाँ (Clearing House Agencies): इसके अन्तर्गत प्रमुख रूप से निम्न एजेन्सियाँ कार्यरत हैं:–

(1) Smith Sonian Institute of Science and Information Service.

(2) Library of Congress Referral Centre.

(3) U.S.A. Defence Documentation Centre.

(4) Educational Research Information Centre (ERIC).

(5) BLLD, UK.

6. असंस्थागत सूचना केन्द्र (Non-Institutional Information Centre): कुछ ऐसी असंस्थागत सूचना एजेन्सी भी है जो सूचना के क्षेत्र में समाज की आवश्यकताओं के अनुसार सूचना उपलब्ध कराती है। सूचना सेवाएं अपरम्परागत ग्रंथालय की सेवाएं नहीं हैं। इस क्षेत्र में अनेक व्यक्तिगत तथा सार्वजनिक एजेन्सियाँ सूचना केन्द्रों का कार्य कर रही हैं। जैसे:–

(a) सूचना दलाल (Information Broker): यह व्यक्ति विशेष या फर्म होती है। यह माँग के आधार पर निम्न कार्य करते हैं:–

(i) उपलब्ध साधनों के आधार पर उपभोक्ता की समस्याओं का समाधान करते हैं।

(ii) इनकी सेवा का आधार लाभ होता है।

(iii) इनका चरित्र व्यावसायिक होता है।

(iv) ये विभिन्न साधनों का प्रयोग करते हैं जिनमें ग्रंथालयों की सेवा भी शामिल है।

(v) इनकी सेवा दर 25 डालर से 50 डालर प्रति घंटा होती है।

(vi) सामान्य रूप से यह अमेरिका में विद्यमान है। ये सूचना दलाल सूचना कीमत के आधार पर सिद्धान्त का पालन करते हैं।

(b) सूचना दलाल एवं ग्रंथालय में भिन्नता (Difference between Information Broker and Library): सूचना दलाल और ग्रंथालय में व्यापक भिन्नताएं पायी जाती हैं जो इस प्रकार हैं:–

(i) सूचना दलाल सम्पूर्ण शिक्षा से सम्बन्धित ज्ञान का संग्रह करते हैं। ग्रंथालय द्वारा सार-सूची तैयार की जाती है।

(ii) सूचना दलाल सूचना को उपभोक्ता की माँग के अनुरूप परिवर्तित करते हैं। ग्रंथालय संदर्भ ग्रंथ सूची जाँच (Bibliographical Verification) का कार्य करते हैं।

(iii) बाजार सम्बन्धी शोध कार्य सूचना दलाल द्वारा किया जाता है। ग्रंथालय सूचीकरण सम्बन्धी सेवाएं प्रदान करते हैं।

(iv) सूचना दलाल व्यापारिक विश्लेषण का कार्य करते हैं जिससे व्यापारियों को माँग के अनुसार सूचना उपलब्ध करायी जा सके। ग्रंथालय सूचना स्रोतों का संगठन करते हैं।

(v) विशिष्ट व्यक्तियों की नियुक्ति करते हैं तथा ग्रंथालय प्रबन्धन का कार्य करता है।

(vi) सूचना दलाल प्रेस कटिंग सेवा (Press Cutting Service) देते हैं; ग्रंथालय CAS (Current Awareness Service) देते हैं।

(vii) अनुवाद सेवा: ग्रंथालय इस सेवा के माध्यम से पाठ्य सामग्री प्रदान करते हैं।

(viii) सेमीनार और वर्कशाप (Workshop) ग्रंथालय द्वारा आयोजित किये जाते हैं। ग्रंथालय ऑन-लाइन सर्चिंग (Online Searching Service) सेवा प्रदान करते हैं।

(c) मानवीय नेटवर्क (Human Network)

ये तीन प्रकार के हैं:–

(i) विशिष्ट क्षेत्र में सूचना प्रवाह नेटवर्क (Information Flow Network in Specified Area)

(ii) सूचना मैनेजर नेटवर्क (Information Manager Network)

(iii) सूचना परिष्करण नेटवर्क (Information Filter Network)

असंस्थागत संस्थायें चूँकि व्यक्तिगत तथा प्राइवेट संस्था होती हैं तथा इनका उद्देश्य लाभार्जन करना होता है। अत: यह सूचना प्रवाह नेटवर्क सेवाएं प्रदान करने के लिए सूचना नेटवर्क भी स्थापित करते हैं।

(d) सूचना प्रवाह नेटवर्क (Information Flow Network): सामान्य रूप से प्रबन्धन संगठन या संस्थाएं किसी विशेष पद्धतियों के अनुसार कार्य करते हैं जिससे वे विश्वसनीय एवं निर्णयपरक सूचनाएं प्रदान करने में सक्षम हैं। यह सूचना प्रवाह के लिए दो स्रोतों के माध्यम से कार्य करते हैं:–

(i) औपचारिक (Formal)

(ii) अनौपचारिक (Informal)

(e) संचार के औपचारिक स्रोत निम्नलिखित कार्य करते हैं:–

(i) संचार स्रोतों का रख-रखाव करते हैं।

(ii) सभी अधिकारों का उपभोक्ताओं के हित में प्रयोग करते हैं।

(iii) सभी निर्णायक, मैनेजर के बीच सम्बन्ध स्थापित करते हैं।

(iv) डाटा संचार स्रोतों को निरन्तर आधुनिक रूप देते हैं।

(v) सूचना के क्रमबद्ध प्रवाह को जारी रखने का प्रयास करते हैं। अत: सूचना प्रवाह संगठन का ढाँचा ऐसा होना चाहिए जो विभिन्न

सामाजिक पद्धतियों या प्रणालियों के बीच पारस्परिक सम्बन्ध पैदा कर सके। सूचना प्रवाह के ढाँचा द्वारा समाज की सेवा निम्न रूप में की जाती है:-

(1) संचार संगठन करना

(2) विभिन्न शृंखला स्तरों के बीच सम्बन्ध स्थापित करना

(f) गेटकीपर (Gatekeeper) के रूप में कार्य करना: सूचना प्रवाह नेटवर्क एक असंगठित अव्यवस्थित क्रिया है जो अधिक आवश्यक होने पर ही प्रयोग की जाती है। सूचना प्रवाह ढाँचा के अन्तर्गत कार्य करने वाले विशेषज्ञों या गेटकीपर को तीन भागों में बाँटा जाता है। जैसे:-

(1) तकनीकी गेटकीपर (Technical Gatekeeper)

(2) आन्तरिक संचार व्यक्ति (Internal Transmission Person)

(3) बाह्य संचार व्यक्ति (External Transmission Person)

यह तीनों प्रकार के व्यक्ति संगठन या केन्द्र के अन्दर ही परामर्श सेवा देते हैं। ये विशिष्ट तथा तकनीकी सूचनाएं प्रदान करते हैं। सूचना हस्तान्तरण में सहायता करते हैं। अनुवाद सेवा में योगदान देते हैं लेकिन बाह्य पर्सनल कम्प्यूटर पर आधारित सूचना स्त्रोत के क्षेत्र में विशेषज्ञ माने जाते हैं।

(g) सूचना मैनेजर नेटवर्क (Information Manager Network): प्रत्येक सूचना केन्द्र में सूचना विशेषज्ञ होते हैं जिनको सामान्य कर्मचारी (जो विशेषज्ञ नहीं हैं) सहायता करते हैं। ऐसे व्यक्ति संग्रह की व्यवस्था के लिए उत्तरदायी होते हैं। ये संग्रह से सम्बन्धित प्रश्नों का उत्तर देने में सक्षम होते हैं। ऐसे व्यक्तियों के समूह को सूचना मैनेजर कहा जाता है। सूचना केन्द्रों में इसका विशेष योगदान होता है।

इनके निम्न कार्य हैं:-

(1) ये सूचना संग्रह के लिए उत्तरदायी होते हैं साथ ही सूचना प्रदान करने में भी सहायक होते हैं।

(2) साहित्य प्रकाशन के क्षेत्र में ये सूचना केन्द्रों के आन्तरिक तथा बाह्य दोनों क्षेत्रों में व्यक्तिगत रूप से सक्रिय होते हैं।

(3) ये निर्णय प्रक्रिया में सहायता करते हैं।

(h) सूचना फिल्टर (Information Filter): सूचना फिल्टर से तात्पर्य उन साधनों से है जो सूचना के हस्तान्तरण में अपना योगदान देते हैं। दूसरे शब्दों में वे साधन जिनके आधार पर सूचना हस्तान्तरित की जाती है। इसका विवरण इस प्रकार है:-

(i) ई-मेल (Electronic mail—E-Mail)

(ii) बहुमाध्यम वितरण प्रणाली (Multi Media Distribution System)

(i) इलेक्ट्रॉनिक कार्यालय प्रलेख (Electronic Office Document): सूचना फिल्टर (Filter) उपभोक्ता और साधनों के बीच मध्यस्थता का कार्य करते हैं। इन्हें अनुभव के आधार पर अधिक ज्ञान होता है। अनुभवी होने के कारण लम्बे समय तक सूचना हस्तान्तरण में अपना योगदान देते हैं। ये उपभोक्ता को उसकी आवश्यक सूचना प्राप्त करने में सहयोग प्रदान करते हैं।

स्वतन्त्रता प्राप्ति के पश्चात् तथा विज्ञान और तकनीकी के क्षेत्र में विकास के कारण बहुत-सी ऐसी संस्थाएं और संगठन अस्तित्व में आए जिन्होंने अपनी संस्था के अन्तर्गत भी प्रलेखन एवं सूचना केन्द्रों की स्थापना की। इससे सम्बद्ध संस्था के वैज्ञानिकों एवं विशेषज्ञों को अविलम्ब सूचना सुविधाएं उपलब्ध होती हैं।

7. भारत में संस्थाएं (Institutions in India): भारत में ऐसी संस्थाएं निम्न हैं:-

(1) परमाणु ऊर्जा आयोग (Atomic Energy Commission)

(2) भारतीय आंतरिक्ष अनुसंधान संगठन (ISRO—Indian Space Research Organization)

(3) वैज्ञानिक और औद्योगिक अनुसंधान परिषद् (CSIR—Council of Scientific and Industrial Research)

(4) भारतीय आयुर्विज्ञान अनुसंधान परिषद् (ICMR—India Council of Medical Research)

(5) भारतीय कृषि अनुसंधान परिषद् (ICAR—Indian Council of Agricultural Research)

(6) रक्षा अनुसंधान और विकास संगठन (DRDO—Department of Research and Development Organization)

(7) भारतीय राष्ट्रीय वैज्ञानिक प्रलेख केन्द्र (INSDOC—Indian National Scientific Documentation Centre (Now named as NISCAIR)

(8) लघु उद्योग प्रलेखण केन्द्र (SEDC—Small Enterprises Documentation Centre)

(9) केन्द्रीय चावल अनुसंधान संस्थान, कटक (CRRI—Central Rice Research Institute, Cuttack)

(10) केन्द्रीय चर्म अनुसंधान संस्थान, चेन्नई (CLRI—Central Leather Research Institute, Chennai)

(11) केन्द्रीय औषधि अनुसंधान संस्थान, लखनऊ (CDRI—Central Drug Research Institute, Lucknow)

(12) केन्द्रीय बकरी अनुसंधान संस्थान, फरह, मथुरा (CGRI—Central Goat Research Institute, Farah, Mathura)।

8. असंस्थागत संस्थान (Non-Institutional Institutions)

(1) भारत हेवी इलेक्ट्रीकल्स लिमिटेड, हरिद्वार (BHEL—Bharat Heavy Electricals Limited, Haridwar)

(2) स्टील अथॉर्टी ऑफ इंडिया लिमिटेड, दिल्ली (SAIL—Steel Authority of India Limited, Delhi)

(3) रैनबैक्सी (RANBAXY)

(4) नेशनल इन्फार्मेशन सिस्टम फॉर साइंस एण्ड टेक्नोलॉजी (NISSAT—National Information System for Science and Technology)

(5) जैव प्रौद्योगिकी प्रणाली (BIIS—Biotechnology Information System)

(6) ऊर्जा अनुसंधान संस्थान (Energy Research Institute)

सभी राष्ट्रीय सूचना प्रणालियाँ राष्ट्रीय सूचना माध्यमों के साथ समन्वय स्थापित कर रही हैं। इससे आधुनिक संचार तकनीक के प्रसार में वृद्धि हुई। इस सम्बन्ध में संसाधन सहभागिता सूचना केन्द्र (Resource Sharing Information Centre) की स्थापना की गयी है जो राष्ट्रीय, क्षेत्रीय तथा स्थानीय स्तर पर कार्य कर रही हैं। जैसे:–

(1) INFLIBNET (Information Library Network)

(2) DELNET (Delhi Network)

(3) CALIBNET (Calcutta Library Network)

(4) INDONET (Information Network of CMC Limited)

(5) NIC NET (National Information Centre)

सूचना केन्द्र (Information Centre) 16

सामान्य ग्रंथालय पाठ्य सामग्री संग्रह करते हैं तथा उसे पाठकों को उपलब्ध कराते हैं। ज्ञान प्रसार की गतिशीलता के परिणामस्वरूप सूचना के क्षेत्र में जटिलता आ गई है। निरन्तर सूचना की उत्पत्ति, उसका नियंत्रण तथा प्रयोग सूचना केन्द्रों के लिए एक चुनौती है। पारम्परिक ग्रंथालयों द्वारा इस चुनौती को स्वीकार करना सम्भव नहीं है क्योंकि उनमें साधनों की कमी तथा अनुभवी एवं प्रशिक्षित कर्मचारियों की कमी होती है। उनमें विशिष्ट संग्रह का अभाव होता है। अत: सूचना केन्द्रों की स्थापना तथा उनके द्वारा दी जाने वाली सेवाओं का विशेष महत्व है। सूचना केन्द्र सूचनाओं का संग्रह, प्रकीर्णन करते हैं तथा उपभोक्ताओं की समस्याओं का समाधान करते हैं। उनमें साधन भी उपलब्ध होते हैं।

सूचना केन्द्रों की सर्वप्रथम स्थापना शिकागो की जॉन क्रीरर लाइब्रेरी (John Crerar Library) में 1946 में उस समय हुई जब उन्हें कुछ ऐसी सूचनाओं को देने की आवश्यकता हुई जिनके लिए उनके पास कोई साधन नहीं थे। परिणामस्वरूप उन्होंने शोध सूचना सेवा विभाग की स्थापना की जिसके माध्यम से वे उद्योगों को सूचना प्रदान करते थे। अन्य ग्रंथालयों द्वारा भी इसी प्रकार विभाग की स्थापना की गई। प्रलेखन केन्द्र एवं सूचना केन्द्र सामान्यतया समान होते हैं। सूचना केन्द्र सूचनाएं प्रदान करते हैं तथा प्रलेखन कार्य भी करते हैं। उसी प्रकार प्रलेखन केन्द्र भी प्रलेखन कार्य के साथ-साथ सूचना भी उपलब्ध कराते हैं। किसी भी संस्था के सूचना विभाग सूचना केन्द्र कहलाते हैं जब वे विशिष्ट सूचनाओं का संग्रहण, अधिग्रहण तथा प्रकीर्णन पाठकों की आवश्यकतानुसार करते हैं।

1. सूचना केन्द्र के कार्य **(Functions of Information Centre):**

(a) सूचना का चयन करना

(b) सूचना ग्रहण करना

(c) सूचना संग्रह करना

(d) सूचना का प्रकीर्णन करना

(e) सार-सूची आदि तैयार करना

(f) सूचना का विखण्डन करना

2. सूचना केन्द्र की आवश्यकता **(Need for Information Centre):** सर्वप्रथम सूचना केन्द्रों का प्रारम्भ ग्रंथालयों से हुआ।

(a) जब ग्रंथालयों द्वारा सूचना देने में असमर्थता पायी गई तो सूचना केन्द्रों की आवश्यकता महसूस की गई।

(b) ग्रंथालय का प्रबन्ध एक जटिल समस्या बन गई। उसमें सूचनाओं का संग्रह और उस संग्रह में से वांछित सूचनाओं को ढूँढना कठिन प्रतीत होने लगा तब सूचना केन्द्रों की स्थापना की ओर ध्यान गया।

(c) प्रलेखों (Documents) की बढ़ती हुयी कीमतों के मद्देनजर आधुनिक तकनीक पर आधारित सूचना केन्द्रों की स्थापना की आवश्यकता महसूस हुई।

(d) ग्रंथालयों में असंख्य पाठ्य सामग्री के संग्रह से स्थान की समस्या विकट रूप धारण करने लगी। ऐसी स्थिति में आधुनिक सुविधायुक्त सूचना केन्द्रों की स्थापना आवश्यक हो गयी। तकनीकी के आधार पर प्रक्रिया के माध्यम से सेवा देने के लिए सूचना केन्द्रों की स्थापना की गई।

(e) ग्रंथालय में विशेषज्ञों का अभाव होता है और वर्तमान शोधों के लिए अविलम्ब सेवा की आवश्यकता होती है। जैसे:–CAS जिसे केवल सूचना विशेषज्ञ ही दे सकते हैं और यह सूचना केन्द्रों के माध्यम से ही सम्भव है।

(f) ज्ञान के गतिशील प्रसार के परिणामस्वरूप आधुनिक शोध सम्बन्धी समस्याओं पर डाटाबेस (Database) तैयार करना ग्रंथालय के लिए कठिन है परन्तु सूचना केन्द्र इसे सरलता से कर सकते हैं। अतः सूचना केन्द्रों की आवश्यकता अवश्यम्भावी हो गई।

सूचना केन्द्र एवं ग्रंथालय में भिन्नता
(Difference between Information Centre and Library)

सूचना केन्द्र (Information Centre)	ग्रंथालय (Library)
1. सूचना केन्द्र ग्रंथालयों द्वारा चयन किये गये संग्रह से पाठ्य सामग्री प्राप्त करते हैं।	1. ग्रंथालय पाठ्य सामग्री का चयन एवं संग्रह करते हैं।
2. सूचना की खोज तथा उसका मूल्यांकन करते हैं।	2. प्रलेखन केन्द्र तथा पाठ्य सामग्री का चयन तथा मूल्यांकन करते हैं।
3. उपभोक्ताओं की माँग पर उचित स्रोत का चयन तथा प्रकीर्णन किया जाता है।	3. पाठकों की माँग को देखते हुए पाठ्य सामग्री का गुणवत्ता के आधार पर संग्रह किया जाता है।
4. ये सूचना प्रदान करते हैं।	4. ये प्रलेख (document) प्रदान करते हैं।
5. ये प्रलेख विभिन्न स्रोतों की सहायता से उपभोक्ताओं के प्रश्नों का उत्तर ढूँढते हैं।	5. ग्रंथालय संदर्भ प्रश्नों का उत्तर उपलब्ध कराते हैं।
6. सूचना केन्द्रों द्वारा अपने उपभोक्ताओं के साथ ही साथ बाहर के उपभोक्ताओं को भी सूचनाएं उपलब्ध करायी जाती हैं।	6. इनके द्वारा केवल अपने पाठकों को ही संदर्भ सेवा प्रदान किया जाता है।
7. ये सूचना का अधिग्रहण एवं प्रकीर्णन करते हैं।	7. ये पाठ्य सामग्री का अधिग्रहण एवं संग्रह करते हैं।
8. सूचना केन्द्र विश्लेषण के आधार पर आवश्यक सूचना की खोज करता है।	8. संदर्भ एवं प्रलेखन सम्बन्धी सूचना देने के लिए संदर्भ स्रोतों की सहायता लेते हैं।

3. सूचना केन्द्र के प्रकार (Types of Information Centre): सूचना केन्द्रों को निम्नलिखित वर्गों में बाँटा जा सकता है:–

(a) रूचि पर आधारित (Interest Based)

(b) शोध पर आधारित (Research Based)

(c) विशिष्ट सूचनाओं पर आधारित (Based on Special Information)

(d) प्रतिष्ठा पर आधारित (Honour Based)

(e) सेवा के प्रकार पर आधारित (Based on Types of Service)

(f) सेवा के स्तर पर आधारित (Based on the Level of Service)

(g) सामग्री पर आधारित (Based on Material)

(h) उपभोक्ताओं पर आधारित (Based on Users)

(a) रूचि पर आधारितः कुछ सूचना केन्द्र अपने विषय क्षेत्र की सीमा के अन्तर्गत ही कार्य करते हैं, जैसेः–समाज शास्त्र, समाज विज्ञान, रक्षा विज्ञान आदि।

उदाहरणः– INSDOC विज्ञान एवं तकनीकी पर आधारित
NASSDOC समाज विज्ञान पर आधारित।

(b) शोध पर आधारितः कुछ सूचना केन्द्र केवल शोध कार्य में ही सहायता करते हैं और यह शोध कार्य राष्ट्र के विकास के लिए किये जाते हैं। जैसेः– DESIDOC।

(c) विशिष्ट सूचनाओं पर आधारितः इस प्रकार के सूचना केन्द्र विशेष सूचनाएं प्रदान करते हैं। जैसेः–औद्योगिक सूचना, प्रबन्धन सूचना आदि।

उदाहरणः– SENDOC—Small Enterprises National Document Centre (Hyderabad)
NIC—National Information Centre (Delhi)

(d) प्रतिष्ठा पर आधारित – ये सूचना केन्द्र तीन प्रकार के होते हैं:–

(i) शासकीय सूचना केन्द्र – वे सूचना केन्द्र जिनको शासन संचालित करता है तथा आर्थिक सहायता करता है। उदाहरणार्थ–INSDOC and NIC।

(ii) अशासकीय सूचना केन्द्र – ये वे सूचना केन्द्र हैं जिनको निजी (Private) या स्वतंत्र संस्थाएं संचालित करती हैं या आर्थिक सहायता उपलब्ध कराती हैं। उदाहरणार्थ–Information Centre for ICIS and Steel (Ranchi), National Centre for Science Information (NCSI) और Indian Institute of Science (Bangalore)।

(iii) अन्तर्राष्ट्रीय सूचना केन्द्र – ये सूचना केन्द्र अन्तर्राष्ट्रीय स्तर पर स्थापित किये जाते हैं। उदाहरणार्थ – International Patents Documents Centre-INPADOC (Vienna)।

(e) सेवा के प्रकार पर आधारित: ये सूचना केन्द्र पाँच प्रकार के होते हैं:–

(i) विश्व सूचना सेवा केन्द्र (Global Information Service Centre) – इन केन्द्रों में सूचना का संग्रह पृथक्-पृथक् होता है लेकिन सूचना प्रक्रिया केन्द्रीयकृत होती है। उदाहरणार्थ– AGRIS – International Information System for Agricultural Science and Technology (Rome), ISDS – International Series Data System (Paris)।

(ii) क्षेत्रीय सूचना केन्द्र (Regional Information Centre) – सूचना केन्द्र किसी निश्चित क्षेत्र से सम्बन्धित सूचनाएं प्रदान करते हैं। उदाहरणार्थ–SARC Documentation Centre – South Asian Association of Regional Countries Documentation Centre।

(iii) राष्ट्रीय सूचना केन्द्र (National Information Centre) – इस प्रकार के सूचना केन्द्रों द्वारा राष्ट्रीय स्तर पर या एक राष्ट्र से सम्बन्धित सूचनाएं प्रदान की जाती हैं। उदाहरणार्थ – NISCAIR।

(iv) सम्भागी सूचना केन्द्र (Sectoral Information Centre) – ऐसे सूचना केन्द्र किसी एक विषय तथा एक क्षेत्र से सम्बन्धित सूचनाएं प्रदान करते हैं। उदाहरणार्थ – NIC for Food Science and Technology (Mysore)।

(v) स्थानीय सूचना केन्द्र (Local Information Centre) - ये सूचना केन्द्र किसी एक संगठन से सम्बन्धित होते हैं तथा स्थानीय स्तर पर सूचनाएं प्रदान करते हैं।

(f) सेवा के स्तर पर आधारित: ऐसे सूचना केन्द्र पाँच सेवाओं के आधार पर स्थापित किये जाते हैं। ये सेवाएं निम्न हैं:–

(i) अविलम्ब सेवा पर आधारित (CAS Based Information Centre)

(ii) सार-सूची पर आधारित सूचना केन्द्र (Abstracting Based Information Centre)

(iii) प्रक्रिया आधारित सूचना केन्द्र (Process Based Information Centre)

(iv) उत्पाद आधारित सूचना केन्द्र (Product Based Information Service)

(v) डाटा बैंक (Data Bank)।

(g) सामग्री पर आधारित: कुछ सूचना केन्द्र सामग्री के आधार पर भी स्थापित किये जाते हैं। इन्हें निम्न श्रेणियों में बाँटा जा सकता है:–

(i) मानक (Standard) से सम्बन्धित सूचना केन्द्र

(ii) पेटेन्ट से सम्बन्धित सूचना केन्द्र

(iii) प्रौद्योगिकी से सम्बन्धित सूचना केन्द्र

(iv) अभियांत्रिकी से सम्बन्धित सूचना केन्द्र

(v) द्रश्य, श्रव्य सामग्री से सम्बन्धित सूचना केन्द्र।

(h) उपभोक्ताओं पर आधारित: यह तीन प्रकार के होते हैं:–

(i) शोध एवं विकास से सम्बन्धित उपभोक्ताओं के आधार पर सूचना केन्द्र।

(ii) उत्पादन तथा औद्योगिक उपभोक्ताओं के आधार पर सूचना केन्द्र।

(iii) शासकीय कर्मचारियों पर आधारित सूचना केन्द्र।

4. सूचना केन्द्र का संगठन (Organisation of Information Centre)

सूचना केन्द्र का संगठन निम्न बातों पर निर्भर करता है:–

(a) सूचनाओं की संख्या

(b) सूचनाओं का स्तर

(c) सूचनाओं का तरीका

(d) उपभोक्ताओं के आधार या उपभोक्ताओं के स्वरूप के अनुसार सूचना केन्द्र के संगठन को तीन भागों में बांटा जा सकता है:–

(1) कार्यरत संस्थान (Functional Institution)

(2) आंतरिक संचालन सेवा (Internal Operating Service)

(3) बाह्य उपभोक्ता सेवा (External Users Service)

(1) कार्यरत संस्थान (Functional Institution) – सूचना केन्द्र सूचना सेवा तथा सूचना प्रक्रिया के लिए उत्तरदायी होते हैं।

सूचना केन्द्र के कार्यों को तीन श्रेणियों में विभाजित किया जा सकता है:–

(i) प्रबन्ध एवं प्रशासन

(ii) आन्तरिक सेवाएं

(iii) बाह्य सेवाएं

प्रबन्ध एवं प्रशासन सेवाओं के अन्तर्गत निम्न कार्य किए जाते हैं:–

(a) विकास एवं योजनाओं को कार्यान्वित करना।

(b) नीतियों को कार्यान्वित करना।
(c) आपातकालीन स्थिति में अधिकारियों द्वारा नीतियों पर निर्णय लेना।
(d) विभिन्न समस्याओं से सम्बन्धित निर्देश देना।
(e) कार्य का मूल्यांकन करना।
(f) रिकार्ड का रख-रखाव करना।
(g) आवश्यकता पड़ने पर बाहरी विशेषताओं को नियंत्रित करना।
(h) सार्वजनिक सम्बन्धों के आधार पर समस्याओं का निदान करना।
(i) सांख्यिकीय तैयार करना।

(2) आन्तरिक संचालन सेवा (Internal Operating Service) – इसको चार भागों में बाँट सकते हैं:–

(a) सामग्री का अधिग्रहण करना (Acquisition of Material)
(b) सामग्री का निस्तारण करना (Treatment of Material)
(c) सूचना का वर्गीकरण एवं सूचीकरण करना (Classification and Cataloguing of Information)
(d) सामग्री का डाटा विश्लेषण तथा प्रयोग के लिए तैयार करना (Data Analysis and Usage of Material):

(a) सामग्री का अधिग्रहण करना - सूचना केन्द्रों द्वारा सामग्री का अधिग्रहण भी किया जाता है। इसके अन्तर्गत पुस्तकें, पत्रिकाएं, रिपोर्ट, नक्शे, पेटेंट आदि प्रमुख हैं। इनका चयन सामान्य रूप से वैज्ञानिकों, प्रमुख उपभोक्ताओं तथा विशेषज्ञों के अनुमोदन पर ही किया जाता है।

(b) सामग्री का निस्तारण करना - एक अच्छे सूचना केन्द्र का कार्य होता है कि वह उपयोगी पाठ्य सामग्री का संग्रह करे और ऐसी सामग्री जो कि सूचना के लिए उपयुक्त नहीं है सूचना केन्द्र से निस्तारित कर दें।

(c) सूचना का वर्गीकरण एवं सूचीकरण करना - सूचना केन्द्र में विशेषज्ञों द्वारा वर्गीकरण एवं सूचीकरण का कार्य किया जाता है। सूचीकरण फाइल बनाने तथा डाटा निर्धारण में सहायक होता है।

(d) सामग्री का डाटा विश्लेषण तथा प्रयोग के लिए तैयार करना - सूचना केन्द्रों द्वारा सामग्री के चयन, अधिग्रहण, सूचीकरण आदि के पश्चात् उसका विश्लेषण किया जाता है।

(3) बाह्य उपभोक्ता सेवाएं (External Users Services) – सूचना केन्द्रों द्वारा दी जाने वाली आदान-प्रदान तथा वितरण सेवाएं बाह्य सेवाएं कहलाती हैं। सूचना केन्द्रों द्वारा सामान्य रूप से आदान-प्रदान सेवा के अन्तर्गत पाठ्य सामग्री की फोटो कॉपी प्रदान की जाती है।

5. सूचना केन्द्र की सेवाएं (Services of Information Centre): सूचना केन्द्रों के द्वारा निम्नलिखित कार्य किये जाते हैं:–

(a) संदर्भ एवं प्रलेखन (Reference and Documentation)

(b) साहित्य की खोज (Search for Literature)

(c) सूचना की खोज (Searching the Information)

(d) अनुवाद सेवा (Translation Service)

(e) संदर्भ ग्रंथ कार्य (Bibliographical Work)

(f) सार-सूची सम्बन्धी कार्य (Abstracting Service)

(g) प्रकाशन सेवा (Publication Service)

(a) संदर्भ एवं प्रलेखन (Reference and Documentation): सूचना केन्द्रों के द्वारा प्रत्यक्ष एवं अप्रत्यक्ष दो प्रकार की सन्दर्भ सेवा प्रदान की जाती है। जो सेवाएं स्वयं कर्मचारियों द्वारा दी जाती हैं वह प्रत्यक्ष सेवाएं कहलाती हैं लेकिन जो कार्य उपभोक्ताओं के द्वारा स्वयं किये जाते है, अप्रत्यक्ष कार्य कहलाते हैं।

(b) साहित्य की खोज (Search for Literature): सूचना केन्द्र किसी विशेष समस्या पर साहित्य की खोज भी करते हैं। यह कार्य उपभोक्ताओं की माँग पर किया जाता है। यह खोज कार्य पूर्व में किये गये शोध से सम्बन्धित भी हो सकते हैं।

(c) सूचना की खोज (Searching the Information): सूचना केन्द्रों में कुछ ऐसे प्रशिक्षित कर्मचारी होते हैं जो सूचना विश्लेषण का कार्य करते हैं और अन्य सूचनाओं के साथ उनका समन्वय करते हैं।

(d) अनुवाद सेवा (Translation Service): सूचना केन्द्रों द्वारा अनुवाद कार्य भी किया जाता है। ये कार्य सूचना केन्द्र में नियुक्त अनुवादकों या बाहर के अनुवादकों द्वारा भी कराया जाता है। सूचना किसी क्षेत्र या सीमा में नहीं बाँधी जा सकती। उपभोक्ता किसी भी भाषा में लिखित सूचनाओं की माँग कर सकता है। वे विभिन्न भाषाओं के ज्ञात सूचना केन्द्रों के सम्पर्क में रहते हैं जिनके माध्यम से अनुवाद सेवा प्रदान की जाती है।

(e) संदर्भ ग्रंथ सम्बन्धी कार्य (Bibliographical Work): सूचना केन्द्रों के द्वारा उपभोक्ताओं की माँग पर संदर्भ ग्रंथ सूची (Bibliography) तैयार की

जाती है। यह लेखक, शीर्षक या विषय के आधार पर तैयार की जाती है। यह उपभोक्ता की समस्या हल करने में सहायक होती है।

(f) सार-सूची सेवा (Abstracting Service): सार-सूची से तात्पर्य है किसी लेख, रिपोर्ट आदि का सारांश तैयार करना जिससे कि उपभोक्ता कम समय में वांछित सूचना प्राप्त कर सके और उस लेख या रिपोर्ट के उद्देश्य को समझ सके।

(g) प्रकाशन सेवा (Publication Service): प्रत्येक सूचना केन्द्र कुछ ऐसे प्रकाशन भी प्रकाशित करते हैं जिनमें उपभोक्ताओं की माँग से सम्बन्धित या सूचना केन्द्र से सम्बन्धित सूचनाएं होती हैं।

6. प्रमुख सूचना केन्द्र (Important Information Centre):

राष्ट्रीय स्तर के सूचना केन्द्र (National Level Information Centre)

(a) **NISCAIR:** इसकी स्थापना 1952 में CSIR द्वारा UNESCO की सहायता से की गयी। यह अपनी सेवाएं वैज्ञानिकों, तकनीशियनों को प्रदान करते हैं। NISCAIR के निम्नलिखित कार्य हैं:-

(i) प्रलेखन सेवा (Documentation Service)

(ii) राष्ट्रीय विज्ञान ग्रंथालय संग्रह (Material of National Science Library)

(iii) ग्रंथालय में उपलब्ध प्रलेखों सम्बन्धी सेवा (Document Based Service)

(iv) कम्प्यूटर पर आधारित सूचना का सृजन करना (Computer Based Information Generation)

(v) विज्ञान एवं तकनीक सम्बन्धी सूचनाओं का प्रकीर्णन एवं संगठन करना (Dissemination of Information in Science and Technology)

(vi) अनुवाद सेवा (Translation Service)

(vii) नेटवर्क के माध्यम से सेवाएं प्रदान करना (Provide Service through Network)

(viii) नेटवर्क से अपनी सेवाएं जोड़ना (Connecting Service with Network)

(ix) ग्रंथालयों के कम्प्यूटरीकरण में सहायता करना (Promote Computerisation of Libraries)

(x) रिप्रोग्राफी सेवाएं (Reprography Services)

NISCAIR के निम्न प्रकाशन हैं:

(i) भारतीय उद्धरण सूची (Indian Citation Index)

(ii) निस्केअर बुलेटिन (NISCAIR Bulletin): NISCAIR नये पैराग्राफ द्वारा तीन क्षेत्रीय सूचना केन्द्र स्थापित किये गये हैं जो कोलकाता, चेन्नई तथा बंगलौर में स्थित हैं।

(b) **राष्ट्रीय समाज विज्ञान प्रलेखन केन्द्र (National Social Science Documentation Centre):** इसकी स्थापना 1970 में की गई। यह ICSSR के आधीन कार्य करता है। इसका मुख्य उद्देश्य भारत में समाज वैज्ञानिकों को सूचनाएं प्रदान करना है। इसके द्वारा निम्न कार्य किए जाते हैं:–

(i) उपभोक्ताओं की माँग पर यह सम्बन्धित साहित्य को खोज करता है।

(ii) यह अन्तर-ग्रंथालय सेवा प्रदान करता है।

(iii) यह सीरियलों (Serials) के संग्रह केन्द्र के रूप में कार्य करता है।

(iv) यह शोध-पत्रों (Thesis) तथा रिपोर्टों का भी संग्रह करता है।

(v) आवश्यकता पड़ने पर यह परामर्श सेवा प्रदान करता है।

(vi) इसके द्वारा प्रशिक्षण कोर्स का भी आयोजन किया जाता है।

(vii) इसके द्वारा प्रलेखन सेवाएं दी जाती हैं।

(viii) यहाँ संदर्भ ग्रंथ सूची (Bibliographical) सेवा का भी प्रावधान है।

(ix) इसके द्वारा संघीय सूची (Union List) तथा सूची (Catalogue) भी तैयार किया जाता है।

(x) इसके माध्यम से एशिया महाद्वीप में उपभोक्ताओं की माँग पर नेटवर्क (Network) सेवा भी प्रदान की जाती है। इस सूचना नेटवर्क को APINESS के नाम से जाना जाता है।

(c) **DESIDOC (Defence Scientific Information Documentation Centre):** इसकी स्थापना 1958 में की गयी थी। यह DRDO के अधीन कार्य करता है। 1967 में ये स्वतंत्र संस्था घोषित की गयी। इसके निम्न कार्य हैं:–

(i) यह विभिन्न स्रोतों से सम्बन्धित वैज्ञानिक एवं तकनीकी सूचना संग्रह केन्द्र के रूप में कार्य करता है।

(ii) यह सूचना प्रक्रिया तथा विखण्डन का कार्य करती है। यह उपभोक्ताओं को सूचना प्रदान करती है। इसके अन्तर्गत एक रक्षा ग्रंथालय (Defence Library) कार्यरत है।

(iii) रक्षा के क्षेत्र में यह अनेक कार्य करती है। इसमें इंडैक्सिंग एवं सार-सूची प्रमुख कार्य हैं।

(d) **कृषि शोध सूचना केन्द्र** (ARIC—Agriculture Research **Information Centre, New Delhi**): इसकी स्थापना ICAR के द्वारा 1951 में की गयी थी। इसके द्वारा निम्न कार्य किए जाते हैं:–

(i) कृषि से सम्बन्धित महत्वपूर्ण शोध कार्यों में सहयोग करता है।

(ii) इसके द्वारा कम्प्यूटर के माध्यम से सूचना सेवा उपलब्ध करायी जाती है।

(iii) यह सूचना प्रकीर्णन का कार्य करता है।

(iv) इसके द्वारा ARIC नाम से पत्रिका निकाली जाती है।

(v) यह Reprographic Services प्रदान करता है।

(vi) यह राष्ट्रीय एवं अन्तर्राष्ट्रीय स्तर पर सूचना नेटवर्क से जुड़ा हुआ है जिसके माध्यम से यह उपभोक्ताओं को सेवाएं प्रदान करता है।

(e) **लघु उद्योग राष्ट्रीय प्रलेखन केन्द्र** (SENDOC—Small **Enterprises National Document Centre**): इसकी स्थापना 1971 में की गयी। यह SIETI (Small Industry Extension Training Institute) के अधीनस्थ निकाय है। इसके द्वारा निम्न सेवाएं प्रदान की जाती हैं:–

(i) यह लघु उद्योगों को राष्ट्रीय स्तर की सूचना सेवाएं प्रदान करता है।

(ii) यह SDI (Selective Dissemination Services) सेवाएं प्रदान करता है।

(iii) इसके द्वारा तकनीकी समस्याओं से सम्बन्धित उपभोक्ताओं के प्रश्नों का उत्तर दिया जाता है।

(iv) पाठकों की माँग पर यह साहित्य की खोज करता है।

(v) फोटोस्टेट (Reprographic) सेवाएं प्रदान करता है।

(vi) यह अल्पकालीन प्रशिक्षण प्रोग्राम संचालित करता है।

(vii) यह सूचना का संग्रह एवं प्रकीर्णन करता है।

7. अंतर्राष्ट्रीय सूचना केन्द्र (International Information Centre):

(a) **NCSR (National Centre for Scientific Research, France):** राष्ट्रीय वैज्ञानिक अनुसंधान केन्द्र, फ्रांस की स्थापना National Centre for Scientific Technology Documentation Centre (NCSTDC) के द्वारा की गयी थी। यह निम्न सेवाएं प्रदान करता है:–

(i) यह वैज्ञानिक तथा तकनीकी सूचना सेवा प्रदान करता है।

(ii) इसके द्वारा इंडैक्स एवं सार सूची सेवा उपलब्ध करायी जाती है।
(iii) यह वैज्ञानिक शोध के निर्णय MARC रूप में संग्रहित करता है।
(iv) यह सूचना प्रकीर्णन का कार्य करता है।
(v) यह अंतर-ग्रंथालय ऋण सेवा प्रदान करता है।
(vi) यह अनुवाद सेवा उपलब्ध कराता है।
(vii) रिप्रोग्राफिक सेवा (Reprographic Service)
(viii) इसके द्वारा प्रलेख प्रदत्त सेवा प्रदान की जाती है। इसके द्वारा निम्न चार प्रकाशन किये जाते हैं:–

(1) Pascal (3) Thema
(2) Sigma (4) Folio

(b) **VINITI – All Union Institute of Science and Technology Information Centre (Moscow, Russia):** इसके द्वारा निम्न कार्य किए जाते हैं:–

(i) यह सूचना का अधिग्रहण, विश्लेषण तथा अन्य प्रक्रियाएं करता है जिसमें कम्प्यूटर की सहायता ली जाती है।
(ii) यह राष्ट्रीय तथा अन्तर्राष्ट्रीय स्तर पर विज्ञान और तकनीकी साहित्य का संग्रह करता है।
(iii) यह विभिन्न प्रकाशनों के माध्यम से सूचना सेवा प्रदान करता है।
(iv) इसके द्वारा विशिष्ट विषयों पर शोध कार्य करने वाले शोधार्थियों की सहायता की जाती है।
(v) यह परामर्श सेवाएं प्रदान करता है।
(vi) इसके द्वारा प्रसिद्ध पत्रिका *Referativini Zhurnal* का प्रकाशन किया जाता है।

(c) **सूचना केन्द्र, लंदन** (UK): यह इंग्लैंड का सार्वजनिक सूचना केन्द्र है। इसकी स्थापना 1951 में की गयी। यह एक महत्वपूर्ण सूचना केन्द्र है जो विश्व के सभी नेटवर्कों से जुड़ा हुआ है। यह समाज विज्ञान के क्षेत्र में उल्लेखनीय कार्य कर रहा है। यह एक प्रभुत्व डाटा केन्द्र है जिसके द्वारा सूचना का चयन, संग्रह, अधिग्रहण, विखण्डन तथा प्रकीर्णन किया जाता है। इसके द्वारा *Information* नामक पत्रिका प्रकाशित की जाती है।

उपरोक्त सूचना केन्द्रों के अतिरिक्त तीन और महत्वपूर्ण सूचना केन्द्र हैं जो निम्न हैं:–

CIID – Central Institute of Information and Documentation (Germany).

PASTIC – Pakistan Scientific and Technology Information Centre.

BANSDOC – Bangladesh National Science and Technology Documentation Centre.

संक्षिप्त प्रश्न (Short Questions)

(1) सूचना केन्द्रों की उत्पत्ति एवं विकास का संक्षेप में वर्णन कीजिए।
(2) सूचना केन्द्र कितने प्रकार के होते हैं?
(3) सूचना विश्लेषण किसे कहते हैं? इसके कार्यों का वर्णन कीजिए।
(4) संदर्भित केन्द्र तथा स्पष्टीकरण केन्द्र में क्या अन्तर है? स्पष्ट कीजिए।
(5) सूचना केन्द्र की परिभाषा लिखिए।
(6) ग्रंथालय और सूचना केन्द्र में अन्तर बताइये।
(7) सूचना केन्द्रों की आवश्यकता क्यों हुई? विवेचना कीजिए।
(8) सूचना केन्द्र की स्थापना के लिए कौन-कौन-सी तैयारी करनी पड़ती है? संक्षेप में बताइये।
(9) भारत के दो प्रमुख राष्ट्रीय प्रलेखन केन्द्रों के बारे में संक्षेप में लिखिये।

मुख्य शब्द (Key Words)

(1) Evolution – विकास के प्रादुर्भाव की प्रक्रिया।
(2) Information Broker – वह व्यक्ति या फर्म जो लाभ के उद्देश्य से उपलब्ध साधनों के माध्यम से उपभोक्ताओं की माँग पर उनके प्रश्नों का उत्तर उपलब्ध कराते हैं।
(3) Information Filter – सूचना साधनों तथा उपभोक्ताओं के बीच मध्यस्थता करने वाला।
(4) Information Manager Network – सूचना प्रबन्धकों के समूह का वह नेटवर्क जो विशिष्ट सूचनाएं उपलब्ध कराने के लिए उत्तरदायी होता है।
(5) Documentation Centre – वह संस्थान जो माँग के आधार पर सूचना स्रोतों का चयन, अधिग्रहण, संग्रहण तथा प्रकीर्णन करता है तथा उसके आधार पर सार-सूची तैयार करता है।

Short Form:

BRC	:	Bibliographic Retrieval Service.
CDRI	:	Central Drug Research Institute (Lucknow).
COSATI	:	Committee for Scientific Technical Information.
CSIR	:	Council of Scientific and Industrial Research.
DRDO	:	Department of Research and Development Organisation.
ISRO	:	Indian Space Research Organisation.
NASA	:	National Aeronautics Space Agency.

डाटा केन्द्र (Data Centre) 17

मनुष्य के जीवन में डाटा संग्रह का विशेष महत्व है। विषय विशेष के अध्ययन एवं शोध कार्यों के लिए डाटा तैयार किये जाते हैं। सामान्य रूप से डाटा शब्द को सूचना के समान माना जाता है लेकिन उनमें अन्तर निहित है। डाटा सांख्य को कहते हैं जो तथ्य को स्पष्ट करते हैं।

उदाहरणार्थः 15 एक नम्बर है लेकिन यदि अंक 15 में वर्ष जोड़ दिया जाता है तो वह डाटा बन जाता है। इसका परिस्थितियों तथा विवरण के अनुसार प्रयोग किया जाता है। अतः डाटा शब्द तथ्य, सांख्यिकी, सूचना अथवा तथ्यों के समूह को कहते हैं। इस प्रकार डाटा सूचना एक असंगठित भाग है।

1. डाटा की विशेषताएं (Characteristics of Data): S.N. Rao के अनुसार "डाटा" सम्पूर्ण भूमण्डल का विश्व रूप दर्शन है। इसकी विशेषताएं निम्न हैं:–

(a) इसका समान महत्व रहता है।

(b) यह किसी घटना का पहला रिकार्ड होता है।

(c) डाटा गतिशील तथा परिवर्तनशील होता है।

(d) इसमें स्थान के अनुसार अन्तर होता है।

2. डाटा संकलन, प्रकीर्णन एवं मूल्यांकन (Data Compilation, Retrieval and Evaluation):

(a) डाटा की उत्पत्ति (Data Generation): डाटा की उत्पत्ति निम्न आधार पर होती है:–

(i) जाँच

(ii) पर्यवेक्षण

(iii) निरीक्षण

(iv) प्रयोग

(v) उपलब्ध डाटा का विश्लेषण

डाटा की उत्पत्ति कभी प्राकृतिक साधनों के आधार पर तथा कभी कृत्रिम साधनों के आधार पर होती है। डाटा उत्पत्ति की प्रक्रिया निरन्तर चलती रहती है।

(b) डाटा संकलन (Compilation of Data): उत्पत्ति के पश्चात् डाटा (Data) का गुणवत्ता के आधार पर संकलन किया जाता है। इसमें तीन कार्य महत्वपूर्ण हैं:–

(i) डाटा का संग्रह (Collection of Data)

(ii) डाटा का संशोधन (Amendment of Data)

(iii) डाटा का वर्ग विभाजन (Classification of Data)

इनके आधार पर पाठकों की मांग के अनुरूप तथ्यों का चयन किया जाता है और इसके पश्चात् उनका वर्ग निर्धारण किया जाता है। इस प्रकार किए गए विशिष्ट वर्गों का निर्धारण निम्न है:–

(1) डाटा के बीच सम्बन्ध (Relation between Data)

(2) डाटा का व्यवस्था (Arrangement of Data)

(3) डाटा का प्रयोग और प्रस्तुतीकरण (Use and Presentation of Data)

3. डाटा केन्द्र (Data Centre): डाटा केन्द्र (Data Centre) वह प्रणाली है जो उपभोक्ताओं को माँग के अनुसार डाटा उपलब्ध कराती है। डाटा केन्द्र द्वारा मुख्य रूप से तीन सेवाएं प्रदान की जाती हैं:–

(a) डाटा संकलन सेवा (Data Compilation Service)

(b) डाटा मूल्यांकन सेवा (Data Evaluation Service)

(c) डाटा प्रकीर्णन सेवा (Data Retrieval Service)

डाटा केन्द्र तथा डाटा बैंक (Data Centre and Data Bank): डाटा केन्द्र तथा डाटा बैंक दोनों एक दूसरे के पर्याय हैं। इनमें निम्न अन्तर हैं:–

(i) इनके विषय भिन्न-भिन्न होते हैं। विभिन्न विषयों के अनुसार डाटा में अन्तर होता है।

(ii) डाटा केन्द्र केवल संख्यात्मक (Numericals) डाटा का प्रयोग करते हैं जिसका सम्बन्ध विशेष रूप से विज्ञान (Science) तथा प्रौद्योगिकी (Technology) से होता। लेकिन डाटा बैंक (Data Bank) सभी प्रकार के डाटा का संग्रह करते हैं। जैसे:–प्रशासन, सांख्यिकी अर्थशास्त्र, जनसंख्या, प्रबन्ध आदि।

(iii) डाटा केन्द्र स्वयं ही डाटा का निर्धारण करते हैं लेकिन डाटा बैंकों द्वारा निर्धारण का कार्य नहीं किया जाता बल्कि डाटा संग्रह का कार्य किया है।

(iv) डाटा केन्द्र स्वयं किसी विशेष विषय से सम्बन्धित डाटा का संग्रह करते हैं लेकिन डाटा बैंक किसी विषय विशेष तक सीमित न होकर सभी विषयों के डाटा का संग्रह करते हैं।

4. डाटा केन्द्र का ढाँचा (Structure of Data Centre): डाटा केन्द्र (Data Centre) को तीन श्रेणियों में विभक्त किया जा सकता है:–

(a) वे डाटा केन्द्र जो डाटा संग्रह केन्द्र स्थापित करके डाटा-आधार (Database) तैयार करते हैं।

(b) दूसरी श्रेणी में वे डाटा स्रोत (Data Source) आते हैं जो प्रतिक्षण डाटा को संग्रह करने में सहायक होते हैं।

(c) तीसरी श्रेणी उपभोक्ताओं की है जो अपनी आवश्यकताओं के अनुसार सूचनाएं प्राप्त करने के लिए डाटा-आधार (Database) के सम्पर्क में रहते हैं।

5. डाटा केन्द्र का संगठन (Organisation of Data Centre): इसके लिए निम्न बातें आवश्यक हैं:–

(a) डाटा के स्रोत, जिनके आधार पर डाटा का चयन किया जाता है।

(b) प्रलेख (Documents) जिनमें निहित होते हैं।

(c) आन्तरिक संगठन।

(d) उपकरण जिनकी सहायता से उपभोक्ताओं को सेवा उपलब्ध करायी जा सकती है।

(e) डाटा का महत्व (Significance of Data)।

(f) कम्प्यूटर सेवाओं की उपलब्धता (Availability of Computer Services)।

(g) उपकरण सम्बन्धी अन्य सुविधा (Other Instrumental Facilities)।

डाटा केन्द्र का संगठन
(Organisation of Data Centre)

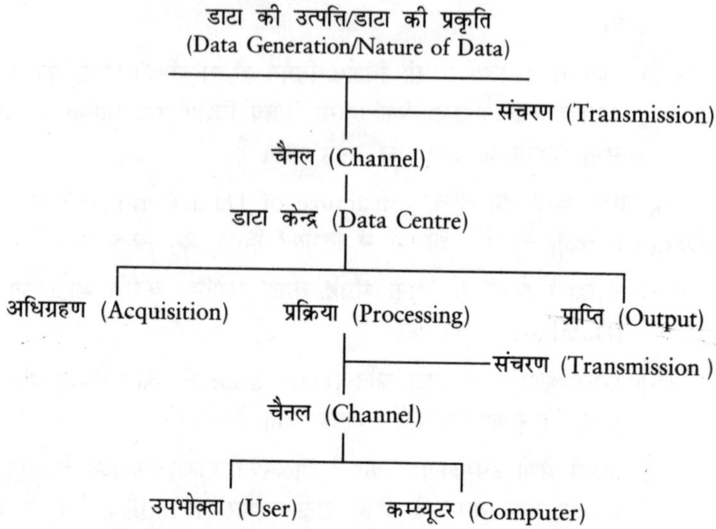

6. डाटा केन्द्र के कार्य (Functions of Data Centre): डाटा केन्द्र के निम्नलिखित कार्य हैं:–

(a) डाटा संग्रह (Data Collection)
(b) डाटा नियंत्रण (Data Control)
(c) डाटा का अंकन (Data Coding)
(d) डाटा संगठन (Data Organisation)
(e) डाटा विखंडन (Data Dissemination)
(f) उपभोक्ताओं के प्रश्नों का उत्तर देना (Solve the Quaries of the Users)
(g) संश्लेषित डाटा उपलब्ध कराना (Supply the Synthesised Data)।

7. डाटा केन्द्र के प्रकार (Types of Data Centre): डाटा केन्द्र निम्न प्रकार के होते हैं:–

(a) डाटा मूल्यांकन केन्द्र (DEC – Data Evaluation Centre): डाटा मूल्यांकन केन्द्र वह संगठन है जो एक जटिल डाटा प्रणाली की उत्पत्ति करता है। यह केन्द्र क्षेत्र विशेष से सम्बन्धित डाटा का संकलन और मूल्यांकन करता है। विश्व में डाटा मूल्यांकन केन्द्रों की संख्या बहुत कम है।

(b) डाटा संदर्भित केन्द्र (DRC – Data Referral Centre): ये केन्द्र विश्व स्तर पर डाटा की उत्पत्ति एवं संकलन के आधार पर सूचना एकत्रित करते हैं, सूचना का चयन करते हैं। इनके द्वारा समस्त सूचना की एक फाइल (File) तैयार की जाती है जिसमें डाटा का सम्पूर्ण विवरण और विषय सूची दी होती है जिसे आवश्यकता पड़ने पर उस डाटा को उपलब्ध कराया जा सके। दूसरे शब्दों में ये उपभोक्ताओं को डाटा सम्बन्धी सम्पूर्ण सूचनाओं के विषय में निर्देश देते हैं।

उपरोक्त तीनों डाटा केन्द्र (DEC, DDC, DRC) पारस्परिक रूप से सहयोग करते हैं। डाटा मूल्यांकन केन्द्र तथा डाटा विखंडन केन्द्र अधिक नजदीक हैं।

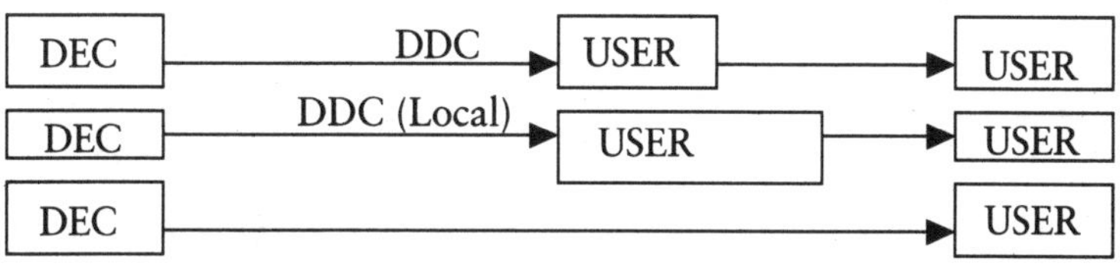

(c) डाटा विखंडन केन्द्र (DDC – Data Dissemination Centre): डाटा विखंडन केन्द्र की स्थापना स्थानीय स्तर पर की जाती है। ऐसे डाटा विखंडन केन्द्र प्रत्येक देश में एक या दो होते हैं। कुछ देशों में डाटा विखंडन केन्द्र डाटा मूल्यांकन केन्द्र की एक यूनिट या एक शाखा के रूप में कार्य करते हैं। उपभोक्ता स्थानीय डाटा विखंडन केन्द्र के माध्यम से डाटा मूल्यांकन केन्द्र DEC में उपलबध डाटा प्राप्त करता है।

डाटा विखंडन केन्द्र (DDC) द्वारा सम्पूर्ण विषय के डाटा का विखंडन किया जाता है। जैसे:–फिजिक्स, रसायन तथा जीव-विज्ञान आदि। प्रत्येक देश में डाटा विखंडन केन्द्र की स्थापना होनी चाहिए जिससे उपभोक्ता इनके माध्यम से वांछित सूचनाएं प्राप्त कर सकें।

डाटा विखंडन केन्द्र के कार्य (Functions of DDC): डाटा विखंडन केन्द्र के निम्नलिखित कार्य हैं:–

(1) ये डाटा मूल्यांकन केन्द्र मूल्यांकन किये हुए डाटा का विखंडन करते हैं।

(2) ये डाटा सेवा देने के लिए मशीन पढ़ने योग्य (Readable) डाटा पद्धति अपनाते हैं।

(3) ये डाटा की खोज में उपभोक्ता की सहायता करते हैं।

(4) ये उपभोक्ता को उसके शोध यूनिट में प्रतिदिन होने वाले परिवर्तनों की जानकारी देते हैं।

डाटा मूल्यांकन केन्द्र तथा डाटा विखंडन केन्द्र का संगठनात्मक ढाँचा
[Organisational Structure of DEC and DDC (Local)]

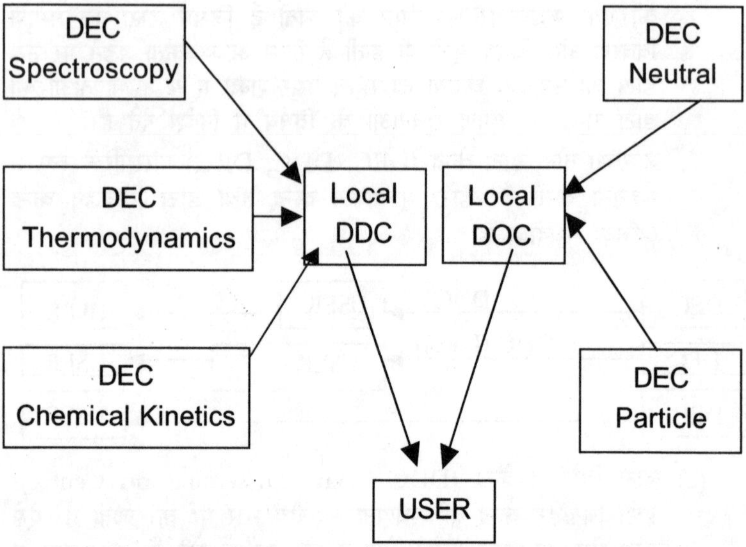

(5) ये उपभोक्ता की माँग पर उसके शोध कार्यों में भी सहायता करते हैं।

(6) इनके द्वारा समय-समय पर डाटा का प्रकाशन भी किया जाता है।

(7) ये अपने क्षेत्र में ऑनलाइन सेवा (Online Service) प्रदान करते हैं।

(8) ये शोधकर्ताओं के समय की बचत करते हैं।

(d) अंतर्राष्ट्रीय डाटा विखंडन केन्द्र (International Data Dissemination Centre – IDDC): डाटा विखंडन केन्द्र क्षेत्र विशेष का अथवा सम्पूर्ण विश्व का हो सकता है लेकिन ये डाटा मूल्यांकन केन्द्र के रूप में कार्य करेगा। विश्व डाटा विखंडन केन्द्र (Global DDC) किसी विषय या विषय की विशिष्टता सम्बन्धी छोटे विषय से सम्बन्धित हो सकता है और पाठकों को उस विशेष विषय से सम्बन्धित सूचनाएं मिलती रहती हैं। विश्व डाटा विखंडन केन्द्र, स्थानीय विखंडन केन्द्र से जुड़े होते हैं।

अन्तर्राष्ट्रीय डाटा विखंडन केन्द्र के कार्य (Functions of IDDC Global): अन्तर्राष्ट्रीय डाटा विखंडन केन्द्र के निम्न कार्य हैं:–

(1) यह विषय विशेष सम्बन्धी डाटा तैयार करते हैं।

(2) यह सम्पूर्ण डाटा का डाटा मूल्यांकन केन्द्र (DEC) की सहायता से संग्रह करते हैं।

(3) यह नेटवर्क (Network) के माध्यम से स्थानीय डाटा विखंडन केन्द्र (DDC) के साथ सूचना का आदान-प्रदान करते हैं।

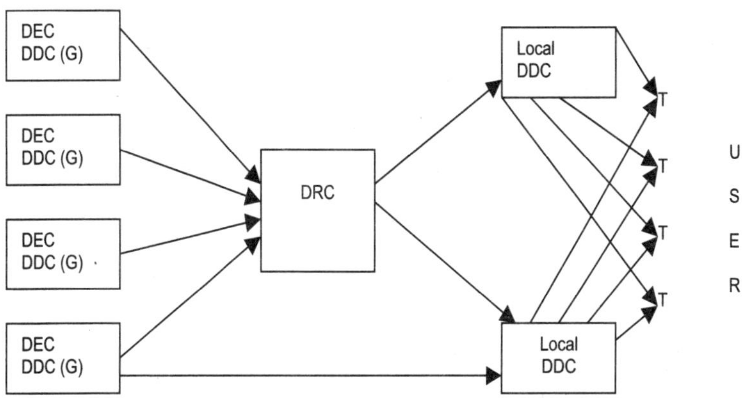

T = Terminal

(4) यह डाटा सन्दर्भित केन्द्र को भी आवश्यक सूचनाएं प्रदान करते हैं।

(e) डाटा संदर्भित केन्द्र के कार्य (Functions of DRC):

(1) ये उपभोक्ताओं को उपयुक्त स्रोत के विषय में जानकारी उपलब्ध कराते हैं कि अमुक सूचना कहाँ से प्राप्त की जा सकती है अर्थात् उपभोक्ता को आवश्यक डाटा कहाँ से प्राप्त हो सकता है।

(2) ये डाटा से सम्बन्धित फाइल (File) तैयार करते हैं जिसके साथ-साथ विषय सूची (Subject Index) भी तैयार करते हैं जिससे उपभोक्ता डाटा प्राप्त कर सकें।

(3) ये डाटा उत्पत्ति, डाटा संकलन तथा डाटा मूल्यांकन से सम्बन्धित स्रोतों की सम्पूर्ण सूचनाएं विश्व स्तर पर संग्रह करते हैं। इसके लिए इनके द्वारा डायरेक्टरी, विषय-सूची, सूची, डिस्क, सी.डी. रोम का प्रयोग किया जाता है।

(f) DEC, DDC और DRC में अन्तर (Difference between DEC, DDC and DRC): इन तीनों डाटा केन्द्रों में व्यापक भिन्नता पायी जाती है जो निम्न है:–

डाटा मूल्यांकन केन्द्र (DEC)	डाटा विखंडन केन्द्र (DDC)	डाटा संदर्भित केन्द्र (DRC)
1. इसके द्वारा डाटा का संकलन तथा मूल्यांकन किया जाता है।	1. यह वैज्ञानिकों को विज्ञान सम्बन्धी डाटा उपलब्ध कराने में सहयोग करते हैं।	1. यह डाटा उत्पत्ति, संकलन और मूल्यांकन सम्बन्धी सूचना विश्व स्तर पर संग्रह करते हैं।
2. इसके द्वारा डाटा संदर्भित केन्द्र को उपयुक्त सूचनाएं प्रदान की जाती हैं।	2. ये डाटा के विखंडन का कार्य करते हैं जिसे डाटा विखंडन सेवा भी कहते हैं।	2. यह विभिन्न प्रकार के डाटा से सम्बन्धित सम्पूर्ण फाइलें तैयार करते हैं जिसमें विषय सूची (Sub-Index) दी होती है। इसकी सहायता से सूचनाओं को ढूँढा जा सकता है।
3. ये उपभोक्ता सेवा स्थानीय डाटा विखंडन केन्द्र के द्वारा या प्रत्यक्ष रूप में प्रदान करते हैं।	3. ये अन्तर्राष्ट्रीय डाटा संदर्भित केन्द्र की सहायता से स्थानीय उपभोक्ताओं को सन्दर्भित सेवाएं भी प्रदान करते हैं।	3. ये उन उपयुक्त स्रोतों के विषय में दिशा निर्देश प्रदान करते हैं जिनकी सहायता से वांछित सूचनाएं खोजी जा सकती हैं।
4. विश्व स्तर पर प्रत्येक विषय क्षेत्र के लिए एक डाटा मूल्यांकन केन्द्र (DEC) है जिसमें डाटा विखंडन केन्द्रों के पारस्परिक सहयोग का महत्वपूर्ण योगदान होता है।	4. डाटा विखंडन केन्द्र विषय विशेष के सम्बन्ध में क्षेत्रीय आधार पर भी स्थापित किया जा सकता है।	4. संदर्भित केन्द्र सम्पूर्ण विश्व के लिए तथा सभी विषयों के लिए डाटा उपलब्ध कराने का केन्द्र हो सकता है।

को-डाटा (Co-Data) 18

उद्भव एवं विकास (Origin and Development): सर्वप्रथम अमेरिका में Critical Tables Office द्वारा "International Critical Tables of Numericals Data of Physics, Chemistry and Technology" नामक पुस्तक का प्रकाशन किया गया।

यह पुस्तक 8 भागों में प्रकाशित हुई। Critical Tables Office की स्थापना अमेरिका की राष्ट्रीय विज्ञान अकादमी (National Academy of Science) द्वारा 1957 में किया गया। इसका मुख्य कार्य डाटा को अद्यतन (up-to-date) करना अथवा संशोधित करना है। संशोधन वार्षिक पत्रिका "Kay and Laby Tables" में प्रकाशित होते रहते हैं। अमेरिका में दूसरे प्रयास के रूप में "National Standard Reference Data System" (NSRD) की स्थापना 1963 में की गई। डाटा सम्बन्धी कार्य दूसरे देशों में भी प्रारम्भ हुए। जैसे:–इंग्लैंड, जापान, रूस, फ्रांस तथा जर्मनी। इन राष्ट्रों में एक केन्द्रीय एजेन्सी स्थापित की गयी जो दूसरे देशों के साथ समन्वय करती है।

को-डाटा (Co-Data) एक अन्तर्राष्ट्रीय समिति है जिसकी स्थापना 1966 में की गई। इसका क्षेत्र विज्ञान और प्रौद्योगिकी (Science and Technology) तक सीमित था। यह कमेटी इंटरनेशनल काउंसिल ऑफ साइंस यूनियन (ICSU–International Council of Science Union) के अधिकार क्षेत्र में कार्य करती है। यह एक अशासकीय समिति है। इसका प्रकाशन कार्य वैज्ञानिकों द्वारा किया जाता है।

इसमें दो प्रकार के सदस्य होते हैं:

1. वे वैज्ञानिक जो शोध कार्य से जुड़े हैं।
2. राष्ट्रीय संस्थाओं से सम्बन्धित वैज्ञानिक।

जो देश को-डाटा (Co-Data) के सदस्य हैं उन देशों में एक समिति (Committee) गठित की गयी है जो को-डाटा (Co-Data) के सहयोग से

डाटा संकलन तथा विखंडन एवं विकास सम्बन्धी कार्य करती है। भारत में NISCAIR के अन्तर्गत को-डाटा (Co-Data) समिति कार्य कर रही है।

1. को-डाटा के द्वारा डाटा संकलन (Data Compilation Activities of Co-Data): को-डाटा (Co-Data) के द्वारा निम्नलिखित डाटा का संकलन किया जाता है:–

(a) समय के अनुसार पूर्व में तथा समय पर आधारित डाटाः
   (i) वे डाटा जिनका समय से पूर्व भी मूल्यांकन किया जा सकता है।
   (ii) वे डाटा जिनका केवल एक बार मूल्यांकन किया जा सकता है।
   (iii) स्वतंत्र स्थान तथा निश्चित स्थान से सम्बन्धित डाटा।

(b) सृजित किये हुए प्राथमिक (Primary) डाटाः
   (i) एक विशेष संख्या के मूल्यांकन सम्बन्धी डाटा जिनका मूल्यांकन, अनुभव, अवलोकन के आधार पर किया गया है।
   (ii) असंख्य प्राथमिक डाटा के मिश्रण के आधार पर सृजित डाटा।
   (iii) गणना के आधार पर सृजित डाटा।

(c) निर्धारित किया जाने वाला डाटा अर्थात् वे डाटा जिनका निर्धारण किया जा सकता है।

(d) संख्या एवं गुणवत्ता के आधार पर डाटा।

(e) मॉडल, ग्राफ तथा सांख्यिकीय विशेषताओं से सम्बन्धित डाटा।

2. को-डाटा के कार्य (Functions of Co-Data): को-डाटा के निम्न कार्य हैं:–

(a) जिन देशों में इनकी शाखाएं हैं वहाँ विषय से सम्बन्धित संख्यात्मक (Numerical) डाटा का संकलन एवं मूल्यांकन का कार्य निरन्तर चलता रहना चाहिए।

(b) को-डाटा (Co-Data) 36 देशों में 150 प्रोजेक्ट पर काम कर रही है।

(c) इसके द्वारा सभी देशों के केन्द्र का समय-समय पर निरीक्षण किया जाता है तथा नये डाटा का सम्पूर्ण विवरण International Compendium of Numericals Data Project नामक पत्रिका में प्रकाशित होता रहता है।

(d) यह विभिन्न देशों के बीच प्रभावशाली ढंग से समन्वय स्थापित करती है।

(e) आवश्यकता पड़ने पर इसके द्वारा डाटा डुप्लीकेशन (Duplication) का तथा नये डाटा का संकलन प्रोग्राम तैयार किया जाता।

(f) यह शासकीय तथा अशासकीय दोनों प्रकार की एजेन्सी या संस्था की आवश्यकताओं की पूर्ति के लिए उन्हें सम्पूर्ण सहयोग देती है।

(g) यह मानक अंकन के प्रयोग के लिए प्रोत्साहित करती है।

(h) यह उच्च गुणवत्ता वाले डाटा के संकलन और वितरण के कार्य में सहयोग प्रदान करती है। ये कार्य निम्न हैं:

(i) गुणवत्ता वाले डाटा का निर्धारण करना।

(ii) डाटा का वितरण करना।

(iii) संकलन कार्य से सम्बन्धित निर्देश देना तथा सूची तैयार करना।

(iv) शोध सम्बन्धी प्रणालियों में संशोधन तथा उनसे सम्बन्धित डाटा संकलन और इनके माध्यम से शोध कार्यों को प्रोत्साहित करना।

(v) को-डाटा (Co-Data) डाटा केन्द्रों के माध्यम से कार्य करती है। ये हैं–DEC, DDC और DRC.

3. को-डाटा प्रकाशन (Co-Data Publication): को-डाटा (Co-Data) समय-समय पर डाटा के प्रयोग तथा डाटा के विकास से सम्बन्धित सेमिनार (Seminar) आयोजित करता है। इसके अतिरिक्त यह अपने प्रकाशनों के माध्यम से भी सूचनाएं उपलब्ध कराता है। इसके प्रकाशन निम्न हैं:–

(a) को-डाटा समाचार पत्र (Co-Data Newspaper) – इसमें नये संकलन से सम्बन्धित सूचनाएं प्रकाशित होती रहती हैं।

(b) को-डाटा बुलेटिन (Co-Data Bulletin)

(c) को-डाटा निदेशिका (Co-Data Directory)

(d) को-डाटा संदर्भित डाटा आधार (Co-Data Referral Database)

4. भारत में डाटा केन्द्र (Data Centres in India): NISCAIR को-डाटा (Co-Data) के सहयोग से डाटा विखंडन का कार्य करता है तथा ये अनेक प्रकाशनों के माध्यम से सम्पूर्ण भारत के शोधकर्ताओं तथा वैज्ञानिकों को डाटा उपलब्ध कराने में सहयोग करता है।

डाटा संग्रह (Data Collection): निम्नलिखित संगठन तथा सूचना केन्द्र डाटा संग्रह के कार्य में संलग्न हैं। इनका विवरण इस प्रकार है:–

(i) BARC– Bhabha Atomic Research Centre.

(ii) IARI – Indian Agriculture Research Institute, New Delhi.

(iii) DESIDOC – Defence Scientific Information and Documentation Centre.

(iv) NML -- National Medical Library, New Delhi.

(v) Me'.orological Department.

(vi) National Institute of Oceanography.

(vii) University of Madras – Crystallography.

(viii) Central Glass and Ceramic Research Institute, Kolkata.

(ix) Research Centre on Software or Bibliographic Centre.

(x) ITS – Indian Institute of Science—Thermophysical Properties.

संदर्भित केन्द्र (Referral Centre) 19

पिछले कई दशक से ग्रंथालय द्वारा सन्दर्भ सेवा प्रदान की जा रही है तथा उनमें संग्रहित प्रलेखों (Document Sources) के अधिकतम प्रयोग हेतु उपभोक्ताओं को प्रोत्साहित किया जा रहा है। ग्रंथालयों द्वारा उपलब्ध सीमित स्रोतों के माध्यम से अविलम्ब एवं विशिष्ट रूप में सन्दर्भ सेवा उपलब्ध करायी जाती है। वर्तमान वैज्ञानिक युग में जहाँ सूचना की माँग ही जाती है वहाँ सूचना केन्द्रों की सेवा अधिक महत्वपूर्ण है और वे उपभोक्ताओं को संदर्भित सेवा (Referral Service) प्रदान करते हैं। इस सेवा के अन्तर्गत उपभोक्ताओं को पाठ्य सामग्री को प्रत्यक्ष रूप से देखने के लिए निर्देश नहीं दिये जाते बल्कि उपभोक्ताओं को उसकी आवश्यक सूचना उपलब्ध कराने के लिए सूचना माध्यमों के लिए निर्देश दिये जाते हैं। इस सन्दर्भित सूचना के अन्तर्गत सूचना केन्द्र उपभोक्ताओं तथा समस्याओं से सम्बन्धित फाइल तैयार करते हैं जिनको प्रोफाइल कहते हैं।

सन्दर्भित केन्द्र किसी संगठन अथवा शोधकर्ता को उसकी सूचना एवं डाटा के लिए उन साधनों के प्रति निर्देशित करते हैं जो किसी ग्रंथालय में सूचना मूल्यांकन केन्द्रों में, प्रलेखन केन्द्रों में या किसी व्यक्ति के पास उपलब्ध हैं। संदर्भित केन्द्र डाटा या प्रलेख प्रदान नहीं करते। दूसरे शब्दों में, सन्दर्भित केन्द्र सूचना काउंटर (Counter) के समान होते हैं जिनके द्वारा समाज को उनकी वैज्ञानिक एवं तकनीकी समस्याओं या प्रश्नों से सम्बन्धित सूचना को प्राप्त करने के लिए उपभोक्ताओं को उचित निर्देश दिया जाता है।

अतः संदर्भित केन्द्र वह संगठन है जो प्रकाशनों, संस्थाओं तथा व्यक्तियों को उपलब्ध साधनों के बारे में निर्देशित करते हैं जिससे उपभोक्ताओं को उनके विषय से सम्बन्धित सूचनाएं प्राप्त हो सकती हैं।

1. आवश्यकता (Need): एक संगठन (Organisation) अथवा संस्थान (Institute) उपभोक्ताओं की बढ़ती हुई सूचना की आवश्यकताओं को पूर्ण नहीं कर सकती क्योंकि उपभोक्ता और सूचनाएं विभिन्न प्रकार की होती हैं। अतः सन्दर्भित केन्द्र सभी कार्यों को करने में सक्षम नहीं हैं। यहाँ तक कि कम्प्यूटर

प्रणाली तथा नेटवर्क प्रणाली को भी उपभोक्ताओं की समस्त माँग को पूरा करने में कठिनाइयों का सामना करना पड़ता है। परिणामस्वरूप सूचना के क्षेत्र में कार्यों को कई भागों में बांटा गया। सूचना प्रणाली में अन्य संस्थाओं के अलावा सन्दर्भित केन्द्र महत्वपूर्ण भूमिका निभा रहे हैं। सन्दर्भित केन्द्रों की आवश्यकता निम्न कारणों से महसूस हुई:–

(a) पाठकों की बढ़ती हुई संख्या।

(b) अल्प समय में सूचना प्रदान करना।

(c) सूचनाओं का मूल्यांकन करना।

(d) आधुनिकतम सूचनाएं उपलब्ध कराना।

(e) विशिष्ट एवं प्रशिक्षित सूचना विशेषज्ञों की उपयुक्त संख्या में उपलब्धता।

ये सभी कारण सन्दर्भित केन्द्रों की स्थापना के लिए महत्वपूर्ण हैं। इसके अलावा विषय विशेषज्ञों तथा तकनीकी व्यक्तियों की सेवा लेने की आवश्यकता प्रतीत हुई जिसके कारण सन्दर्भित केन्द्र का विकास अवश्यक समझा गया।

2. कार्य (Functions): सन्दर्भित केन्द्र मुख्य रूप से निम्न कार्य करते हैं:–

(a) किसी विषय विशेष से सम्बन्धित सूचना व डाटा स्रोतों से सम्बन्धित सम्पूर्ण विश्व सम्बन्धी सूचनाएं संग्रहित करना।

(b) किसी भी माध्यम से दी जाने वाली सेवाओं से सम्बन्धित सूचना या डाटा की सम्पूर्ण सूची (Inventory) तैयार करना।

(c) उपभोक्ता को उस उपयुक्त साधन के बारे में सूचना देना जिसके माध्यम से उपभोक्ताओं को सूचना प्राप्त हो सकती है।

(d) सन्दर्भित केन्द्रों का कार्य या उनकी भूमिका प्रश्नकर्ता और संगठन के बीच होता है जो किसी निश्चित विषय से सम्बन्धित जानकारी चाहते हैं।

(e) सन्दर्भित केन्द्र भौतिक विज्ञान, समाज विज्ञान और इन्जीनियरिंग से सम्बन्धित डायरेक्टरी (Directory) भी तैयार करते हैं।

ग्रंथालय एवं संदर्भित केन्द्र में भिन्नता
(Difference between Library and Referral Centre)

ग्रंथालय (Library)	संदर्भित केन्द्र (Referral Centre)
1. इसके द्वारा सूचना के साधन अर्थात् पाठ्य सामग्री प्रदान की जाती है।	1. ये सूचना साधन तथा पाठ्य सामग्री के बारे में सूचनाएं देते हैं।

क्रमशः

2. यह प्राथमिक, द्वितीयक एवं तृतीयक तीनों प्रकार के साहित्य का संग्रह करता है।	2. यह साहित्य तक पहुँचने के लिए मार्गदर्शक का कार्य करता है। जैसे:–Directory, Guide इत्यादि की सहायता से सेवा प्रदान देना।
3. यह सन्दर्भ सेवा प्रदान करता है।	3. ये केवल पूछताछ (Enquiry) सेवा प्रदान करती है।
4. यह ग्रंथालय सूची तैयार करते हैं।	4. यह सन्दर्भ प्रलेख या सामग्री की डायरेक्टरी (Directory) का प्रकाशन करते हैं।
5. ग्रंथालयों में पाठ्य सामग्री या प्रलेख का संग्रह आवश्यक है।	5. सन्दर्भित केन्द्रों के लिए पाठ्य सामग्री अर्थात् प्रलेख का संग्रह आवश्यक नहीं है।
6. ग्रंथालय में मानवीय कार्य अधिक किये जाते हैं तथा मानवीय आधार पर सामान्य रूप से सन्दर्भ सेवा दी जाती है।	6. संन्दर्भित केन्द्रों में मशीन या कम्प्यूटर के माध्यम से सेवा प्रदान की जाती है।

तकनीकी पूछताछ सेवा (Technical Enquiry Service) 20

ग्रंथालयों को मुख्य रूप से दो भागों में बाँटा जा सकता है:–

1. सामान्य ग्रंथालय
2. विशिष्ट ग्रंथालय

1. सामान्य ग्रंथालय – सामान्य ग्रंथालय सामान्य रूप से सामान्य उपभोक्ताओं की सेवा करते हैं जैसे:–विद्यार्थी, शिक्षक, शोधकर्ता तथा सामान्य पाठक।

2. विशिष्ट ग्रंथालय – विशिष्ट ग्रंथालयों द्वारा विशिष्ट पाठकों को सेवा उपलब्ध करायी जाती है। जैसे:–इंजीनियर, डाक्टर, वैज्ञानिक, विधिवेत्ता (वकील) आदि।

दोनों प्रकार के ग्रंथालयों में सन्दर्भ ग्रंथालयों को पाठक द्वारा पूछे गये प्रश्नों का सामना करना पड़ता है। प्रश्नों का उत्तर देने के लिए अनेक सूचना स्रोतों की सहायता ली जाती है। जैसे:–प्रलेख (Document), विभिन्न संस्थाएं, विषय विशेषज्ञ, उत्पादन इन्डैक्सिंग, सारसूची तथा प्रलेख सूची तथा डाटाबेस।

1. उद्देश्य (Objectives):

(a) पूछताछ (Enquiries) राष्ट्रीय विकास में सहायता करतीं हैं।

(b) इनके माध्यम से विशेषज्ञों को निर्देशित किया जाता है।

(c) यह किसी भी विकट समस्या या नुकसान से पहले सावधान कर देते हैं।

तकनीकी पूछताछ (Technical Enquiry) को इस प्रकार परिभाषित कर सकते हैं।

(a) पूछताछ (Enquiry) कला, विज्ञान तथा अन्य विषयों से सम्बन्धित होती है।

(b) पूछताछ (Enquiry) अर्थपूर्ण होती है और विशेष उपभोक्ताओं की आवश्यकताओं के अनुसार होती है।

(c) तकनीकी पूछताछ (Technical Enquiry) किसी न किसी रूप में उद्योग या विज्ञान से सम्बन्ध रखती है। अतः तकनीकी पूछताछ विशिष्ट, अर्थपूर्ण तथा विशेषज्ञों की आवश्यकतानुसार होती है जिनका सम्बन्ध व्यापार, कला, विज्ञान, व्यवसाय से होता है।

2. प्रकार (Types): तकनीकी पूछताछ निम्न प्रकार की होती हैं:–

(a) प्रबन्धन से सम्बन्धित (Related to Management): जैसे:– निर्णय लेना, नीति निर्धारण करना, संगठन, सामग्री, कर्मचारी तथा उनका चयन, सुविधाएं, पदोन्नति, कानून तथा नियम।

स्रोतः प्रबन्धन पुस्तिका तथा प्रबन्धन सूचना प्रणाली।

प्रणालीः विशेषज्ञ और विधि सलाहकार

(b) मशीनीकरण से सम्बन्धित (Related to Plants): जैसे:–स्थान का चयन, प्लांट का डिजाइन, प्लांट का आधुनिकीकरण, मशीनों को प्राप्त करना तथा उन्हें लगाना, प्रोजेक्ट का मूल्यांकन, निर्माण, रख-रखाव।

स्रोत (Source):

(i) सम्बन्धित क्षेत्रों के विशेषज्ञ

(ii) सम्बन्धित संस्थाएं जिससे सूचना मिल सके।

(c) अर्थशास्त्र से सम्बन्धित (Related to Economics):

(i) सरकार की आर्थिक नीति

(ii) संचार, यातायात तथा ऊर्जा के आन्तरिक ढाँचे से सम्बन्धित

(iii) आर्थिक, भूगोल, मौसम तथा प्राकृतिक संसाधन

(iv) लागत विश्लेषण।

स्रोत (Source): विभिन्न प्रकाशित स्रोत। जैसे:–Wealth of India.

(d) वित्त से सम्बन्धित (Related to Finance): यह निम्न विषयों से सम्बन्धित हो सकती है:

(i) पूँजी

(ii) शेयर

(iii) बैंक ऋण

(iv) लेखा-जोखा

स्रोत (Source): बैंक सम्बन्धी प्रलेख तथा विभिन्न एजेन्सियाँ।

(e) उत्पादन से सम्बन्धित (Related to Manufacture):

(i) लाइसेन्स सम्बन्धी

(ii) कच्चे माल सम्बन्धी

(iii) मशीनों से सम्बन्धित

(iv) निर्यात एवं आयात से सम्बन्धित

(v) मानक तथा पेटेंट

(vi) ट्रेड मार्क

स्रोत (Source):

(1) पेटेंट

(2) स्टैंडर्ड (Standard) आदि एजेन्सी के प्रलेख

(3) व्यापार डायरेक्टरी

(4) व्यापार पुस्तिका

(5) उत्पाद की डायरेक्टरी।

(f) उत्पाद से सम्बन्धित (Related to Product):

(i) प्रश्न

(ii) प्रमुख उत्पाद की विशेषताएं

(iii) उत्पाद से सम्बन्धित आयात के नियम एवं कानून

(iv) उत्पादकों की सूची, उत्पाद बेचने वाले तथा उनके पते

(v) उत्पादन सम्बन्धी आंकड़े

स्रोत (Source):

(1) व्यापार डायरेक्टरी

(2) व्यापार सूची

(3) उत्पाद विशेष से सम्बन्धित पुस्तिका।

(g) विपणन से सम्बन्धित (Related to Marketing):

(i) प्रश्न

(ii) माँग से सम्बन्धित

(iii) पूर्ति से सम्बन्धित

(iv) उपभोक्ता से सम्बन्धित

(v) आयात और निर्यात सम्बन्धी आंकड़े

(vi) निर्यात करने वाले व्यापारी

(vii) विज्ञापन सम्बन्धी सूचनाएं

स्रोत (Source):

(1) एजेन्सियाँ (Agencies)

(2) सूची और हस्तपुस्तिका (Catalogue and Handbook)

(3) मीडिया डायरेक्टरी (Media Directory)

(4) विशेषज्ञ (Expert)

(5) आर. एंड डी. संस्थान (R&D Institution)

3. ग्रंथालयों एवं विशेषज्ञों का योगदान: सामान्य पूछताछ के लिए आवश्यक है कि ग्रंथालयों तथा विशेषज्ञों को सभी स्रोतों की सम्पूर्ण जानकारी होनी चाहिए। उन्हें सूचना देने की तकनीक का भी ज्ञान होना चाहिए। ग्रंथालय एवं विशेषज्ञों के बीच समन्वय होना चाहिए क्योंकि उन्हें ग्रंथालीय स्रोतों की पूर्ण जानकारी होती है। इसके अतिरिक्त विशेषज्ञ बाजार सम्बन्धी दिन-प्रतिदिन के उतार-चढ़ाव की जानकारी रखते हैं।

4. खोज तकनीक (Search Technique): पूछताछ व्यक्तिगत रूप से भी की जा सकती है क्योंकि कम्प्यूटर प्रणाली से सभी सम्बन्धित डाटा की जानकारी प्राप्त नहीं हो पाती। लेकिन यदि पूछताछ से सम्बन्धित कम्प्यूटरीकृत डाटाबेस (Computerized Database) उपलब्ध हो तो भी प्राप्त किया जा सकता है। वो कम समय में ही सभी सूचनाएं प्रदान कर सकता है तथा प्रश्नों का उत्तर भी प्राप्त किया जा सकता है। जैसे:–भारत में NISSAT के पाँच Nissat Access Centre हैं जिन्हें अन्तर्राष्ट्रीय डाटा केन्द्र (International Data Centre) भी कहते हैं। वे सभी दिल्ली, कोलकाता, बंगलौर, पुणे और चेन्नई में स्थापित किये गये हैं।

5. प्रलेखीय संसाधन (Documentary Sources): सामान्य रूप से अधिकतर तकनीकी पूछताछ का उत्तर प्रलेख सम्बन्धी स्रोतों द्वारा ही दिया जाता है। मुख्य स्रोत निम्न हैं:–

(a) पेटेंट (Patent)

(b) मानक (Standard)

(c) व्यापार सूची (Trade Catalogue)

(d) विज्ञापन (Advertisement)

(e) निर्देशिका (Directory)

(g) हस्तपुस्तिका (Handbook)

(h) मानवीय डाटा आधार (Manual Database)

(i) सार-सूची तथा सूचीकरण सेवा (Abstracting and Indexing Service)

6. पेटेंट (Patent): पेटेंट से सम्बन्धित प्रश्न इस प्रकार के हो सकते हैं:–

(a) पेटेंट किस उत्पाद से सम्बन्धित है

(b) पेटेंट का पता

(c) पेटेंट की तिथि

(d) पेटेंट की कापी कहाँ से प्राप्त की जा सकती है

(e) पेटेन्ट तैयार करने वाले विशेषज्ञ तथा उनका पता।

7. साधन (Source):

(a) भारत का गजट (Gazette of India)

(b) अमेरिका का सरकारी गजट (Official Gazette of America)

(c) पेटेंट पत्रिका (Patent Journal)

(d) दिल्ली की टेलीफोन डायरेक्टरी (Delhi Telephone Directory)

(e) अन्तर्राष्ट्रीय पेटेंट प्रलेख केन्द्र, लन्दन (International Patent Documentation Centre, London)

(f) निस्केअर (NISCAIR—Database of Indian Patents)

(g) सीएसआईआर (CSIR)

8. मानक (Standard): अधिकतर उत्पादक अपने उत्पाद की ब्रिकी को बढ़ावा देने के लिए तथा उत्पाद की गुणवत्ता बनाने के लिए एक मानक निर्धारित करते हैं ताकि उनके उत्पाद के बारे में जनता का विश्वास बन सके।

सम्भावित प्रश्न:

(a) मानक की सूची

(b) विभिन्न उत्पादों के तत्वों में परिवर्तन

(c) विश्वसनीयता

(d) गुणवत्ता

(e) राष्ट्रीय एवं अन्तर्राष्ट्रीय व्यापार में उपयोगिता

स्रोत (Source): क्वीक इंडेक्स ऑफ इंटरनेशनल स्टैंडर्ड (Quick Index of International Standard) में 1983 में छपा। इसमें 7 हजार 600 मानकों के विवरण दर्ज हैं।

(a) ISO सूची, Handbook Guide

(b) ISO Net Guide, (Indian Standard Organisation)

(c) ISO बुलेटिन

(d) ISO Memento

विश्व में सामान्य रूप से सभी देशों में राष्ट्रीय मानक संस्थान होते हैं जिनके द्वारा मानक (Standard) स्थापित किये जाते हैं जैसे:–

(1) भारतीय मानक संस्थान (Bureau of Indian Standards—BIS)

(2) ब्रिटिश मानक संस्थान (British Standard Institute—BSI)

(3) DIN, Germany

(4) AFLOR, France

संस्थायें (Institutions):

(5) अमेरीकन प्राइवेट इंस्टीट्यूट ऑफ स्टैंडर्ड (American Private Institute of Standards)

(6) अमेरिकन सोसायटी ऑफ टेस्टिंग ऑफ मैटेरियल (ASTM—American Society of Testing of Material)

(7) अमेरीकन सोसायटी फॉर मैकेनिकल इंजीनियर (ASME—America Society for Mechanical Engineers)

(8) अमेरीकन नेशनल स्टैंडर्ड इंस्टीट्यूट (ANSI—American National Standard Institute)

(9) नेशनल ब्यूरो ऑफ स्टैंडर्ड आफ यू.एस.ए. (NBS—National Bureau of Standard of USA)।

9. भारत में BSI मानक (BSI Standard in India): BSI द्वारा मानक सम्बन्धी निम्नलिखित कार्य किये जाते हैं:–

(i) BSI प्रकाशन (Publication)

(ii) BSI मानक (Standard)

(iii) BSI वार्षिक रिपोर्ट (Annual Report)

(iv) पुस्तिका (Handbook)।

10. व्यापार सूची तथा निर्देशिका (Trade Catalogue and **Directory**): ग्रंथालय या सूचना केन्द्रों में पाठक सामान्य रूप से उपकरणों, उनके कल-पूर्जे (Part) तथा डिजाइन (Design) सम्बन्धी प्रश्न या जानकारी प्राप्त करना चाहते हैं जैसे:–

(i) बाजार में सबसे चलने वाला उत्पाद

(ii) सामग्री के व्यापारी

(iii) उत्पाद सम्बन्धी समस्याएं तथा एजेंट।

स्त्रोत (Source): व्यापार तथा उत्पादन से सम्बन्धित सभी सूचनाएं निम्नलिखित स्त्रोतों से प्राप्त की जा सकती हैं:–

(a) थॉरमस रजिस्टर (Thormas Register) सूची फाइल (Catalogue Files)

(b) विश्व नेटवर्क की व्यापार डायरेक्टरी (Trade Directory of the World Network)

(c) वर्तमान ब्रिटिश डायरेक्टरी (Current British Directories)

(d) गाइड टू अमेरीकन डायरेक्टरी (Guide to American Directory, New York)

(e) कोठारी इंडस्ट्रीयल डायरेक्टरी (Kothari Industrial Directory of India, Chennai 1992)

(f) ट्रेड मार्क, लन्दन (Trade Mark, London)

(g) ट्रेड मार्क रजिस्टर, यू.एस.ए. (Trade Mark Register, USA)

11. विज्ञापन (Advertisement): विभिन्न कम्पनी व्यापारिक संस्थान अपने उत्पाद की जानकारी के लिए विज्ञापन की सहायता लेते हैं। विज्ञापन सदैव समय-समय पर दिये जाते रहते हैं लेकिन विज्ञापन का विवरण भिन्न होता है।

विज्ञापन निम्न साधनों के माध्यम से दिये जाते हैं:–

स्त्रोत (Source):

(a) समाचारपत्र (Newspaper)

(b) पत्रिका (Periodical)

(c) पुस्तक (Book)

(d) रेडियो, टी.वी., दीवार पर लगाया जाने वाला पोस्टर, हैंडबिल (Radio/TV/Wall Posters/Hand Bill)

(e) पुस्तक सूची (Book List)

(f) सूची (Catalogue)

(g) गुब्बारे (Balloons)

(h) प्रकाश बोर्ड (Light Board)

12. हस्तपुस्तिका तथा नियमावली (Handbook and Manuals): हस्तपुस्तिका तथा नियमावली बहुत महत्वपूर्ण सन्दर्भ ग्रन्थ हैं। विशेषकर विज्ञान

एवं तकनीक के क्षेत्र में इंजीनियर, तकनीशियन और वैज्ञानिकों के प्रश्नों का उत्तर देने में इनका प्रयोग किया जाता है। ये निम्न हैं:–

स्रोत (Source): CRC Handbook of Chemistry and Physics—CRC ने छापी है (Florida, 1986)

(a) मैटेरियल हैंडबुक (Material Handbook – McGraw Hill, New York, 1985)

(b) इलेक्ट्रॉनिक इंजीनियर्स हैंडबुक (Electronic Engineers Handbook – McGraw Hill, 1982)

(c) हैंडबुक ऑफ मार्डन मार्केटिंग (Handbook of Modern Marketing – McGraw Hill, 1986).

13. सांख्यिकीय स्रोत (Statistical Source): ग्रंथालय में अनेक पाठक सांख्यिकी सम्बन्धी सूचनाएं प्राप्त करने के लिए आते हैं। सूचनाएं अधिकतर आयात-निर्यात सम्बन्धी आँकड़ों से सम्बन्धित होती हैं। जिनका उत्तर निम्नलिखित स्रोतों के माध्यम से दिया जाता है:

स्रोत (Source):

(a) स्टैटिस्टीकल ईयर बुक, न्युयार्क (Statistical Yearbook, New York)

(b) स्टेट्समैन ईयर बुक, लन्दन (Statesman's Yearbook, London, Macmillan)

(c) स्टैटिस्टीकल एबस्ट्रैक्ट, नई दिल्ली (वार्षिकी) (Statistical Abstract, New Delhi) (Annual)

(d) उद्योगों का वार्षिक सर्वे, नई दिल्ली (वार्षिक) (Annual Survey of Industries, New Delhi) (Annual)

(e) भारत में चुने हुए उद्योगों का मासिक उत्पादन, 1949 (Monthly Production of Selected Industries of India, 1949)।

14. अप्रलेखीय स्रोत (Non-Documentary Source): कुछ ऐसे स्रोत हैं जिनकी सहायता से अनेक प्रश्नों का उत्तर दिया जा सकता है तथा कुछ ऐसी परामर्शदात्री संस्थाएं भी हैं जो प्रश्नों का उत्तर देती हैं अर्थात् सूचना प्रदान करने में सहायता करती हैं। प्रश्न निम्न क्षेत्रों से सम्बन्धित हो सकते हैं–

(i) बाजार चुनाव (Market Selection)

(ii) साइड समाधान (Side Solution)

(iii) प्लांट अथवा प्रोजेक्ट से सम्बन्धित प्रगति रिपोर्ट (Development Plant/Project Report, Plant Design)

(iv) कर्मचारियों का प्रशिक्षण (Training of Staff)

(v) विपणन एवं बिक्री (Marketing and Sales)

(vi) प्लांट का रख-रखाव (Plant Maintenance)

संक्षिप्त प्रश्न (Short Questions)

1. तकनीकी पूछताछ से आप क्या समझते हैं? यह सामान्य पूछताछ से किस प्रकार भिन्न है?
2. व्यापार सूची के विषय में आप क्या जानते हैं? व्यापार सूची में कौन-कौन-सी सूचनाएं होती हैं?
3. तकनीकी प्रश्नों का उत्तर देने के लिए कौन-कौन-से प्रलेखीय स्त्रोतों का प्रयोग किया जाता है? किसी एक का वर्णन करें।
4. तकनीकी पूछताछ में परामर्श देने वाली संस्थाओं का क्या योगदान है?

सूचना विश्लेषण एवं संचय केन्द्र (Information Analysis and Consolidation Centre) 21

प्रलेखों की अधिकता तथा विविधतापूर्ण सूचनाओं के कारण प्रत्येक उपभोक्ता के लिए यह एक जटिल समस्या है कि वह अपनी सूचना को कैसे पहचाने। ये केन्द्र इस कार्य में उनकी सहायता करते हैं। सूचना विश्लेषण एवं संचय केन्द्र सभी प्रमुख गुणवत्ता वाले प्रलेखों को चयन कर विषय विशेषज्ञों की आवश्यकतानुसार उनका मूल्यांकन कर सूचना उपलब्ध कराते हैं। ये केन्द्र योजनाबद्ध तरीके से कार्यविधि का निर्धारण, सभी प्रलेख, स्रोतों का चयन, उनके विवरण का मूल्यांकन तथा सूचना का संग्रहण करते हैं।

सूचना विश्लेषण तथा संचय केन्द्र उपभोक्ताओं को सूचना प्रदान करने की एक कुशल प्रणाली है जो उपभोक्ताओं को समय पर विश्वसनीय सूचनाएं प्रदान करते हैं। ये केन्द्र सूची (Index), सार-सूची (Abstract), अनुवाद (Translation) तथा विश्लेषण का भी कार्य करते हैं। ये केन्द्र विशिष्ट क्षेत्र, विशिष्ट उद्देश्य हेतु तथा सरल तरीके से सूचना प्रदान करते हैं।

1. उद्देश्य (Objectives): IAC के मुख्य उद्देश्य निम्न हैं:–

(a) ये सूचना का तार्किक विश्लेषण, संश्लेषण, मूल्यांकन तथा सूचना के रूप में भी परिवर्तन करते हैं जिससे कि उपभोक्ता उस सूचना का अपने विशिष्ट क्षेत्र में प्रयोग कर सके।

(b) इन केन्द्रों में विशेषज्ञों के समूह कार्यरत होते हैं जिनमें विश्लेषण, मूल्यांकन एवं संश्लेषण की क्षमता होती है जो सूचना प्रदान करने में सहायता करते हैं।

(c) ये मूल्यांकित सूचना का समीक्षात्मक डाटा संकलन तथा प्रश्नों का उत्तर देने में सहायता करते हैं।

2. IAC का वर्ग विभाजन (Classification of IAC): IAC केन्द्र को तीन वर्गों में बाँटा जा सकता है:–

(a) अनुशासनपूर्ण केन्द्र (Discipline-Oriented Centre)

(b) उद्देश्यपूर्ण केन्द्र (Mission-Oriented Centre)

(c) अन्य केन्द्र (Other Centre)

(a) अनुशासनपूर्ण केन्द्र (Discipline-Oriented Centre): अनुशासन के किसी विशेष क्षेत्र में पूर्व प्रकाशित साहित्य से सम्बन्धित होते हैं अर्थात् जो साहित्य पूर्व में प्रकाशित हो चुका है उसी साहित्य का विश्लेषण, मूल्यांकन एवं संश्लेषण किया जाता है।

(b) उद्देश्यपूर्ण केन्द्र (Mission-Oriented Centre): ये केन्द्र समाज की विशिष्ट समस्याओं से सम्बन्धित होते हैं। ये केवल पूर्व के साहित्य से ही सम्बन्धित सूचना प्रदान नहीं करते बल्कि शासकीय रिपोर्ट, औद्योगिक साहित्य तथा अन्य साधनों का विवेचन भी करते हैं।

(c) अन्य केन्द्र (Other Centre): अन्य केन्द्र जिन्हें सिनोपटिक केन्द्र (Synoptic Centre) भी कहते हैं, समुद्र शास्त्र, नक्षत्र शास्त्र तथा जनसंख्या सम्बन्धी डाटा के माध्यम से सेवा प्रदान करते हैं।

3. उपभोक्ता (Users): उपभोक्ता को हम चार वर्गों में बाँट सकते हैं:–

(a) शोधकर्ता एवं वैज्ञानिक

(b) नीति निर्धारणकर्ता तथा योजना बनाने वाला

(c) बिचौलिया और संचारकर्ता

(d) सामुदायिक वर्ग

(a) शोधकर्ता एवं वैज्ञानिक (Researchers and Scientists): वैज्ञानिक-शोधकर्ता, इंजीनियर, एवं वैज्ञानिक सूचनाओं की माँग करते हैं। वो अध्यापन एवं शोधकार्य करते हैं। उनका उद्देश्य अन्य व्यक्तियों से विचार-विमर्श करके अपने ज्ञान, विचार, अनुभव में वृद्धि करना होता है। इन्हें आधुनिकतम विकास सम्बन्धीपूर्ण जानकारी होती है। ये केन्द्र उपभोक्ताओं को उनके क्षेत्र से सम्बन्धित सभी आवश्यक डाटा व सूचनाएं उपलब्ध कराते हैं।

(b) नीति निर्धारक तथा योजना बनाने वाले (Policy Makers and Planners): मुख्य रूप से नीति निर्धारण तथा निर्णय के लिए उपभोक्ताओं को दो प्रकार की सूचनाओं की आवश्यकता होती है। नीति निर्धारक व्यक्तियों का प्रमुख कार्य नीति से सम्बन्धित सभी प्रश्नों का हल ढूँढ़ना होता है। उन्हें किसी अन्तिम निर्णय तक पहुँचने के लिए विभिन्न सूचनाओं एवं डाटा की आवश्यकता होती है। IAC केन्द्र इनकी सहायता करते हैं।

(c) मध्यस्थ एवं संचारक (Intermediaries and Communicators): संचार सेवक बिचौलियों का कार्य करते हैं। सुधारक सूचना उत्पादक तथा

वास्तविक उपभोक्ता के बीच सम्पर्क स्थापित करते हैं तथा समन्वय बनाते हैं। ये बिचौलिये, अध्यापक एवं निर्देशक का भी कार्य करते हैं। सहायता करना तथा अपने ज्ञान परिवर्तन के लिए अन्य व्यक्तियों के व्यवहार में परिवर्तन करना है अर्थात् बिचौलिया वह व्यक्ति होता है जो वैज्ञानिक, विशेषज्ञ तथा उपभोक्ताओं के बीच सम्पर्क बनाकर स्वयं भी ज्ञानार्जन करता है।

(d) समुदाय वर्ग (Community Group): सभी देशों के लिए यह आवश्यक है कि वहाँ वर्ग के लोगों की ओर अधिक ध्यान दिया जाये जिन्हें सूचना प्राप्त नहीं होती अर्थात् जिनके पास ज्ञार्नाजन के साधन नहीं हैं। ऐसी स्थिति में IAC केन्द्र उनके लिए विशिष्ट सूचना संग्रह का कार्य करते हैं क्योंकि ऐसे सामुदायिक वर्ग स्वयं यह नहीं जानते कि उन्हें कहाँ से सहायता लेनी है और उन्हें सूचनाएं और डाटा कहाँ से प्राप्त हो सकते हैं।

4. सूचना विश्लेषण केन्द्र के उत्पाद तथा प्रकाशन (Product and Publication of Information Analysis Centre): IAC केन्द्र के द्वारा निम्नलिखित प्रकाशन किए गये हैं:–

(a) State-of-the-art Reports on Studies on Himalayan Glaciers, 1984.

(b) State-of-the-art Report on Air Pollution, 1985, Department of Science and Technology, New Delhi.

(c) Infection by D.E. Rozeres, 1979.

(d) Machine Tool Design Handbook by Central Machine Tool Institute, Bangalore.

(e) Handbook, Animal Husbandry by ICAR, 1987.

(f) Consolidation of Information; Bind Pump Handbook by Tata Energy Research Institute, 1982.

(g) Trends Reports of Garment and Globe Leather.

(h) Central Leather Research Institute Madras, 1984.

(i) Biogas Technology, A Manual, Tata Energy Research Institute, 1983.

संक्षिप्त प्रश्न (Short Questions)

1. IAC केन्द्र को परिभाषित करें। यह अन्य सूचना केन्द्रों से किस प्रकार भिन्न हैं?

2. IAC के कार्यों का वर्णन करें।
3. उपभोक्ता की रूचि का वर्णन करते हुए उसकी सूचना सम्बन्धी आवश्यकताओं को लिखें।
4. IAC केन्द्र की योजना बनाते समय किन चीजों का ध्यान रखना आवश्यक है?

सूचना उत्पाद (Information Product) 22

सूचना समाचार पत्र, घरेलू बुलेटिन तथा घर में प्रयोग किये जाने वाले संचार साधन (Information Newsletters, House Bulletins and In-House Communication)

अनेक ऐसे संगठन हैं जिन्होंने अपने कार्यों तथा सुविधाओं की सूचना सभी को देने की आवश्यकता समझी। किसी भी संगठन के लिए उसके ग्राहक तथा शेयर होल्डर (Shareholder) का विशेष महत्व है। इन सभी कार्यों को सफल बनाने के लिए कुछ ऐसी पत्रिकाओं की आवश्यकता होती है जिनका उद्देश्य संगठन के उत्थान में सहायता करना होता है।

1. घरेलू पत्रिका (House Journal): ये पत्रिकाएँ औद्योगिक संगठनों के द्वारा अपने उत्पाद की जानकारी देने के लिए प्रकाशित की जाती हैं।

अन्य संस्थाएं भी घरेलू पत्रिकाओं (House Journals) का प्रकाशन करती हैं। इन पत्रिकाओं द्वारा अपने ग्राहकों को समय पर सूचनाएं उपलब्ध करायी जाती हैं। संस्था के प्रबन्धक द्वारा इन घरेलू पत्रिकाओं (House Journals) के माध्यम से व्यापार तथा उद्योग के बीच सम्बन्ध स्थापित किये जाते हैं।

इनके माध्यम से उद्देश्यपूर्ण समाचार-सेवा भी दी जाती है।

अत: स्पष्ट है कि घरेलू पत्रिकाओं (House Journals) के माध्यम से संस्था के प्रबन्धक अपने विचारों तथा सूचनाओं को अन्य संस्थाओं या अपने व्यापारिक उपभोक्ताओं तथा डीलरों को पहुँचाने में सक्षम होते हैं।

(a) घरेलू पत्रिकाओं के वर्ग (Categories of House Journals) – इन्हें तीन वर्गों में बाँटा जा सकता है:

(i) ऐसी महत्वपूर्ण पत्रिकाएं जो प्रमुख तकनीकी पत्रिकाओं के समान महत्व रखती हैं।

(ii) ऐसी पत्रिकाएं जिनमें सामान्य सूचनाएं दी जाती हैं। इनमें संस्था के उत्पाद के बारे में भी कुछ सूचनाएं होती हैं। लेकिन इनमें उत्पाद (Product) का तकनीकी विवरण नहीं होता है।

(iii) वे सूचीपत्र जिनका पत्रिका के रूप में नियमित प्रकाशन होता है। इनमें संस्था के विभिन्न उत्पाद सम्बन्धी सामान्य सूचनाएं दी होती हैं।

(b) घरेलू पत्रिका (House Journal) की दो अन्य प्रमुख श्रेणियाँ हैं:

(i) आंतरिक घरेलू पत्रिका (Internal House Journal)

(ii) बाह्य घरेलू पत्रिका (External House Journal)

(i) आंतरिक घरेलू पत्रिका (Internal House Journal): आन्तरिक घरेलू पत्रिका से तात्पर्य ऐसी पत्रिकाओं से है जिनके माध्यम से संस्था के कर्मचारियों की सुविधाओं, प्रोग्राम तथा समस्याओं सम्बन्धी सूचना दी जाती है। इन्हें संस्था के बाहर वितरित नहीं किया जाता है।

(ii) बाह्य घरेलू पत्रिका (External House Journal): दूसरी ओर बाह्य घरेलू पत्रिका संस्था के सभी ग्राहक, शाखाओं, डीलरों एजेन्सियों अर्थात् संस्था से सम्बन्धित सभी बाहरी व्यक्तियों या एजेन्सियों को वितरित किया जाता है। इन पत्रिकाओं का वितरण उन व्यक्तियों को भी किया जाता है जो कि संस्था के उत्पाद, कार्य तथा प्रोग्राम के बारे मे जानना चाहते हैं।

(c) घरेलू पत्रिकाओं का विवरण: स्तंभ चेयरमैन (Chairman Desk):

(i) इसमें पृथक् कॉलम (Column) के रूप में चेयरमैन (Chairman) द्वारा कर्मचारियों को संदेश दिया जाता है।

(ii) सम्पादकीय (Editorial)।

(iii) इसमें संस्था के उद्देश्य, विशेषताएं तथा कर्मचारियों के द्वारा दी जाने वाली विशिष्ट सेवाएं प्रकाशित होती हैं।

(iv) संस्था की प्रगति सम्बन्धी विशिष्ट कार्य आदि।

(v) एक स्तम्भ The Wealth and Welfare।

(vi) एक ऐसा (Column) जिसमें मनोरंजक सूचनाएं भी दी जाती हैं। जैसे:- हास्य, कार्टून, व्यंग।

(vii) कर्मचारियों की शादी तथा नियुक्ति सम्बन्धी अन्य सूचनाएं।

(viii) कर्मचारियों के सांस्कृतिक कार्यक्रमों सम्बन्धी सूचनाएं।

(d) घरेलू पत्रिकाओं की विशेषताएँ (Characteristics of House Journals):

(i) ये पत्रिकाएं (Journals) संस्थाओं के कर्मचारियों तथा जनता (Public) के बीच सम्पर्क सूत्र का कार्य करती हैं।

(ii) इसके लिए अलग से धन की व्यवस्था की जाती है।

(iii) इनका वितरण पाठकों के उस समूह के लिए किया जाता है जिनके द्वारा इसकी माँग की जाती है।

(iv) इनमें संस्था के अतिरिक्त अन्य कोई विज्ञापन नहीं होता।

(v) ऐसी पत्रिकाओं (Journals) का प्रकाशन करने वाली संस्थाएं प्रकाशन व्यवसाय से अलग होती हैं।

(vi) ऐसी पत्रिकाओं का संस्था द्वारा अपने तरीके से प्रकाशन किया जाता है।

(vii) इनका आकार संस्था के आकार पर निर्भर करता है। ऐसी पत्रिकाएं (Journals) सामान्य रूप से मुद्रित या साइक्लोस्टाइल (Cyclostyle) होते हैं।

(viii) इन पत्रिकाओं (Journals) की प्रकाशन अवधि भिन्न-भिन्न होती है या आवश्यकतानुसार इनका प्रकाशन किया जाता है।

(ix) ये त्रैमासिक (Quarterly), मासिक (Monthly), पाक्षिक (Fortnightly) हो सकती हैं।

(x) इनकी प्रकाशन व्यवस्था श्रेष्ठ तथा आकर्षक होती है।

(e) घरेलू पत्रिकाओं की तैयारी (Preparation of House Journals): घरेलू पत्रिकाएँ (House Journals) किसी भी संस्था की नीतियों तथा निर्देशों के अन्तर्गत तैयार की जाती हैं। बिना नीति निर्देशन के ये अपना उद्देश्य पूर्ण रूप से प्राप्त नहीं कर सकते। कुछ प्रमुख निर्देश निम्न हैं:—

(i) इनके प्रकाशन द्वारा संस्था तथा उसके कर्मचारियों की आवश्यकताओं की पूर्ति होनी चाहिए।

(ii) इनके द्वारा अर्थपूर्ण तथा उपयोगी सूचनाएं दी जानी चाहिए।

(iii) यदि ये बाह्य घरेलू पत्रिकाएँ हैं तो सभी सम्बन्धित समुदायों में इनका वितरण किया जाना चाहिए।

(iv) इन पत्रिकाओं (Journals) में प्रबन्धक, सम्पादक आदि की समान रूचि होनी चाहिए।

घरेलू पत्रिकाओं (House Journals) का कोई मानक नहीं होता है। न ही इनमें एकरूपता होती है। इन पत्रिकाओं में किए गए सूचना विवरण किसी विशेष प्रणाली पर आधारित नहीं होते। इनका नाम भी आवश्यकतानुसार परिवर्तित किया जाता है। ये नियमित रूप से प्रकाशित नहीं होते तथा इनकी कोई निश्चित अवधि

नहीं होती। अतः इस प्रकार की पत्रिकाओं (Journals) का प्रकाशन कठिन और खर्चीला होता है। इसके लिए सबसे महत्वपूर्ण बात यह है कि इनका प्रकाशन नियमित किया जाये और इन्हें इन्डेक्सिंग तथा सार-सूची (Indexing and Abstracting) सेवा से जोड़ा जाना चाहिए ताकि इनका स्थायी महत्व स्थापित हो सके।

2. समाचार पत्रिका (Newsletter): कुछ संस्थायें जो घरेलू पत्रिकाओं (House Journals) का प्रकाशन नहीं करती वे समाचार पत्रिका (Newsletter) का प्रकाशन करती हैं। इनका भी आन्तरिक और बाह्य दोनों रूप में प्रकाशन होता है। इनमें निश्चित पृष्ठ होते हैं जिनकी संख्या 4 से 8 तक होती है। ये सामान्य, सरल रूप में अविलम्ब सूचना देने वाले होते हैं। इनका प्रकाशन सरल, कम समय में तथा कम लागत का होता है। यही कारण है कि बड़ी संस्थाएं इन पत्रिकाओं (Newsletters) का अधिक प्रकाशन करती हैं। इनको पढ़ने में भी अधिक समय नहीं लगता।

समाचार पत्रिका (Newsletter) में अनेक महत्वपूर्ण सूचनाएं होती हैं। उदाहरण के लिए - यूरोपीय देशों द्वारा EARSEL NEWS नाम से समाचार पत्रिका (Newsletter) का प्रकाशन किया जाता है जिसमें वैज्ञानिक डाटा, पुस्तक सम्बन्धी सूचनाएं, डाटाबेस समीक्षाएं, सम्मेलन तथा प्रशिक्षण सम्बन्धी सूचनाएं दी जाती हैं।

समाचार पत्रिका (Newsletter) सामान्यतः नियमित रूप से छपते हैं। इनको पढ़ने में कम समय लगता है। पढ़ने के पश्चात् इनका कोई महत्व नहीं रह जाता। इनमें विशेष रूप से व्यापार, व्यवसाय, ऊर्जा, स्वास्थ्य, सुरक्षा तथा भ्रमण सम्बन्धी सूचनाएं दी होती हैं।

(a) समाचार पत्रिका का संदर्भ ग्रंथ सूची सम्बन्धी नियंत्रण (Bibliographical Control of Newsletter):

समाचार पत्रिका (Newsletter) की सबसे बड़ी समस्या यह है कि इनकी पहचान नहीं होती और इन्हें अधिग्रहण (Acquisition) करना कठिन होता है। विश्व में कुछ ही ऐसी समाचार पत्रिकाएं हैं जिनका संदर्भ ग्रंथ सूची सम्बन्धी नियंत्रण (Bibliographical Control) के रूप में ISSN नम्बर दिया गया है। सामान्य रूप से ये पुस्तक विक्रेताओं या अंतर ग्रंथालय ऋण (Inter-Library Loan) के अन्तर्गत प्राप्त हो जाते हैं। इन समाचार पत्रिकाओं को सार-सूचीकरण सेवा (Abstracting Service) में शामिल नहीं किया जाता।

कुछ डाटाबेस (Database) में इनसे सम्बन्धित औद्योगिक व्यापारिक सूचनाओं की फाइल तैयार की गयी है। कुछ महत्वपूर्ण समाचार पत्रिकाओं

को इलेक्ट्रॉनिक रूप (Electronic Form) में भी रखा गया है। जैसे:- DIALOG या PTS या पी.टी.एस. समाचार पत्रिका (PTS Newsletter), डाटाबेस (Database)। इस तरह की लगभग 100 से अधिक औद्योगिक समाचार पत्रिकाएं हैं।

(b) भारत की कुछ महत्वपूर्ण समाचार पत्रिकाएं (Some Important Newsletters of India):

(i) *Food Corp* (Food Corporation of India, Monthly, English/Hindi).

(ii) *Shri Ram Newsletter* (Shri Ram Fertilizer and Chemicals).

(iii) *We* (Voltaz Limited Bombay, Monthly, English).

(iv) *HMT* Newsdigest (Hindustan Machine Tools – Hyderabad, Monthly, English/Hindi).

(v) *PTI* (Press Trust of India, Mumbai, Monthly, English).

(vi) *Image* (Indian Airlines, Mumbai, Monthly, English/Telugu).

(vii) *RSD News* (Bharat Heavy Electrical Limited, Hyderabad, Monthly, English/Hindi).

3. व्यापार एवं उत्पाद बुलेटिन (Trade and Product Bulletins): प्रत्येक व्यापारिक, औद्योगिक संस्थाओं द्वारा विभिन्न उत्पाद तैयार किए जाते हैं और सेवाएं प्रदान की जाती हैं। इनके स्वरूप, आकार सम्बन्धी सभी सूचनाएं भिन्न होती हैं और सूचना का तरीका भी भिन्न होता है। जैसे:–पत्रिकाओं में विज्ञापन, चित्र, सूचना, टिप्पणी आदि के रूप में सूचनाएं दी जाती हैं। सभी इनकी सूचनाएं विभिन्न प्रकार के सूची, बुलेटिन, घरेलू पत्रिका, पत्रक, सूचीपत्र, डायरेक्टरी इत्यादि के माध्यम से दी जाती हैं। इन्हें व्यापार एवं उत्पादन बुलेटिन के रूप में जाना जाता है।

(a) विशेषताएं: व्यापार तथा उत्पाद बुलेटिन की प्रमुख विशेषताएं निम्न हैं:–

(i) यह विभिन्न रूपों में प्रारम्भ की जाती हैं, जैसे:– शीट (Sheet), पत्रक (Pamphlets), बाउंड वॉल्यूम्स (Bound Volumes), घरेलू पत्रिका (House Journals), पत्रिका (Journals) परिशिष्ट इत्यादि।

(ii) इन्हें तकनीकी बुलेटिन (Technical Bulletins) भी कहते हैं।

(iii) इनका उद्देश्य महत्वपूर्ण ग्राहकों, उपभोक्ताओं, विद्यार्थियों, परामर्शदाताओं तथा शोधकर्ताओं को उत्पाद के अधिक उपयोग तथा बिक्री को प्रोत्साहित करने के लिए होता है।

(iv) इनके माध्यम से व्यावसायिक सूचनाएं दी जाती हैं।

(v) सामान्यतः इनमें दी गयी सूचनाएं अद्यतन (up-to-date) नहीं होती हैं।

(vi) इन्हें विशेष ग्राहकों या पाठकों को ही भेजा जाता है।

(b) विवरणः व्यापार तथा उत्पाद बुलेटिन का मुख्य विवरण इस प्रकार है:–

(i) इनमें उत्पाद, उत्पाद कम्पनियों, उद्योगों तथा व्यापारिक संस्थाओं का ऐतिहासिक विवरण होता है।

(ii) इनके द्वारा नये उत्पाद, नये तरीके, नयी सेवाएं तथा देश एवं विदेश की व्यापार सम्बन्धी सूचनाएं दी जाती हैं।

(iii) इनमें रैपिड रिप्लाई कार्ड (Rapid Reply Card) भी दिये होते हैं जिनकी सहायता से ग्राहक सम्पूर्ण विवरण प्राप्त कर सकता है तथा आवश्यकतानुसार उत्पाद मँगवा सकता है। इनमें विज्ञापन भी दिया जा सकता है।

(iv) इनके अन्तर्गत उत्पाद का वितरण, उसका मूल्य, उत्पाद की विशेषताएं तथा उत्पाद के प्रयोग सम्बन्धी सूचनाएं दी होती हैं।

(v) इनमें उद्योगों के एजेन्टों (Agents) के नाम, पते, स्थानीय वितरक तथा सेवा केन्द्रों से सम्बन्धित सूचनाएं होती हैं।

(vi) इनमें सूची भी होती हैं। यह सूची विज्ञापन, उत्पाद, व्यापारिक नाम, संघ तथा तकनीकी संस्थाओं से सम्बन्धित होती हैं।

(c) कार्यः व्यापार तथा उत्पाद बुलेटिन के अनेक कार्य हैं जो निम्न हैं:–

(i) ये अपने वैज्ञानिकों और तकनीकी विशेषज्ञों की सहायता करते हैं।

(ii) इनमें जो भी सूचनाएं दी जाती हैं वो किसी प्रमुख पुस्तक या पत्रिका में नहीं दी होतीं। अतः इनकी सूचनाएं महत्वपूर्ण होती हैं।

(iii) इनमें चित्र, ग्राफ आदि विशिष्ट रूप से दिये होते हैं जिनका विशेष महत्व होता है।

(iv) ये उद्योग, व्यापार आदि के लिए सूचना विशेष के स्रोत हैं।
(v) ये उत्पादक, डीलर और ग्राहकों के बीच संचार के माध्यम के रूप में काम करते हैं।
(vi) ये किसी भी उत्पाद तथा उसकी विशेषताओं सम्बन्धी सूचना प्रदान करते हैं।

(d) प्रकार: व्यापार तथा उत्पाद बुलेटिन अनेक प्रकार के होते हैं जो निम्न हैं:–

(i) घरेलू पत्रिका
(ii) व्यापार पत्रिका
(iii) पत्रिका के परिशिष्ट
(iv) उत्पादकों की सूची
(v) प्रदर्शनी तथा औद्योगिक मेले में प्रदर्शित साहित्य
(vi) उत्पाद या कम्पनी की निर्देशिका।

(e) भारत के प्रमुख व्यापार एवं उत्पाद बुलेटिन (Trade and Product Bulletin of India):

(i) इंडस्ट्रीयल प्रोडक्ट्स फाइन्डर, मुम्बई (Industrial Products Finder, Mumbai): यह एक समाचार पत्रिका (Magazine) है। भारत के औद्योगिक क्षेत्र में जो भी नया उत्पाद या उत्पादन प्रक्रिया प्रारम्भ होती है उसकी सूचना इस बुलेटिन में दी जाती है। ये भारत और विदेशों में भी भेजी जाती है। ये नि:शुल्क दी जाती है।

(ii) इंडियन इंडस्ट्रीयल सोर्सेज, मुम्बई (Indian Industrial Sources, Mumbai): इसमें रसायन उद्योग से सम्बन्धित सभी सूचनाएं होती हैं। जैसे:– रसायनों का उत्पादन, मशीन, उपकरण, सेवा प्रक्रिया आदि।

(iii) इंडस्ट्रीयल मार्केट बुलेटिन, बंगलौर (Industrial Market Bulletin, Bangalore): इसमें कच्चे माल से सम्बन्धित सूचना दी होती है।

(iv) इलेक्ट्रॉनिक्स फॉर यू, नई दिल्ली (Electronics for You, New Delhi): इसमें भारत के इलेक्ट्रॉनिक (Electronics) उद्योगों से सम्बन्धित सूचनाएं दी जाती हैं। इसमें अन्त में इलेक्ट्रॉनिक सामग्री (Electronic Material) भी दी होती है।

(f) अंतर्राष्ट्रीय व्यापार तथा उत्पाद बुलेटिन (International Trade and Products Bulletins): कुछ प्रमुख अन्तर्राष्ट्रीय व्यापार एवं उत्पाद बुलेटिनों का विवरण निम्न है:

(i) मशीनरी मार्केटिंग, इंग्लैंड (Machinery Marketing, England)

(ii) प्रोडक्ट फिनिशिंग, लन्दन (Product Finishing, London)

(iii) इलेक्ट्रीकल इक्वीपमेंट, यू.एस.ए. (Electrical Equipment, USA)

(iv) मोड इन यूरोप, पश्चिम जर्मनी (Mode in Europe, West Germany)

(v) वायर इंडस्ट्री, इंग्लैंड, मासिक (Wire Industry, England – Monthly)

(vi) पैकेजिंग, यू.एस.ए., मासिक (Packaging, USA, Monthly)

4. तकनीकी डाइजेस्ट (Technical Digest): औद्योगिक विकास के लिए वैज्ञानिक एवं तकनीकी सूचनाओं की आवश्यकता होती है। इसके लिए विशेष सेवा की आवश्यकता है जो नये उत्पाद, उसकी डिजाइन, उत्पादन, तरीके तथा प्रबन्ध से सम्बन्धित सूचनाएं उपलब्ध करा सके। तकनीकी डाइजेस्ट (Technical Digest) इस आवश्यकता को पूरा करते हैं।

वेबस्टर की डिक्शनरी (Webster's Dictionary): डाइजेस्ट (Digest) उसे कहते हैं जिसमें सूचनाएं किसी विशेष शीर्षक (Title) के अन्तर्गत वर्गीकृत एवं व्यवस्थित की जाती हैं। डाइजेस्ट नियमित (Digest Regular) प्रकाशित नहीं होती। ये किसी के माँग पर अथवा कभी आवश्यकता पड़ने पर ही इसका प्रकाशन किया जाता है। ये किसी भी विषय से सम्बन्धित होते हैं। अत: डाइजेस्ट (Digest) वह लिखित रचना है जो योजनाबद्ध तरीके से तैयार की जाती है। ये सिनोपसिस (Synopsis) से बड़ी होती है तथा इसमें शीर्षक एवं उपशीर्षक (Heading and Sub-heading) दिये जाते हैं।

सामान्य रूप से बहुत कम डाइजेस्ट नियमित रूप से प्रकाशित होते हैं। इनमें ऐतिहासिक विधि, वैज्ञानिक, सूचना विश्लेषता, मूल्यांकन तथा प्रकीर्णन प्रक्रिया सम्बन्धी सूचनाएं होती हैं।

गुहा के अनुसार तकनीकी (Technical) डाइजेस्ट तथा सामान्य डाइजेस्ट में कोई अन्तर नहीं होता। ये डाइजेस्ट मैनेजर, तकनीकी कर्मचारी तथा ऑपरेटर (Operator) के लिए लाभकारी होते हैं। इनमें उत्पाद सम्बन्धी सभी तकनीकी सूचनाएं दी होती हैं।

(a) **आवश्यकता (Need):**

(i) तकनीकी कर्मचारियों के लिए तकनीकी सूचनाएं महत्वपूर्ण होती हैं क्योंकि इनमें अद्यतन (up-to-date) सूचनाएं दी होती हैं।

(ii) विभिन्न कर्मचारी, विभिन्न प्रकार की सूचनाओं की माँग करते हैं। इस प्रकार के डाइजेस्ट (Digest) में उनके लिए पृथक् सूचना दी होती है।

(iii) यह मैनेजर के लिए अधिक उपयोगी है क्योंकि इसमें व्यापारी व बाजार (Market) से सम्बन्धित सूचनाएं दी जाती हैं।

(iv) इसकी सहायता से मैनेजर को निर्णय लेने में आसानी होती है।

(v) इनमें तकनीकी जानकारी भी दी होती है। जिससे तकनीकी कर्मचारियों को निर्देश प्राप्त होते हैं।

(vi) डाइजेस्ट उत्पादन और शोध के क्षेत्र में संचार माध्यम तथा सूचना हस्तान्तरण का कार्य करते हैं।

(b) **प्रकार (Kinds):** डाइजेस्ट कई प्रकार के होते हैं। इनको तीन वर्गों में बाँटा जा सकता है:–

(i) उच्च प्रबन्धन डाइजेस्ट (Top Management Digest)

(ii) मध्यस्थ प्रबन्धन डाइजेस्ट (Middle Management Digest)

(iii) निम्न प्रबन्धन डाइजेस्ट (Lower Management Digest)

(i) उच्च प्रबन्धन डाइजेस्ट (Top Management Digest): इसमें निम्न सूचनाएं दी होती हैं:–

1. प्रबन्धन सम्बन्धी सूचनाएं
2. वित्त सम्बन्धी सूचनाएं
3. उत्पादन सम्बन्धी सूचनाएं
4. शोध और विकास सम्बन्धी सूचनाएं
5. कर्मचारी (Staff) सम्बन्धी सूचनाएं
6. बिक्री सम्बन्धी सूचनाएं
7. नियम सम्बन्धी सूचनाएं

(ii) मध्यस्थ प्रबन्धन डाइजेस्ट (Middle Management Digest): इसमें निम्न सूचनाएं दी होती हैं:–

1. स्टाफ की उपयोगिता एवं उपयुक्तता सम्बन्धी सूचनाएं

2. नये उत्पाद की तकनीक सम्बन्धी सूचनाएं
3. समस्या का हल तथा निर्णय लेने सम्बन्धी सूचनाएं

(iii) निम्न प्रबन्धन डाइजेस्ट (Lower Management Digest): इसके माध्यम से निम्न सूचनाएं दी जाती हैं:–

1. दिन प्रतिदिन की तकनीकी समस्याओं का हल
2. उत्पाद के विकास एवं आधुनिकीकरण सम्बन्धी क्रियाएं
3. वर्तमान कार्य में उच्च तकनीक का प्रयोग

(c) **योजना तथा ढाँचा (Planning and Designing):** डाइजेस्ट (Digest) की तैयारी के लिए व्यवस्थित योजना आवश्यक है। इसको निम्न श्रेणियों में बाँटा जा सकता है:–

(i) उपभोक्ताओं की पहचान और उनसे सम्बन्धित आवश्यक सूचनाएं
(ii) उपयोगी सूचना स्रोत
(iii) विश्लेषण
(iv) मूल्यांकन
(v) प्रस्तुतीकरण एवं प्रकीर्णन

(i) उपभोक्ताओं की पहचान और उनसे सम्बन्धित आवश्यक सूचनाएं – सर्वप्रथम उपभोक्ता की पहचान उसके कार्य, क्रियायें, विषय आदि आवश्यकताओं की पहचान की जानी चाहिए और उसी के अनुसार डाइजेस्ट (Digest) सेवा दी जानी चाहिए। प्रत्येक उद्योग के विभिन्न प्रकार के उपभोक्ता होते हैं और उनकी आवश्यकताएं उनके कार्यों से जुड़ी होती हैं। जैसे:–यदि व्यक्ति उत्पादन शाखा में कार्य करता है तो उसे उत्पादन प्रक्रिया, सामग्री पद्धति आदि से सम्बन्धित सूचनाओं की आवश्यकता होती है। तकनीकी डाइजेस्ट इन सभी तथ्यों को ध्यान में रखकर तैयार की जानी चाहिए।

(ii) उपयोगी सूचना स्रोत – तकनीकी डाइजेस्ट विभिन्न सूचना स्रोतों की सहायता से तैयार किये जाते हैं। ये स्रोत प्रमुख रूप से पत्रिका, समाचार पत्र, इन हाउस जरनल, तथा कम्पनी की रिपोर्ट इत्यादि हैं।

(iii) विश्लेषण - सूचनाओं के संग्रह के पश्चात् उपभोक्ता की रूचि के अनुसार इनका ध्यान किया जाता है।

(iv) मूल्यांकन – उपभोक्ताओं को सूचना प्रदान करने से पूर्व सूचना का मूल्यांकन किया जाता है। यह देखा जाता है कि सूचना कितनी तथ्यपूर्ण तथा उपयोगी है तथा किस स्रोत से ली गयी है।

(v) प्रस्तुतीकरण एवं प्रकीर्णन - (Presentation and Retrieval): तकनीकी डाइजेस्ट सरल भाषा में तैयार की जानी चाहिए। इसमें सरलता, एकरूपता होनी चाहिए तथा तथ्यपूर्ण, उपयुक्त सांख्यिकी एवं शुद्ध वाक्यों का प्रयोग किया जाना चाहिए।

(d) **तकनीकी डाइजेस्ट का विवरण (Layout of Technical Digest):** तकनीकी डाइजेस्ट (Technical Digest) को तैयार करने से पूर्व प्रभावी संचार पद्धति आवश्यक है। डाइजेस्ट का विवरण प्रभावित करने वाला होना चाहिए। इसके लिए निम्न निर्देशों को ध्यान में रखा जाना चाहिए:–

(i) स्पष्ट एवं सरल वाक्य

(ii) उपयुक्त तथ्य तथा डाटा

(iii) तकनीकी शब्दों का कम से कम प्रयोग

(iv) टेबल और ग्राफ का आवश्यकतानुसार प्रयोग

(v) आकर्षक अर्थपूर्ण शीषर्क

(vi) अधिकतम 3-4 पृष्ठों में विवरण

(vii) अधिकतम 300 शब्दों में सूचना

(viii) सूचना स्रोत का विवरण

उदाहरण (Example): डाइजेस्ट फॉर प्लांट इंजीनियरिंग डिवीजन फॉर प्लांट इलेक्ट्रीक सिस्टम (Digest for Plant Engineering Division for Plant Electric System) 1960 में प्रारम्भ हुआ। उस समय बिजली सस्ती थी इसलिए उसमें प्रयोग की जाने वाली मशीनों का अधिक महत्व नहीं था। लेकिन इससे बहुत नुकसान हुआ क्योंकि मशीनों पर ध्यान नहीं दिया गया। बिजली का उपभोग बढ़ने से कार्य-कुशलता गिर गयी। एक अध्ययन से यह देखा गया कि मशीन की कुशलता बढ़ाने पर अधिक खर्चा आयेगा। एक प्रतिशत कुशलता का अर्थ 25 प्रतिशत मशीन की कीमत बढ़ाने पर ही प्राप्त हो सकती थी। इसका परिणाम यह हुआ कि मशीन पर खर्च करना ही जरूरी था।

NEMA Standard MGI 1978. 12.45A and
Sect 12.53 B. IEEE Standard 112-1978
Reference – Machine Design (USA, V.50 N27, Nov. 23, 1978
Pages 108-09
Power (USA, V. 123 No. 7 July 1919: Pages 68-70)

संक्षिप्त प्रश्न (Short Questions)

1. घरेलू पत्रिका को परिभाषित करते हुए उसके महत्व बताइये।
2. आन्तरिक तथा बाह्य घरेलू पत्रिका में अन्तर स्पष्ट करें।
3. समाचार पत्रिका, घरेलू पत्रिका से क्यों अधिक उपयोगी है? वर्णन करें।
4. व्यापार एवं उत्पाद बुलेटिन की विशेषताओं का वर्णन करें।
5. व्यापार एवं उत्पाद बुलेटिन के कार्यों का वर्णन करें।
6. व्यापार एवं उत्पाद बुलेटिन के विभिन्न प्रकारों का वर्णन करें।
7. तकनीकी डाइजेस्ट से आप क्या समझे हैं?
8. तकनीकी डाइजेस्ट की आवश्यकता क्यों होती है?
9. उच्च प्रबन्धन के लिए डाइजेस्ट में किस प्रकार की सूचना दी होती है?
10. किसी भी डाइजेस्ट को तैयार करने के लिए कौन-कौन-से दिशा निर्देशों की आवश्यकता होती है?

मुख्य शब्द (Key Words)

1. घरेलू पत्रिका (House Journal) – किसी संस्था द्वारा किया गया वह प्रकाशन जिसके माध्यम से संस्था के कार्यों और विशेषताओं की सूचना दी जाती है तथा पाठकों की राय ली जाती है।
2. बाह्य घरेलू पत्रिका (External House Journal) – इनका प्रयोग बाहरी समुदाय के लिए होता है। जैसे:–शेयर होल्डर तथा ग्राहक।
3. आन्तरिक घरेलू पत्रिका (Internal House Journal) – ये पत्रिका संस्था के कर्मचारियों को ही वितरित की जाती हैं।
4. समाचार पत्रिका (Newsletter) – समाचार पत्रिका ऐसे प्रकाशन हैं जिनके माध्यम से विशिष्ट पाठकवर्ग को अविलम्ब सूचनाएं उपलब्ध कराई जाती हैं।
5. बुलेटिन (Bulletin): वह प्रकाशन है जो पुस्तिका (Pamphlet) के रूप में किसी संस्था या सरकार द्वारा पत्रिका के रूप में प्रकाशित किया जाता है। लेकिन ग्रंथालय में पुस्तकों की सूची प्रकाशित होती है।
6. पुस्तिका (Pamphlet): यह बुलेटिन के रूप में 5 से लेकर 48 पृष्ठ की बिना किसी विशिष्ट कवर (cover) के प्रकाशित की जाती है।

7. व्यापार बुलेटिन (Trade Bulletin): यह वह प्रकाशन है जिसमें किसी भी उत्पाद की कीमत, उसकी फर्म तथा बिक्री का विवरण दिया होता है।
8. डाइजेस्ट (Digest): सूचना के विवरण का वह सारांश जिसको एक क्रम में प्रस्तुत किया गया हो।
9. सूचना उत्पादन (Information Product): वह उत्पाद जो उपभोक्ता की सेवा के लिए हो और इसमें उस उत्पाद की प्रक्रिया प्रस्तुत की गयी हो।
10. तकनीकी डाइजेस्ट (Technical Digest): इन डाइजेस्टों के माध्यम से प्रशासकों, इंजीनियरों तथा तकनीकी कर्मचारियों को सेवा प्रदान की जाती है। इसमें अद्यतन (up-to-date) तकनीकी सूचनाएं होती हैं।
11. क्वेरी (Query): सूचनांक की खोज के लिए सर्वप्रथम उपभोक्ता द्वारा पूछे जाने वाले प्रश्नों पर विचार किया जाना चाहिए। यह पूछताछ कई प्रकार की होती हैं।
12. शब्द एवं वाक्यांश (Words and Phrases) – जैसे Spelling का प्रयोग आदि जिनका उत्तर Dictionary, Glossary तथा Thesaurus में मिलता है।
13. सामान्य सूचना – जैसे नक्षत्र विज्ञान आदि से सूचनाएं विश्वकोषों में प्राप्त होती हैं।
14. घटनायें – जो पूर्व में घटी हैं, ये सूचनाएं Yearbook में प्राप्त हो सकती हैं।
15. आधुनिक घटनायें – जो हमें पत्र-पत्रिकाओं से प्राप्त होती हैं। उदाहरण के लिए (1) समाचार पत्र, (2) Asian Recorder.
16. संख्यात्मक आँकड़े (Numerical Data) – जैसे सांख्यिकीय सूचनाएं। ये सूचनाएं जनगणना रिपोर्ट (Census Report) से प्राप्त होती हैं।
17. व्यावसायिक प्रश्न – इंजीनियरिंग तकनीशियनों आदि के द्वारा फार्मूला, डॉयग्राम तथा फ्लो चार्ट आदि मशीनों से सम्बन्धित सूचनाओं का दिन प्रतिदिन उपयोग किया जाता है। ये सूचनाएं पुस्तिका से प्राप्त होती हैं।
18. चित्र सम्बन्धी प्रश्न – ऐसी सूचनाओं की मांग लेखक, चित्रकार, प्रकाशक आदि के द्वारा की जाती है। इस प्रकार की सूचनाएं पुस्तकों तथा म्यूजियम की सहायता से प्राप्त की जा सकती हैं।
19. प्रलेखन सूची – इस प्रकार के प्रश्न शोधकर्ताओं, पाठकों आदि के द्वारा पूछे जाते हैं। इस प्रकार की सूचनाएं पुस्तकों में तथा म्यूजियम के माध्यम से प्राप्त की जा सकती हैं।

20. व्यक्तित्व सम्बन्धी प्रश्न – प्रायः प्रमुख व्यक्तियों की जीवनी से सम्बन्धित प्रश्न पूछे जाते हैं। इनसे सम्बन्धित सूचनाएं जीवनियों, कौन क्या है, आत्मकथाओं से प्राप्त हो सकती हैं।
21. स्थान – इस प्रकार के प्रश्न सामान्य रूप से सभी पाठकों द्वारा पूछे जा सकते हैं। इन प्रश्नों से सम्बन्धित सूचनाएं गेजेटियर (Gazetteer) मानचित्रों से प्राप्त हो सकती हैं।

साहित्य खोज एवं संदर्भ ग्रंथ सूची (Literature Searche and Bibliographies) 23

सूचना जगत् में दिन प्रतिदिन परिवर्तन और विकास हो रहा है। अध्ययन तथा शोध कार्यों में भी निरन्तर वृद्धि हो रही है। अत: यह आवश्यक हो गया है कि साहित्य के विकास को कैसे नियंत्रित किया जाये। इसके लिए अनेक सूचना संस्थान अपनी सेवाएं प्रदान करते हैं। सूचना नियंत्रण के लिए साहित्य सेवा (Literary Service) तथा तकनीकी सेवा (Technical Service) दी जा रही हैं जिससे कि पाठक अपनी सूचनाएं प्राप्त कर सकें। साहित्य की खोज शोधकार्यों में महत्वपूर्ण योगदान दे रही है। प्रत्येक शोधकार्य में धन तथा श्रम का व्यय होता है। इसीलिए यह आवश्यक है कि किसी भी शोधकार्य में अनावश्यक श्रम या धन का व्यय न हो।

अधिकतर साहित्य पत्रिकाओं में लेख के रूप में प्रकाशित होते हैं। ये लेख सामान्यत: विज्ञान, आंतरिक्ष, आण्विक विज्ञान तथा रक्षा विज्ञान से सम्बन्धित होते हैं। तकनीकी रिपोर्ट (Technical Report) के क्षेत्र में भी अधिक होते हैं। इसके अतिरिक्त साहित्य, सम्मेलन, प्रकाशन, शोध प्रबन्ध तथा मानक के रूप में भी अधिक मिलता है।

साहित्य किसी एक स्थान पर संग्रहित नहीं होता बल्कि विश्व के किसी भी कोने में, किसी भी कार्यालय, ग्रंथालय, सूचना केन्द्रों में संग्रहित होता है। इसका प्रकाशन किसी एक पत्रिका में नहीं होता बल्कि अनेक पत्रिकाओं में होता है जो विश्व के विभिन्न स्थानों से प्रकाशित होती हैं। इसके अतिरिक्त विभिन्न विषयों पर विभिन्न रूप में प्रकाशित होती हैं। शोधकार्यों में केवल अद्यतन सूचनाओं की आवश्यकता नहीं होती बल्कि पिछले पाँच वर्षों के साहित्य की आवश्यकता होती है। अत: साहित्य के विकास को व्यवस्थित करने के लिए सार-सूचीकरण (Abstracting) तथा सूचीकरण सेवा (Indexing Service) प्रारम्भ की गयी है।

भूकम्प के झटके कहाँ महसूस किए गए? इस प्रश्न में स्थान की भी खोज की जानी चाहिए जिससे प्रश्नकर्ता को उचित सूचना दी जा सके। इसी प्रकार समय के सम्बन्ध में भी जानकारी होनी चाहिए।

साहित्य की खोज विभिन्न रूपों में की जाती है, जो इस प्रकार हैं:

1. भाषा (Language): विश्व में साहित्य का प्रकाशन अनेक भाषाओं में होता है। सामान्यत: एक शोधकर्ता या उपभोक्ता तीन से अधिक भाषा नहीं जानता। अत: पुस्तकालयाध्यक्ष (Librarian) को यह अवश्य मालूम होना चाहिए कि प्रश्न किस भाषा में है या उपभोक्ता अथवा शोधकर्ता किस भाषा में सूचना प्राप्त करना चाहता है जिससे उसे ढूँढने में कठिनाई न हो।

2. प्रलेख (Document): प्रलेख अनेक रूप में प्रकाशित होता है और पाठक किसी भी रूप में प्रलेख की मांग कर सकता है। जैसे:–एक अभियन्ता किसी उपकरण के सुधार के लिए पेटेंट (Patent) की माँग कर सकता है। दूसरी ओर एक परमाणु वैज्ञानिक (Nuclear Scientist) तकनीकी रिपोर्ट की माँग कर सकता है। पुस्तकालयाध्यक्ष का यह प्रयास होना चाहिए कि वह प्रलेख को उसी रूप में प्रदान करे जिसमें पाठक चाहता है।

3. शोध तकनीक (Research Technique): जब किसी प्रश्न का अर्थ, उद्देश्य एवं क्षेत्र को पूर्ण रूप से समझ लेने के बाद इस बात पर विचार करना चाहिए कि प्रश्न से सम्बन्धित साहित्य की खोज कैसे की जा सकती है। इसके लिए ग्रंथ सूची (Bibliography) महत्वपूर्ण उपकरण है जो विभिन्न विषयों, स्वरूपों और भाषाओं में तैयार की जाती है। इसकी सहायता से साहित्य के विकास को व्यवस्थित किया जाता है। इसका विकसित रूप सार-सूचीकरण (Abstracting) तथा सूचीकरण सेवा (Indexing Service) है।

(a) माध्यमिक स्रोत (Secondary Sources): किसी भी संदर्भ ग्रंथ सूची (Bibliography) को तैयार करने से पूर्व यह देखना चाहिए कि क्या उस विषय पर अन्य संदर्भ ग्रंथ सूची (Bibliography) तैयार की जा चुकी है। इसे संदर्भ ग्रंथ सूची की संदर्भ ग्रंथ सूची (Bibliography of Bibliography) में देख सकते हैं। जैसे:– विश्व संदर्भ ग्रंथ सूची की संदर्भ ग्रंथ सूची (World Bibliography of Bibliographies), कैलेन्डर (Calendar), संक्षिप्त डाइजेस्ट (Abstract Digest) आदि। सबसे महत्वपूर्ण बिबलियोग्राफिक्स इंडेक्स: क्यूमोलेटिव बिबलियोग्राफी ऑफ बिबलियोग्राफिज (Bibliographics Index: Cumulative Bibliography of Bibliographies) है जिसका प्रकाशन 1937 में किया गया।

यह आवश्यक नहीं कि हमें सदैव प्रकाशित संदर्भ ग्रंथ सूची (Bibliography) उपलब्ध हो। कुछ संदर्भ ग्रंथ सूची (Bibliography) हमें भी तैयार करनी होती है।

(b) संस्थाएं: पाठकों द्वारा अनेक ऐसे प्रश्न पूछ जाते हैं जो किसी भी संस्था का पता, नाम, उद्देश्य, कार्य, इतिहास आदि से सम्बन्धित होते हैं।

जिन्हें सामान्यत: शोधकर्ता तथा व्यापारिक वर्ग पूछते हैं। इन प्रश्नों से सम्बन्धित सूचनाएं डायरेक्टरी (Directories) से प्राप्त हो सकती हैं।

4. प्रश्नों की समझ **(Understanding of Questions):** साहित्य की खोज प्रश्नों के आधार पर की जाती है। अत: सर्वप्रथम प्रश्नों को स्पष्ट होना चाहिए। उसमें किसी प्रकार की भ्रामकता नहीं होनी चाहिए तथा प्रश्न समझ में आ जाना चाहिए। कभी-कभी कुछ पाठक या शोधकर्ता प्रश्न पूछते समय ऐसे शब्दों का प्रयोग करते हैं जो प्रश्न पुस्तकालयाध्यक्ष (Librarian) के लिए नये होते हैं। कुछ प्रश्नों के शब्द ऐसी भाषा से सम्बन्ध रखते हैं जिनको पुस्तकालयाध्यक्ष (Librarian) नहीं जानता है। ऐसी स्थिति में पुस्तकालयाध्यक्ष को प्रश्नकर्ता से उसका उद्देश्य स्पष्ट करना चाहिए यदि किसी प्रश्न से सम्बन्धित शब्द किसी शब्दकोश (Dictionary) में ढूंढा जाये। जैसे:– Dictionary, Oxford Standard Dictionary, Dictionary of Mathematics, Dictionary of Science and Technical Terms। यदि Dictionary में भी शब्द का स्पष्टीकरण न हो तो विश्वकोश देखा जाना चाहिए।

5. उद्देश्य एवं क्षेत्र **(Objectives and Scope):** अनेक ऐसे अवसर भी आते हैं जब प्रश्नकर्ता स्वयं अपने प्रश्न को स्पष्ट रूप से प्रस्तुत करने में अक्षम रहता है अर्थात् वह यह नहीं जानता कि प्रश्न को किस प्रकार पूछा जाना चाहिए। ऐसी स्थिति में पुस्तकालयाध्यक्ष को प्रश्नकर्ता को साक्षात् बुलाकर प्रश्न स्पष्ट करना चाहिए। इस प्रकार भ्रामकता दूर की जा सकती है।

जहाँ तक क्षेत्र का प्रश्न है तो प्रश्न को देखकर उसके क्षेत्र का निर्धारण करना चाहिए। प्रतिदिन अनेक नये लेख प्रकाशित होते रहते हैं। संदर्भ ग्रंथ सूची (Bibliography) तैयार करना एक कठिन कार्य है। तैयार संदर्भ ग्रंथ सूची (Bibliography) से धन और समय की बचत होती है।

6. सार-सूची तथा सूचीकरण सेवा **(Abstract and Indexing Service):** ये प्रमुख सेवाएं हैं तथा इनका विशेष महत्व है। इनसे सम्बन्धित साधन निम्न हैं:–

(a) गाइड टू रेफरेन्स मैटेरियल, लाइब्रेरी ऐसोसिएशन, लन्दन (Guide to Reference Material, Library Association, London, 1989)

(b) उलरीच इंटरनेशनल पिरयोडिकल डायरेक्टरी (Ulritch International Periodical Directory)

(c) सार-सूचीकरण सेवा (Abstracting Services, FID 1969, 2 Volumes)

(d) सार-सूची और सूचीकरण सेवा डायरेक्टरी (Abstracting and Indexing Services Directory, Gole Publication, 1982)

7. समस्याएं (Problems): साहित्य की खोज के समय अनेक समस्याओं का सामना करना पड़ता है। जैसे:– उस विषय (Topic) पर पत्रिकाएं (Periodical) उपलब्ध हैं या नहीं।

इन समस्याओं पर पत्रिकाएं (Periodicals) उपलब्ध नहीं हैं तो निम्न स्रोतों के आधार पर हम साहित्य की खोज कर सकते हैं। उदाहरण के लिए–

(a) कृषि की संदर्भ ग्रंथ सूची (Bibliography) के लिए कृषि सार-सूची (Agricultural Abstract) की सहायता ली जा सकती है।

(b) ताँबा (Copper) सम्बन्धी विषय के लिए ताँबा सार-सूची (Copper Abstract)।

(c) रसायन सम्बन्धी विषय के लिए रसायन सार-सूची (Chemical Abstract)।

(d) इसी प्रकार भौतिकी सार-सूची (Physics Abstract) आदि भी अपने विषय से सम्बन्धित लेख (Article) आदि के लिए देखे जा सकते हैं।

8. अन्य साहित्य (Other Literature): कुछ ऐसे सामान्य साहित्य हैं उदाहरण के लिए - कांफ्रेंस पेपर, शोध प्रतिवेदन, प्रतिवेदन, शोध पत्र, पेटेंट, स्टैंडर्ड इत्यादि। सार-सूची तथा सूचीकरण सेवा की आवश्यकता होती है।

इस क्षेत्र में पृथक् सूची और सार-सूची (Index and Abstract) तैयार किये गये हैं।

(a) सम्मेलन लेख (Conference Paper): सम्मेलन लेख का विशेष महत्व है। इनसे सम्बन्धित अनेक संदर्भ ग्रंथ सूची (Bibliography) प्रकाशित की जा चुकी हैं जिनमें इसे ढूँढा जा सकता है। जैसे– सम्मेलन लेख सूची (Conference Paper Index)।

(b) शोध प्रतिवेदन (Research Report): रक्षा तथा शोध के क्षेत्र में शोध प्रतिवेदन का महत्व है। इस के नियंत्रण के लिए सर्वप्रथम अमेरिका ने NTIS–National Technical Information Service प्रारम्भ की जिसके अंतर्गत शोध प्रतिवेदनों का सार-सूचीकरण किया गया जिनमें प्रमुख हैं – Government Reports, Announcement Index तथा STAR Scientific and Technical Aero Space Report।

(c) शोध निबन्ध (Thesis): विश्व के विभिन्न शैक्षणिक संस्थाओं तथा शोध संस्थाओं में शोध-पत्र तैयार किये जाते हैं जिनकी शोध कार्यों में विशेष आवश्यकता होती है। इन शोध प्रबन्धों को व्यवस्थित करने के लिए अनेक संदर्भ ग्रंथ सूची (Bibliography) तैयार की गयी हैं। जैसे–शोध निबन्ध सार-सूची (Dissertation Absracts)। International Thesis of University of UK तथा Bibliography of Doctoral Dissertation जिसमें भारत तथा श्रीलंका के विश्वविद्यालयों में उपलब्ध शोध निबन्धों की संदर्भ ग्रंथ सूची (Bibliography) दी गयी है।

(d) पेटेंट (Patent): पेटेंट अन्तर्राष्ट्रीय स्तर पर विशेष विधि द्वारा स्वीकृत ऐसे मानक हैं जो अन्तर्राष्ट्रीय स्तर पर महत्वपूर्ण माने जाते हैं। प्रत्येक देश अपने यहाँ पेटेंट रजिस्टर (Patents Register) रखता है। अत: शोध कार्यों में या औद्योगिक उत्पादन में इनके अध्ययन की आवश्यकता होती है। इनसे सम्बन्धित संदर्भ ग्रंथ सूची (Bibliography) भिन्न हैं। जैसे:–रसायन विज्ञान के पेटेंट के लिए रसायन सार-सूची (Chemical Abstract) तथा British Patents, U.S. Patents आदि। भारत के पेटेंट (Patent), गजेट ऑफ इंडिया, भाग-II (Gazette of India, Part-II) में प्रकाशित किये जाते हैं।

(e) मानक (Standard): प्रत्येक देश में अन्तर्राष्ट्रीय स्तर पर शासन द्वारा अपनी मानक संस्थाओं के माध्यम से मानक निर्धारित किये जाते हैं। उदाहरण के लिए - Bureau of Indian Standard (BIS)। प्रत्येक मानक संस्था अपनी पुस्तिका (Handbook) प्रकाशित करती हैं जिनमें मानकों का विवरण दिया जाता है।

(f) समसामयिकी जागरूकता सेवा (Current Awareness Service): अनेक ऐसे ग्रंथालय हैं जो वहाँ उपलब्ध पत्र पत्रिकाओं की प्रलेखन सूची प्रकाशित करते रहते हैं। यह सार-सूची तथा सूचीकरण सेवा (Abstracting and Indexing Service) उपभोक्ताओं के लिए बहुत महत्वपूर्ण होती है। इस प्रकार की सूची राष्ट्रीय एवं अन्तर्राष्ट्रीय स्तर पर प्रकाशित होती रहती है। उदाहरण के लिए - "Current Contents"। यह एक CAS सेवा है।

(g) प्राथमिक स्रोत (Primary Source): द्वितीय स्रोत के अलावा कुछ ऐसे स्रोत (Source) भी होते हैं जो प्रकाशित नहीं होते लेकिन जिनका शोधकार्यों में विशेष महत्व होता है। इस प्रकार के साहित्य की खोज के लिए भी कुछ संदर्भ ग्रंथ सूची (Bibliography) तैयार की गयी है।

उदाहरणः- उद्धरण सूची (Citation Index) – कुछ ऐसे लेख होते हैं जो सार-सूची तथा इंडेक्स सेवा (Abstract and Index Service) में शामिल नहीं होते अर्थात् उपलब्ध नहीं होते। ऐसे साहित्य की खोज उद्धरण सूची (Citation Index) के द्वारा की जाती है। कुछ प्रमुख उद्धरण सूची इस प्रकार हैं – Science Citation Index, Social Science Index, Art and Humanity Citation Index.

संक्षिप्त प्रश्न (Short Questions)

1. किसी भी प्रश्न को समझने के लिए किन-किन चरणों से गुजरना पड़ता है?
2. प्रश्न से सम्बन्धित कौन-कौन-से विशेष तत्व होते हैं? वर्णन कीजिए।
3. वर्तमान में शोधकार्य अन्तर विषयक अधिक होते हैं। ऐसी स्थिति में किसी विषय को ढूँढने के लिए साहित्य के खोज की क्या प्रक्रिया होगी?
4. साहित्य की खोज में उद्धरण सूची के महत्व को दर्शाइये।

मुख्य शब्द (Key Words)

संदर्भ ग्रंथ सूची – यह प्रलेखों की व्यवस्थित सूची है।

उद्धरण सूची – लेख में दिये गये फुटनोट्स (Footnotes) या संदर्भ ग्रंथ सूची (Bibliography) के आधार पर सन्दर्भों की वर्णक्रम सूची है। इसे लेख के अनुसार व्यवस्थित किया जाता है।

CAS – वह सेवा जो उपभोक्ताओं को आवश्यक सूचनाएं अविलम्ब प्रदान करती है।

साहित्य खोज (Literature Search) – किसी भी विशेष शीर्षक पर किसी भी रूप में एक योजनाबद्ध तरीके से साहित्य की खोज।

स्थानीय प्रलेख सूची (Local Document List) – यह वह CAS सेवा है जिसके अन्तर्गत ग्रंथालय अपने पाठकों को ग्रंथालय में उपलब्ध पाठ्य सामग्री की निरन्तर सूचना देता रहता है।

द्वितीयक सेवा (Secondary Service) – यह सेवा प्राथमिक प्रलेखों पर निर्भर करती है।

जैसेः– सूचीकरण, सार-सूचीकरण सेवा।

डाटाबेस सेवा (Database Service) 24

सामान्य भाषा में डाटाबेस (Database) किसी एक विषय से सम्बन्धित संगठित रिकार्ड (record) है। यह रिकार्ड किसी भी रूप में हो सकता है। यह निरन्तर कार्य करता रहता है तथा राष्ट्रीय एवं क्षेत्रीय स्तर पर उपभोक्ताओं को उपलब्ध होता है। डाटाबेस (Database) को परिभाषित करते समय इसे तीन भागों में बाँटा जा सकता है:–

1. संगठित
2. सूचनाओं का संग्रह
3. कम्प्यूटर के माध्यम से

अत: डाटाबेस (Database) संगठित तथा सामान्य रूप से बिना किसी दूसरे से जुड़ा हुआ किसी भी प्रकार की सूचना का संग्रह है जो कि कम्प्यूटर द्वारा पठनीय रूप (Computer Readable Form) में उपलब्ध होता है। ग्रंथालय एवं सूचना केन्द्रों में प्रलेखों की संदर्भ ग्रंथ सूची (Bibliography) तैयार की जाती है लेकिन कम्प्यूटर विज्ञान (Computer Science) के क्षेत्र में इसे डाटाबेस प्रबन्धन प्रणाली (Database Management System) कहते हैं। डाटाबेस (Database) के निम्न तत्व होते हैं:–

1. कम्प्यूटर द्वारा पठनीय रूप में (Computer Readable Form) सूचना तथा डाटा का संग्रह एवं संगठन किया जाता है।
2. संगठित सूचना संग्रह अनेक सेवाओं तथा रूपों में उपलब्ध होना।
3. सूचना समूह को मुद्रित या इलेक्ट्रॉनिक रूप में प्रस्तुत करना।

1. प्रकार (Types): डाटाबेस (Database) को विभिन्न तत्वों (Components) में वर्गीकृत किया जा सकता है। जैसे:–विवरण के द्वारा, प्राप्ति के विभिन्न तरीकों द्वारा, विषय क्षेत्र के द्वारा, भौगोलिक तथा समय के अनुसार।

उदाहरण के लिए – विवरण के साथ डाटाबेस को संदर्भ ग्रंथ सूची (Bibliography) सम्पूर्ण विवरण तथा अंकन के द्वारा संग्रहित कर सके।

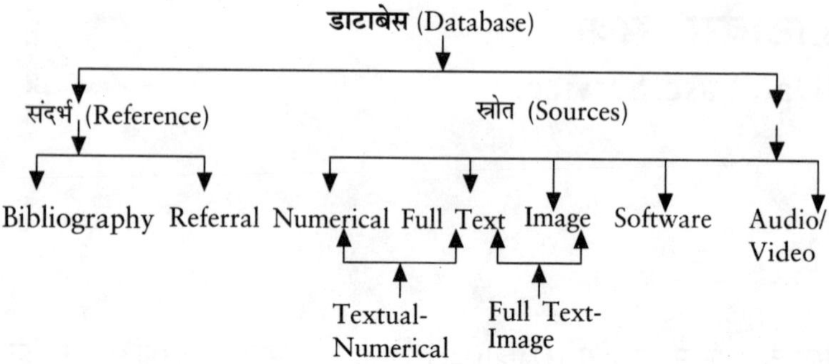

(a) संदर्भ डाटाबेस (Reference Database) – यह डाटाबेस (Database) सम्पूर्ण सूचनाएं नहीं रखते बल्कि केवल सन्दर्भित सूचनाएं ही संग्रह करते हैं। उपभोक्ताओं को उन्हीं स्रोतों के लिए निर्देश दिये जाते हैं जिनमें अतिरिक्त सूचना दी गयी है। यह स्रोत प्रलेख, संस्था या व्यक्ति – तीनों हो सकते हैं। सन्दर्भित डाटाबेस तीन प्रकार के होते हैं:–

(i) संदर्भ ग्रंथ सूची सम्बन्धी डाटाबेस (Bibliography Database)– संदर्भ ग्रंथ सूची सम्बन्धी डाटाबेस प्रलेख के बारे में संदर्भ ग्रंथ सूची (Bibliographical) सम्बन्धी सूचनाएं प्रदान करती हैं। ये प्रलेख, पुस्तक, पत्रिकाएं, लेख, प्रतिवेदन, शोध निबन्ध, सम्मेलन, प्रगति रिपोर्ट (Proceeding Report) आदि हो सकते हैं। उदाहरण के लिए – CA SEARCH.

(ii) BIOSIS Preview.

(iii) बुक इन प्रिंट (Book in Print) – इस डाटाबेस के द्वारा CAS, SDI तथा पुस्तक चयन सेवा प्रदान की जाती है।

(b) संदर्भित डाटाबेस (Referral Database) – यह डाटाबेस ऐसे स्रोत, जो मुद्रित नहीं हैं अथवा उपलब्ध नहीं हैं, के बारे में सन्दर्भ सेवा देते हैं। जैसे:– संगठन व्यक्ति द्वारा श्रव्य सामग्री तथा खोज प्रक्रिया। इसके अन्तर्गत स्विच प्रणाली (Switch System) के द्वारा सेवाएं प्रदान की जाती हैं अर्थात् यांत्रिक प्रणाली (Mechanical System) के द्वारा सेवाएं प्रदान की जाती हैं। जैसे:– Chemical Serivce Index, etc.

(c) स्रोत सम्बन्धी डाटाबेस (Source Database) – स्रोत सम्बन्धी डाटाबेस से तात्पर्य है वह डाटाबेस (Database) जो मूल (Original) प्रकाशनों का सम्पूर्ण विवरण प्रस्तुत करते हैं जो इलेक्ट्रॉनिक (Electronic) माध्यम से प्राप्त किया जाता है। यह कई तरीकों से तैयार किये जाते हैं। यह कई प्रकार के होते हैं जो निम्न हैं:–

(i) अंकन रूप डाटाबेस (Numerical Form Database) – ये डाटाबेस अंकन रूप में होते हैं। इन्हें विभिन्न तरीकों से संग्रहित किया जाता है। जैसे:–वैज्ञानिक डाटा, शोध एवं प्रयोगशाला सम्बन्धी सांख्यिकीय डाटा तथा सर्वे (Survey) आदि।

(ii) पूर्ण विवरण रूप (Full Text Form Database) – यह डाटाबेस सूचना सम्बन्धी प्रलेख की सम्पूर्ण विवरण का संग्रह करते हैं। जैसे:–पत्रिकाओं का लेख, समाचार पत्रों में प्रकाशित विशिष्टि सूचनाएं आदि। इस प्रकार के डाटाबेस (Database) उपभोक्ताओं के लिए अधिक लाभकारी होते हैं।

(iii) इमेज डाटाबेस (Image Database) – यह डाटाबेस ग्राफिक सामग्री का संग्रह होती है। जैसे:– ग्राफिक डिजाइन (Graphic Design), चित्र (Photograph), चार्ट (Chart), मानचित्र (Map) आदि। इस प्रकार के डाटाबेस का प्रयोग इंजीनियरिंग, चिकित्सा तथा भूगर्भ अध्ययनों के लिए अधिक होता है।

(iv) सॉफ्टवेयर (Software) – डाटाबेस कम्प्यूटर प्रोग्राम (Computer Programme) के माध्यम से संग्रहित किये जाते हैं और इनका प्रयोग स्थानीय होता है।

(v) दृश्य-श्रव्य डाटाबेस (Audio-Visual Database) – इस प्रकार के डाटाबेस ध्वनि का संग्रह करते हैं। जैसे:–Club Programme, Depth of Sound इत्यादि।

(d) टेक्सचुअल-न्युमेरिकल डाटाबेस (Textual–Numerical Database) – इस प्रकार के डाटाबेस सांख्यिकीय सम्पति आदि के विवरण सम्बन्धी सूचनाओं के संग्रह होते हैं जिनमें विवरण के साथ-साथ संख्यात्मक रूप में भी डाटा संग्रह किये जाते हैं।

(e) फूल टेक्सट-इमेज डाटाबेस (Full Text-Image Database) – वास्तविक रूप में यह सम्पूर्ण डाटाबेस ही होते हैं लेकिन इनमें चित्र, अंक, चार्ट (Chart) आदि सामग्री का भी विवरण होता है।

कुछ अन्य आधुनिक डाटाबेस – सम्पूर्ण संसार में वर्तमान में लगभग 5 हजार डाटाबेस कार्य कर रहे हैं। पिछले कुछ वर्षों में विज्ञान ने बहुत प्रगति की है जिसके परिणामस्वरूप सी.डी. टेक्नोलॉजी (CD Technology) के माध्यम से अधिक से अधिक बिबलियोग्राफिक रिकार्ड (Bibliographic Record) संगठित किये जा सकते हैं और PC के द्वारा सभी सूचनाएं प्राप्त की जा सकती हैं।

2. खोज प्रणाली का विकास: उपभोक्ता तथा सूचना पद्धति के बीच सूचना खोज एक महत्वपूर्ण कार्य है। खोज कई स्तर से की जाती है। सूचना खोज प्रणाली सूचना प्रकीर्णन से प्रभावित होती है जिसमें निम्न तीन बातें महत्वपूर्ण हैं–

(a) प्रलेखों के विषय का विश्लेषण।

(b) इन्डेक्सिंग भाषा में विचारों का हस्तान्तरण।

(c) डाटाबेस के अन्तर्गत फाइल संगठन अर्थात् फाइल तैयार करना।

खोज प्रणाली के अन्तर्गत सूचना खोज के लिए तीन बातें प्रमुख हैं–

(a) जिस विषय (Topic) की खोज करनी है उसके बारे में सम्पूर्ण जानकारी।

(b) शब्द (Terms) जो उपयुक्त हो उनका विषय के अनुसार विकास एवं निर्धारण।

(c) सूचना के आधार पर खोज कार्य की समीक्षा।

शोध प्रोग्राम के प्रकार (Types of Research Programme)

खोज चार सिद्धान्तों पर आधारित है। ये चार सिद्धान्त हैं:–

1. बुलियन खोज
2. मैचिंग कार्य के आधार पर खोज
3. महत्व के आधार पर खोज
4. जटिल प्रकीर्णन के आधार पर खोज

उपरोक्त चारों सिद्धान्त में बुलियन खोज सिद्धान्त सबसे महत्वपूर्ण है। यह बुलियन वर्क AND और NOT पर आधारित है। बड़े डाटाबेस (Database) का प्रकीर्णन फाइल पर आधारित होता है। डाटाबेस (Database) का प्रत्येक शब्द खोजना होता है जिसमें शब्द (Terms) के सम्बन्धों को देखना होता है। कुछ डाटाबेस (Database) ऐसे होते हैं जिसमें मानवीय सहायता की आवश्यकता नहीं होती लेकिन सामान्य रूप से इन्डेक्सिंग के लिए नियंत्रित शब्दावली का प्रयोग किया जाता है, जिनके आधार पर शब्द निकाले जाते हैं।

ऑन-लाइन (Online) खोज प्रणाली के तरीके के अन्तर्गत जो व्यक्ति खोज करता है वह कम्प्यूटर (Computer) पर उस सन्देश को टाइप (Type) करता है। जब वह रिटर्न–की (Return Key) को दबाता है तो संदेश टर्मिनल (Terminal) से मॉडेम (Modem) तथा मॉडेम (Modem) से नेटवर्क (Network) में जाता है। अतः खोज करने वाले व्यक्ति या उपभोक्ता अपने प्रश्नों का उत्तर प्राप्त करते रहते हैं। उपभोक्ताओं की सुविधाओं को बढ़ाने के लिए ऑन-लाइन (Online) प्रणाली में स्विचिंग (Switching) प्रणाली को आधार माना गया है। कम्प्यूटर पॉकेट स्विचिंग (Computer Pocket Switching), दूरसंचार नेटवर्क (Telecommunication Network) से जोड़ दिये जाते हैं जिससे कि किसी भी दूरी के डाटाबेस (Database) को प्राप्त किया जा सकता है।

ऑन-लाइन खोज प्रणाली के तत्व
(Components of Online Search System)

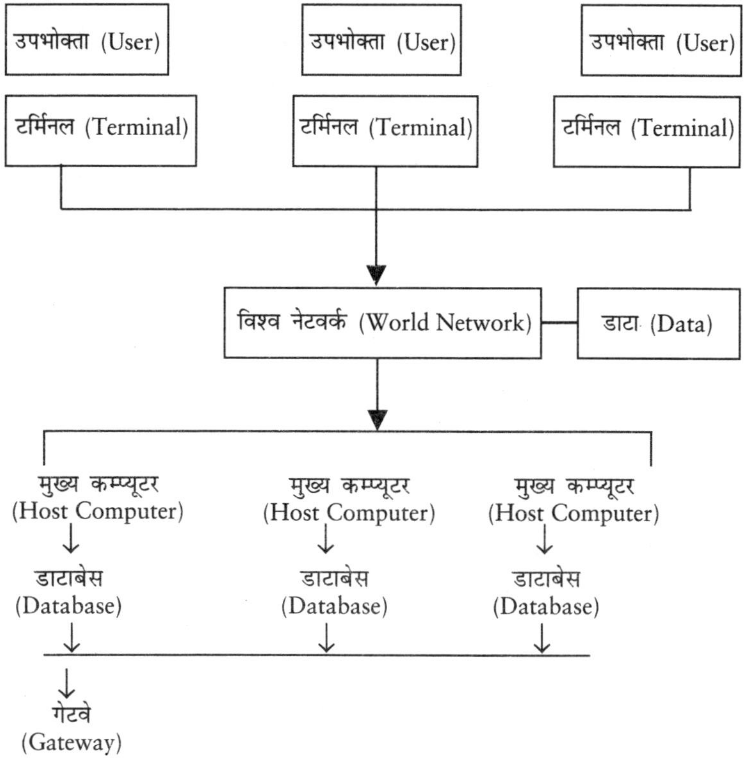

भारत में डाटाबेस का प्रयोग - भारत में INSDOC तथा DRTC ने सूचना संग्रहण तथा प्रकीर्णन के क्षेत्र में महत्वपूर्ण कार्य किये हैं। INSDOC में भारत की समस्त वैज्ञानिक ग्रंथालयों में उपलब्ध श्रृंखलाओं (Serial) की सूची (Catalogue) तैयार की गई है जिसे डाटाबेस (Database) के रूप में स्थापित किया गया है। इसी प्रकार BARC के द्वारा परमाणु विज्ञान (Nuclear Science), ICAR के द्वारा कृषि सम्बन्धी डाटाबेस तैयार किये गये हैं और इन डाटाबेस (Database) को AGRIS और INIS प्रणाली से जोड़ा गया है। इन दोनों प्रणालियों से कम्प्यूटर सुविधाएं बढ़ी हैं। इसके कारण अनेक संस्थाओं के द्वारा कम्प्यूटर रीडेबल फार्म (Computer Readable Form) में डाटा संग्रह कार्य को प्रोत्साहन मिला है। NISCAIR द्वारा डाटाबेस प्रणाली (Database System) को विकसित गया किया है जिसमें 89 डाटाबेस (Database) हैं जो कि भारत के 58 संस्थाओं द्वारा स्थापित किए गये हैं।

उदाहरण - Directory of Science and Technology Information System

प्रत्येक डाटाबेस (Database) में निम्नलिखित विवरण उपलब्ध होता है:–

1. डाटाबेस का नाम
2. विषय
3. किस प्रकार की संस्था से सम्बन्धित है
4. क्षेत्र, स्थानीय, राष्ट्रीय
5. डाटाबेस की भाषा
6. संचार की भाषा
7. कितना समय लगता है
8. कितने प्रलेख हैं
9. प्रलेख के प्रकार जिनका सूचीकरण किया गया है
10. सूचीकरण प्रणाली
11. वर्गीकरण प्रणाली
12. खोज प्रणाली
13. कितने व्यक्ति इसमें कार्यरत हैं
14. क्या वह कम्प्यूटरीकृत प्रणाली है
15. क्या वह अन्तर्राष्ट्रीय डाटाबेस से जुड़ा हुआ है
16. किस प्रकार की सेवा प्रदान की जाती है
17. क्या उपभोक्ता की फाइल तैयार की जाती है

NISSAT भी डाटाबेस (Database) के विकास में अपना योगदान देता है। अनेकों ऐसे डाटाबेस हैं जो सूचना की खोज में निरन्तर कार्य कर रहे हैं और उपभोक्ताओं को सूचना उपलब्ध करा रहे हैं।

जैसे:–DELNET, INFLIBNET, CALIBNET, NICNET, INDONET तथा अनेक ऐसी संस्थाएं हैं जो व्यक्तिगत रूप से डाटाबेस स्थापित कर रहे हैं।

डाटाबेस तैयार करने में ध्यान रखे जाने वाले कुछ तथ्य:–

(a) डाटाबेस के उत्पादन एवं रख-रखाव के लिए स्तर (Standard), उपयुक्त सॉफ्टवेयर (Software) तथा शब्दकोश (Thesaurus) का प्रयोग किया जाना चाहिए।

(b) डाटाबेस (Database) राष्ट्रीय एवं अन्तर्राष्ट्रीय नेटवर्क से जुड़ा होना चाहिए।

(c) एक समान दो डाटाबेस (Database) होने चाहिए जिससे एक ही विषय पर अधिक से अधिक सूचनाएं प्राप्त हो सकें।

(d) डाटाबेस (Database) उत्पाद (Product) तथा स्रोत (Source) को अधिक प्रचारित किया जाना चाहिए।

(e) सामान्य रूप से डाटा (Data) निजी (Private) संस्थाओं द्वारा स्थापित किये जाने चाहिए।

(f) डाटाबेस सेवा (Database Service) के लिए आवश्यक प्रशिक्षण दिया जाना चाहिए।

संक्षिप्त प्रश्न (Short Questions)

1. डाटाबेस शब्द से आप क्या समझते हैं?
2. संदर्भ ग्रंथ सूची सम्बन्धी डाटाबेस के प्रयोग का वर्णन कीजिए।
3. डाटाबेस खोज प्रणाली की प्रक्रिया को समझाइये।
4. भारत में डाटाबेस के प्रयोग की सम्भावनाओं पर टिप्पणी लिखिए।

मुख्य शब्द (Key Words)

1. डाटा फाइल (Data File): डाटा रिकार्ड का वह संग्रह जिसको विशिष्ट प्रकार से संग्रहित किया गया है उसे डाटा फाइल कहते हैं।
2. गेटवे (Gateway): खोजकर्ता को दी जाने वाली वह सुविधा जो ऑन-लाइन (Online) को ऑनलाइन सेवा (Online Service) से जोड़ती है।

3. होस्ट कम्प्यूटर (Host Computer): वह प्राथमिक और नियंत्रित कम्प्यूटर जो अनेक कम्प्यूटर प्रक्रिया या नेटवर्क से जुड़े हों।
4. ऑनलाइन (Online): वह स्थिति जो कम्प्यूटर के सीधे नियंत्रण के अन्तर्गत सूचना प्रणाली या विधि के द्वारा किसी टर्मिनल (Terminal) या दूसरे कम्प्यूटर से जुड़ा होता है।

डाटाबेस मध्यस्थ
(Database Intermediaries)

25

एक डाटाबेस (Database) के अन्तर्गत कुछ ऐसे उपभोक्ता होते हैं जिन्हें मध्यस्थ (Intermediaries) कहते हैं। इसका मुख्य कार्य उपभोक्ता की मांग के अनुरूप डाटाबेस (Database) की सहायता से उत्तर प्राप्त करना है। डाटाबेस (Database) से सूचना खोज (Literature Search) ग्रंथालय और सूचना केन्द्रों का प्रमुख कार्य है। सामान्य रूप से जहाँ सूचना की खोज की जाती है वहाँ तीन तत्व महत्वपूर्ण होते हैं:

1. डाटाबेस (Database) का चयन
2. उपभोक्ता का प्रश्न या माँग
3. खोज करने वाला

यह तीनों सम्मिलित रूप से डाटाबेस (Database) प्रयोग करते हैं। मध्यस्थता करने वाला डाटाबेस से निरन्तर सूचना की खोज करता रहता है। वह एक प्रमुख मध्यस्थ माना जाता है। मध्यस्थता करने वाले में विशेष रूप से सूचना विशेषज्ञ तथा पुस्तकालयाध्यक्ष होते हैं। डाटाबेस मध्यस्थ सूचना विशेषज्ञ होते हैं जो डाटाबेस (Database) से सूचना की खोज करने में कुशल होते हैं तथा उपभोक्ताओं की आवश्यकताओं की पूर्ति करते हैं। इन मध्यस्थों को हार्डवेयर (Hardware), सॉफ्टवेयर (Software), तथा संचार प्रौद्योगिकी (Communication Technology) का पूरा ज्ञान होता है। आवश्यकता पड़ने पर ये उपभोक्ता से साक्षात्कार भी करते हैं ताकि उपभोक्ता के प्रश्नों को ठीक से समझा जा सके।

1. प्रमुखता (Importance): मध्यस्थ निम्न प्रमुख कार्य करते हैं:–

(a) उपभोक्ता को डाटाबेस (Database) सूचना उपलब्ध कराना।

(b) उपभोक्ता की आवश्यकताओं से डाटाबेस मैनेजर (Database Manager) को अवगत कराना।

(c) ऐसे लोगों की सहायता करना जिनको डाटाबेस खोज का ज्ञान नहीं होता है।

(d) उपभोक्ता की सूचना सम्बन्धी माँग को इस तरह से अनुवादित करना कि डाटाबेस से उत्तर प्राप्त हो सके।

2. डाटाबेस प्रशासक (Database Administrator): डाटाबेस प्रशासक मध्यस्थ नहीं माना जाता क्योंकि उसका कार्य डाटाबेस का रख-रखाव होता है। वह उपभोक्ता को डाटाबेस के प्रयोग में सहायता करता है। वह डाटाबेस के तकनीकी कार्य को देखता है।

मध्यस्थ के गुण या विशेषताएं – मध्यस्थ उपभोक्ता और डाटाबेस के बीच एक कड़ी का काम करता है। डाटाबेस (Database) से सूचना प्रकीर्णन कार्य के लिए उसमें निम्न गुण होने चाहिए–

(a) आत्मविश्वास
(b) तीक्ष्ण मस्तिष्क
(c) संचार के कार्य में दक्षता
(d) विषय क्षेत्र का ज्ञान
(e) गहन प्रशिक्षण
(f) सूचना को समझने की दक्षता
(g) सहनशीलता
(h) कार्यकुशलता
(i) ज्ञान में सहभागिता
(j) तकनीकी जानकारी

3. मध्यस्थ के कार्य (Functions of Intermediaries):

(a) उपभोक्ता की आवश्यकताओं को समझना
(b) उपयुक्त डाटाबेस का चयन करना
(c) उपयुक्त खोज प्रणाली का चयन करना
(d) प्रमुख शब्दों का निर्धारण करना
(e) उपभोक्ताओं के पूर्व अनुभव की जानकारी करना
(f) सार-सूचीकरण तथा सूचीकरण पत्रिका (Abstracting and Indexing Journals) का अध्ययन करना
(g) डाटाबेस (Database) से सूचना खोज के लिए शब्दकोश (Thesaurus) का अध्ययन करना
(h) खोज हेतु उचित शब्द (Term) का चयन करना
(i) उपभोक्ता के अनुरूप खोज कार्य प्रारम्भ करना

(j) उपभोक्ता को खोज प्रणाली के विषय में जानकारी देना

(k) ग्रंथालय एवं सूचना केन्द्र में सन्दर्भ ढूँढना

(l) खोज का सम्पादन करना।

4. खोज के चरण (Steps of Search): डाटाबेस से सूचना की खोज एक सरल कार्य नहीं। इसके लिए प्रश्न का समझना, खोज प्रणाली को समझना, खोज शब्दावली का चयन करना आवश्यक है। सूचना खोज के लिए उपभोक्ता से साक्षात्कार, खोज की तैयारी, खोज कार्य का सम्पादन आवश्यक होता है जिसके लिए निम्न चरणों से गुजरना होता है:–

प्रथम चरण – खोज पूर्व साक्षात्कार – उपभोक्ता के प्रश्न पर विचार करने से पूर्व प्रश्न को समझने के लिए उपभोक्ता से साक्षात्कार करना आवश्यक है। साक्षात्कार वह प्रक्रिया है जिसमें मध्यस्थ व्यक्ति सलाहकार का कार्य करता है। इसके आधार पर वह खोज कार्य को अन्तिम रूप देता है। यह साक्षात्कार कार्य बहुत महत्वपूर्ण होता है। क्योंकि इससे प्रश्न को समझने में सहायता मिलती है। साक्षात्कार में निम्न विशेष बातें होनी चाहिए:–

(a) डाटाबेस का उपयोग एवं लाभ

(b) प्रश्न की प्रकृति पर विचार करना

(c) उपभोक्ता के साथ सूचना सम्बन्धी विचार-विमर्श

(d) प्रश्न को समझना

(e) सूचना के क्षेत्र को समझना

(f) सूचना के तरीके पर विचार करना

(g) उपयुक्त डाटाबेस पर विचार करना

(h) खोज पर खर्च होने वाले धन पर विचार करना

(i) सॉफ्टवेयर की विशेषताओं पर विचार करना

द्वितीय चरण – खोज की तैयारी – साक्षात्कार के पश्चात् खोज कार्य प्रारम्भ करने से पूर्व कुछ तैयारी करनी होती है जिसके लिए सर्वप्रथम एक योजना बनानी होती है। यह भी निश्चित करना होता है कि किस डाटाबेस की खोज की जाये। यदि खोज सरल है और डाटाबेस सामान्य है तब यह मध्यस्थ के लिए अधिक सुविधाजनक होता है।

तृतीय चरण – खोज प्रक्रिया - मध्यस्थ समझता है कि प्रश्न जिस रूप में प्रस्तुत किया गया है यदि वह डाटाबेस के लिए उपयुक्त नहीं तो उस पर उसके हल हेतु विचार किया जाना चाहिए। खोजकर्ता को डाटाबेस के प्रयोग के

समय उपभोक्ता की माँग का उपयुक्त अनुवाद करना चाहिए। खोज प्रक्रिया में दो बातें महत्वपूर्ण होती हैं–

(a) सूचना की माँग का आधार

(b) सूचना सम्बन्धी विचार और आधार के बीच सम्बन्ध

यही कारण है कि उपभोक्ता की सूचना का डाटाबेस के अनुरूप अनुवाद किया जाता है। अतः एक सफल मध्यस्थ वह होता है जो प्रश्न की जटिलता को समझ लेता है।

चतुर्थ चरण – खोज कार्य का प्रारम्भ – खोज विधि का निर्धारण तथा डाटाबेस की विशेषता जानने के पश्चात् खोज प्रारम्भ की जाती है। खोज के कार्य के निम्न चरण हैं:–

(a) कम्प्यूटर (Computer) से टर्मिनल (Terminal) को जोड़ना, टर्मिनल से मॉडेम को जोड़ना। इस प्रणाली में संचार नेटवर्क और टेलीफोन का प्रयोग किया जाता है।

(b) उपयुक्त सूचना का मुद्रण – जब वांछित सूचना (Items) का प्रकीर्णन हो जाता है तब सूचना को ऑनलाइन (Online) मुद्रित रूप में ले लिया जाता है। उसके पश्चात् सम्बन्धित सूचना का पूरा प्रिंट (Print) ले लिया जाता है।

(c) अन्त में सूचना को समाप्त करने के लिए कम्प्यूटर को कमांड दी जाती है।

पंचम चरण – विश्लेषण कार्य – जब खोज पूर्ण हो जाती है तब खोज कार्य का विश्लेषण किया जाता है जिसमें यह मूल्यांकन किया जाता है कि क्या उपभोक्ता को सन्तुष्टि प्राप्त हुई।

5. खोजकर्ता का योगदान (Contribution of Searcher): एक अच्छे खोजकर्ता में निम्न गुणों का होना जरूरी है:–

(a) खोज का यह सिद्धान्त है कि उपभोक्ता से प्रश्नों को एकत्रित करने के पश्चात् सूचना का आधार समझना चाहिए।

(b) समस्या का विश्लेषण, खोज योजना तथा खोज का मूल्यांकन होना चाहिए।

(c) खोजकर्ता को विषय का तथा डाटाबेस का पूर्ण ज्ञान हो।

(d) इसके अतिरिक्त उसे संचार उपकरणों का भी ज्ञान होना चाहिए। खोजकर्ता को सिस्टम (System) को निरस्त करने तथा सम्बन्ध विच्छेद (Disconnect) करने का ज्ञान भी होना चाहिए।

(e) उसे उचित कमांड (Command) देना, उचित शब्दों (Terms) को समझना और सिस्टम और डाटाबेस (System and Database) के प्रयोग का ज्ञान होना चाहिए। जब खोज समाप्त हो जाये तब सिस्टम (System) को बन्द करने का भी ज्ञान होना चाहिए। इस प्रकार खोज प्रक्रिया पूर्ण होती है।

6. सम्पादक के रूप में योगदान (Contributions as Editor): खोजकर्ता के कार्य के पश्चात् सम्पादक का कार्य प्रारम्भ होता है। बहुत से उपभोक्ता मुद्रित कापी प्राप्त करने के पश्चात् भी सन्तुष्ट नहीं होते। अतः उपभोक्ता को कोई भी सूचना देने से पूर्व यह देखना होता है कि जिस सूचना की जो मुद्रित कापी उपभोक्ता को दी जा रही है वह स्पष्ट है या नहीं। सूचना से उसका सम्बन्ध है या नहीं तथा क्या वह सूचना के अनुरूप है। अतः सम्पादक का निम्न योगदान होता है–

(a) खोज का उचित ढाँचा तैयार करना – इसके लिए एक फार्म तैयार किया जाता है जिस पर खोज का नम्बर, तिथि, उपभोक्ता, शीर्षक सम्बन्धी सूचना दी होती है जिसके आधार पर सम्पादक सूचना की मुद्रित कापी का मूल्यांकन करता है।

(b) डाटाबेस की सूची तथा सारांश तैयार करना – जिस डाटाबेस से सूचना की खोज की जाती है उस डाटाबेस का सारांश तैयार करता है जिसमें डाटाबेस का नाम स्रोत, सूचना प्राप्त करने में लगा समय आदि का विवरण होता है।

(c) खोज की योजना सम्बन्धी सारांश – उपभोक्ता की माँग पर सम्पादक द्वारा सूचना के खोजने की पूर्ण तैयारी करनी पड़ती है। यह सब फार्म में लिखना पड़ता है।

(d) सन्दर्भ – आवश्यकता के आधार पर घंटा एवं समय की लागत का निर्धारण करना होता है कि सम्बन्धित सूचना प्राप्त करने में कितना समय लगा और कितने सन्दर्भ खोजे गये।

(e) खोज की समाप्ति – अन्त में खोज की समाप्ति पर खोज, कार्य, खर्च, उपलब्ध सूची, प्रलेख हस्तान्तरण आदि जिसके द्वारा उपभोक्ताओं को सेवा दी जाती है, का सम्पूर्ण विवरण रखा जाता है।

7. मध्यस्थ का भविष्य (Future of Intermediaries): जिस प्रकार उपभोक्ता तकनीकी विकास से लाभवान्वित होता रहा है उससे स्पष्ट है कि भविष्य में उपभोक्ता स्वयं ही खोज कार्य कर सकेगा और खोज तकनीक तब और भी सरल हो जायेगी।

8. खोज का प्रयोग (Uses of Search): जब टर्मिनल (Terminal) डाटाबेस (Database) से जुड़ जाता है तब मध्यस्थ व्यक्ति खोज कार्य प्रारम्भ

कर देता है और वह शब्द जिसके माध्यम से सूचना खोजी जाती है कम्प्यूटर के मॉनिटर पर देखा जा सकता है।

उपभोक्ता केवल अपनी समस्या या प्रश्न प्रस्तुत करता है तथा मध्यस्थ उस प्रश्न के आधार पर शब्द का चयन करने के पश्चात् उपभोक्ता को सूचना प्रदान करता है लेकिन यह तभी सफल होता है जब उपभोक्ता का प्रश्न स्पष्ट हो।

मध्यस्थ अपना कार्य सफलतापूर्वक कर सकता है जब वह उपभोक्ता को खोज प्रणाली के सम्बन्ध में पर्याप्त प्रशिक्षण प्रदान करे। इसके लिए यह आवश्यक है कि प्रशिक्षण (Training) की अवधि कम हो, पासवर्ड (Password) की उचित व्यवस्था हो, खोजने की कीमत उचित हो तथा खोज के प्रकार के अनुसार कमांड (Command) का अनुभव हो।

यही कारण है कि अधिक संख्या में उपभोक्ता विषय विशेषज्ञ होने के कारण सूचना खोज में अपना समय नष्ट नहीं करते और इस कार्य को मध्यस्थ पर छोड़ देते हैं। वह खोज की तैयारी, खोज की प्रक्रिया तथा खोज से सम्बन्धित समस्त कार्य करता है।

संक्षिप्त प्रश्न (Short Questions)

1. उपभोक्ता के लिए मध्यस्थ की क्या भूमिका है?
2. मध्यस्थ के गुणों का वर्णन करें।
3. सूचना केन्द्र में मध्यस्थ के कार्यों का विवरण दें।
4. खोज के विभिन्न चरण कौन-कौन-से हैं?
5. खोज के उद्देश्य क्या हैं?
6. डाटाबेस के माध्यम से खोज करने वाले व्यक्ति में क्या विशेषताएं होनी चाहिए?
7. डाटाबेस सम्पादक के योगदान का वर्णन करें।
8. उपभोक्ता डाटाबेस के प्रयोग के लिए मध्यस्थ की सहायता क्यों लेता है?

मुख्य शब्द (Key Words)

(a) डाटाबेस (Database) – यह कम्प्यूटर में संग्रहित डाटा का संगठन है जिसकी स्वचालित रूप में खोज की जा सकती है।

(b) डाटाबेस प्राप्ति (Database Access) – ऑनलाइन डाटा से निरन्तर जोड़ने की प्रक्रिया।

(c) सम्पादक (Editor) – वह व्यक्ति जो सूचना खोज में संपादन का कार्य उपभोक्ता की सहायता के लिए करता है।

(d) मध्यस्थ (Intermediary) – वह सूचना विशेषज्ञ या पुस्तकालयाध्यक्ष जो उपभोक्ता और डाटाबेस के बीच मध्यस्थ का कार्य करता है।

(e) खोजकर्ता (Searcher) – वह व्यक्ति जो वास्तव में डाटाबेस की खोज करता है।

ऑनलाइन सूचना प्रणाली (Online Information System) 26

ऑनलाइन (Online) खोज प्रणाली कम्प्यूटर से सम्बन्धित आधुनिक प्रौद्योगिकी (Technology) है। इसमें कम समय में सुदूर टर्मिनल (Remote Terminal) का प्रयोग किया जाता है। संचार नेटवर्क के माध्यम से यह संचार प्रणाली कार्य करती है। लाइब्रेरी ऑफ कांग्रेस (Library of Congress) के द्वारा 1965 में MARC का विकास किया गया। ऑनलाइन (Online) सूचना प्रकीर्णन प्रणाली के प्रयोग के लिए दूरसंचार (Telecommunication) नेटवर्क आवश्यक होता है। इस नेटवर्क की सहायता से डाटाबेस (Database) ऑनलाइन की खोज की जाती है और तीव्रगति से डाटा हस्तान्तरण किया जाता है। इसके अन्तर्गत अनेक लाइनों के माध्यम से एक ही समय में अनेक उपभोक्ताओं को सेवाएं दी जा सकती हैं।

1. ढाँचा (Structure): अधिकतर ऑनलाइन प्रकीर्णन प्रणाली या डाटाबेस में तीन फाइलें डिस्क (disc) में रखी जाती हैं। एक सूची फाइल (Index file) में डाटाबेस से सम्बन्धित शब्दों (Terms) को वर्गीकरण के अनुसार व्यवस्थित किया जाता है। इस प्रणाली में कुछ महत्वपूर्ण बातें इस प्रकार हैं:–

एक फाइल में उन शब्दों (Terms) को संग्रहित किया जाता है जो प्रलेखों (Document) का प्रतिनिधित्व करते हैं।

दूसरी फाइल शब्द सूची की होती है जिसका शब्दों की खोज के लिए प्रयोग किया जाता है।

तीसरी फाइल यूनिट रिकार्ड फाइल (Unit Record File) कहलाती है जिसमें प्रलेखों का नम्बर दिया होता है।

2. आन्तरिक ढाँचा (Internal Structure): प्रकीर्णन प्रणाली के प्रयोग के लिए निम्न सुविधाएं आवश्यक हैं:–

(a) दूरसंचार लाइन (Telecommunication Line)

(b) हार्डवेयर तथा सॉफ्टवेयर (Hardware and Software)

(c) पासवर्ड और लॉग प्रक्रिया (Password and Log Procedure)

(d) प्रशिक्षण (Training)

(e) खोज के सहायक तत्व (Search Aids)।

(a) दूरसंचार लाइन (Telecommunication Line): यह निम्न पाँच प्रकार की होती हैं:–

(i) भौतिक संचार के साधनः जैसे:– तार, केबल, ऑप्टीकल फाइबर, माइक्रोवेव इत्यादि।

(ii) बंधक साधन (Bounded Media): जैसे:– टेलीफोन, टी.वी. में प्रयोग किये गये तार।

(iii) कोएक्सीअल केबल (Coaxial Cable): यह सर्किट टी.वी. के लिए प्रयोग किये जाते हैं।

(iv) फाइबर ऑप्टिक केबल (Fibre Optic Cable): यह पारदर्शी प्लास्टिक के बने होते हैं। इनके प्रयोग से सिग्नल (Signals) की गति बढ़ जाती है।

(v) स्वतंत्र साधन (Unbounded Media): जैसे:–माइक्रोवेव संचार (Microwave Communication), उपग्रह संचार (Satellite Communication)।

(b) हार्डवेयर और सॉफ्टवेयर (Hardware and Software): यह तीन प्रकार के होते हैं: (1) मॉडेम (Modem), (2) टेलीफोन कनेक्शन (Telephone Connection), (3) संचार सॉफ्टवेयर (Communication Software)।

(c) पासवर्ड और लॉग प्रक्रिया (Password and Log Procedure): ऑनलाइन प्रणाली (Online System) को प्रारम्भ करने के लिए पासवर्ड की आवश्यकता होती है तथा डाटाबेस से कनेक्शन के लिए लॉग ऑन प्रक्रिया अपनायी जाती है।

(d) प्रशिक्षण (Training): प्रशिक्षण के लिए निम्नलिखित बातों का ज्ञान होना आवश्यक है:–

(i) कमांड भाषा (Command Language)

(ii) खोज तार्किकता (Search Logic)

(iii) डाटाबेस ढाँचा और खोज क्षमता (Database Structure and Search Capacity)

(iv) संचार सॉफ्टवेयर (Communication Software)

(v) लॉग ऑन विधि (Log on Procedure)

(e) खोज के सहायक तत्व (Search Aids): सूचना से सम्बन्धित सन्दर्भ को देखने के लिए उपभोक्ता को सभी सूचना उपकरण उपलब्ध होने चाहिए। जैसे:–ऑनलाइन प्रणाली पर सूचना ढूँढने की निर्देशिका।

डाटाबेस की खोज के लिए निर्देशिका अथवा निर्देशिकायें डाटाबेस मैनेजर (Database Managers) पर उपलब्ध होती हैं।

3. ऑनलाइन प्रणाली के प्रयोग की लागत (Cost on the Use of Online System): ऑनलाइन प्रणाली के प्रयोग पर निम्न खर्चे होते हैं:–

(a) एक बार होने वाले खर्चे – ये खर्चे आन्तरिक ढाँचे को तैयार करने में किये जाते हैं। जैसे:– हार्डवेयर (Hardware) तथा सॉफ्टवेयर (Software) की लागत, प्रिंटर (Printer), मॉडेम (Modem) को प्रयोग करने के लाइसेन्स की फीस। टेलीफोन तथा प्रशिक्षण पर होने वाला खर्च एक बार ही किया जाता है। इन खर्चों को स्थायी खर्चे कहते हैं।

(b) निरन्तर होने वाले खर्चे – यह खर्च इस बात पर निर्भर करता है कि उपभोक्ता कितनी बार सिस्टम का प्रयोग करता है। इसमें ये खर्चे आते हैं।

(c) System सम्बन्धी खर्चे – ऑनलाइन प्रणाली (Online System) के प्रयोग का अधिकार प्राप्त करने के लिए फीस देनी होती है। जो निम्न है:–

पासवर्ड शुल्क (Password Fees) – यह लगभग 850 रुपये है।

कम्प्यूटर के प्रयोग पर आने वाले खर्चे – जब उपभोक्ता किसी सूचना को प्राप्त करने के लिए कम्प्यूटर का प्रयोग करता है तो उसे मिनट व घंटो के अनुसार फीस देनी होती है यह फीस लगभग एक हजार रुपये प्रति घंटा होती है। इस दर में निरन्तर कमी आती जा रही है।

आउटपुट मूल्य (Output Cost) – सूचना प्रकीर्णन और उसकी मुद्रित प्रति प्राप्त करने के लिए उपभोक्ता को अतिरिक्त मूल्य चुकाना पड़ता है।

(d) दूरसंचार लागत – दूरसंचार लागत में STD पर आने वाले खर्च को उपभोक्ता को स्वयं वहन करना पड़ता है। यह लगभग 3 रु. प्रति मिनट होता है।

4. सूचना नेटवर्क (Information Network): सूचना नेटवर्क से तात्पर्य उस नेटवर्क से है जिसके अन्तर्गत ऑनलाइन सूचना के आधार पर कम्प्यूटरीकृत डाटाबेस से सूचना प्राप्त की जाती है। इसमें टर्मिनल (Terminal)

को नेटवर्क से जोड़ा जाता है। इसके अतिरिक्त पोस्टल (Postal), टेलेक्स (Telex) तथा फैक्स (Fax) भी नेटवर्क कहलाते हैं। सूचना नेटवर्क को निम्न वर्गों में बाँट सकते हैं:–

(a) खोज सेवा नेटवर्क (Search Service Network) – वह नेटवर्क सेवा जिसमें सूचनाएं ढूँढी जाती हैं। इसमें सूचना खोजने वाले को विभिन्न डाटाबेस (Database) व फाइलें (Files) उपलब्ध करायी जाती हैं।

(b) ग्राहक सेवा नेटवर्क (Customer Service Network) – इसके अन्तर्गत उपभोक्ता को स्थानीय उपयोग के लिए सूचना को ढूँढने हेतु संदर्भ ग्रंथ सूची सम्बन्धी फाइल (Bibliographic File) उपलब्ध करायी जाती है।

(c) सेवा केन्द्र नेटवर्क (Service Centre Network) – यह नेटवर्क संस्था के रूप में कार्य करते हैं। इनसे सीधी सूचना प्राप्त नहीं की जा सकती है।

इसकी सेवाएं किसी एजेन्सी (Agency) या दलाल के माध्यम से प्राप्त की जाती हैं। इस प्रकार के नेटवर्क द्वारा ऑनलाइन प्रदान की जाती हैं। जैसे:– संघीय सूची (Union Catalogue), सूची (Catalogue), टेप (Tape), स्थानीय एवं क्षेत्रीय अथॉर्टी फाइल (Authority Files) तथा अन्तर पुस्तकालय ऋण (Inter Library Loan) आदि।

उपरोक्त तीनों प्रकार के नेटवर्क को क्रमश: केन्द्रीय नेटवर्क, वितरित नेटवर्क तथा संचार नेटवर्क के रूप में भी जाना जाता है।

5. OCLC (Online Computer Library Centre): इसकी स्थापना 1967 में ओहयो कॉलेज पुस्तकालय केन्द्र (Ohio College Library Centre) के द्वारा की गयी। यह प्रथम कम्प्यूटरीकृत सेवा (Computerised Service) थी जिसमें MARC का प्रयोग किया गया। वर्तमान में एक केन्द्र के द्वारा 27 लाख रिकार्ड संग्रहित किये गये हैं और 2 लाख रिकार्ड प्रतिवर्ष संग्रहित किये जाते हैं। यह विश्व की सबसे बड़ी ऑनलाइन सूचना प्रणाली है। इसमें लगभग 16400 ग्रंथालय शामिल हैं।

सूचना के क्षेत्र में OCLC महत्वपूर्ण भूमिका अदा कर रहा है। सभी आवश्यक रिकार्ड को ऑनलाइन के माध्यम से डाटाबेस (Database) से ढूँढा जा सकता है। इसके द्वारा सन्दर्भ सेवा, अन्तर ग्रंथालय ऋण, आदान-प्रदान सेवा भी दी जाती है। OCLC द्वारा CD-ROM पर सूची डाटाबेस (Catalogue

Database) तैयार किया गया है जिसे CAT, CD 450 के नाम से जाना जाता है।

(a) WLN (Western Library Network): इसे वाशिंगटन ग्रंथालय नेटवर्क (Washington Library Network) भी कहते हैं। इसमें वाशिंगटन के 10 ग्रंथालयों को शामिल किया गया है। इसे 1972 में प्रारम्भ किया गया। यह एक क्षेत्रीय नेटवर्क है। इसमें डाटाबेस में साढ़े पाँच लाख रिकार्ड हैं। वर्तमान में इसमें 250 ग्रंथालय शामिल हैं। इसे लेजर कैट प्रणाली (Laser CAT System) के नाम से जाना जाता है। यह सूचीकरण डाटाबेस सीडी रोम (Database CD-Rom) पर है।

(b) RLIN (Research Library Information Network): यह नेटवर्क शोध ग्रंथालय समूह (Research Library Group) द्वारा विकसित किया गया है। इसमें विशिष्ट ग्रंथालयों के संग्रह, प्रबन्ध एवं रख-रखाव सम्बन्धी डाटा संग्रहित है। यह 1978 में प्रारम्भ किया गया। इस नेटवर्क के द्वारा BALLOTS (Bibliographic Automation of Large Operations Time Sharing System) का प्रयोग किया गया है। इस डाटाबेस में 30 लाख रिकार्ड संग्रहित हैं।

(c) UTLAS Network (University of Toronto Library Automation System): यह एक अन्तर्राष्ट्रीय प्रणाली है जिसमें ढाई हजार संस्थाएं शामिल हैं। ये संस्थाएं कनाडा व अमेरिका की हैं। इस नेटवर्क के द्वारा ऑनलाइन सूची (Online Catalogue), ओपेक अधिग्रहण नियंत्रण (OPAQUE Acquisition Control) तथा शृंखला नियंत्रण सेवा (Serial Control Service) दी जाती हैं।

(d) BLAISE (British Library Automated Information Service): इसका प्रारम्भ 1977 में किया गया। यह विश्व का सबसे बड़ा नेटवर्क है। इसके द्वारा 3 ऑनलाइन (Online) सेवा प्रदान की जाती हैं जो इस प्रकार हैं:–

(i) BLAISE LINK (MEDLINE, TOXLINE, etc.)

(ii) BLAISE LINE

(iii) BLAISE RECORD (ON LC MARC)

6. भारत में ऑनलाइन सूचना प्रणाली नेटवर्क (Online Information System Network in India): आठवीं तथा नवीं पंचवर्षीय योजना में डाटाबेस तथा नेटवर्क के क्षेत्र में अनेक प्रयास किये गये। जैसे:– INFLIBNET,

CALIBNET, DEL NET, NIC आदि। कुछ संस्थाओं द्वारा सूचना प्रकीर्णन प्रणाली अर्थात् डाटाबेस (Database) स्थापित किये गये। जैसे:– DESIDOC तथा INSDOC (NISCAIR)। वर्तमान में इन नेटवर्कों के द्वारा अन्तर्राष्ट्रीय संचार ढाँचे के आधार पर डाटाबेस का विकास किया जा रहा है। भारतीय नेटवर्क CCF (Common Communication Format) का प्रयोग करने का प्रयास कर रहे हैं जिसमें निसात (NISSAT) का सहयोग प्राप्त है।

संक्षिप्त प्रश्न (Short Questions)

1. ऑनलाइन प्रकीर्णन प्रणाली के प्रयोग के लिए आवश्यक प्रमुख आधारभूत सुविधाओं का वर्णन कीजिए।
2. मॉडम के कार्य तथा ऑनलाइन खोज में इसके महत्व को दर्शाइये।
3. विभिन्न सूचना नेटवर्कों के द्वारा दी जाने वाली महत्वपूर्ण सूचना सेवाओं का वर्णन कीजिए।
4. सूचना नेटवर्क के क्या-क्या लाभ हैं?

मुख्य शब्द (Key Words)

1. सूचना नेटवर्क (Information Network): दूरसंचार पर आधारित वह कम्प्यूटर प्रणाली है जिसमें विभिन्न मशीनों के स्त्रोतों का उपयोग किया जाता है।
2. ऑनलाइन सूचना (Online Information): यह वह माध्यम है जिसके द्वारा एक उपभोक्ता एक टर्मिनल (Terminal) के माध्यम से संदर्भ ग्रंथ सम्बन्धी (Bibliographic) सूचनाएं या डाटा डाटाबेस से प्राप्त करता है।

अन्तर्राष्ट्रीय मानक (International Standard) 27

विभिन्न देशों के बीच पाठ्य सामग्री या सूचना के पारस्परिक हस्तान्तरण के लिए मानक की आवश्यकता होती है। ये मानक दो मैनुअल (Manuals) में दिये गये हैं जो निम्न हैं:–

1. UNISIST Guide to Standards Form Information Handling.
2. IFLA: Standard Practices in the Preparation of Bibliographic Records (1982).

1. मानक की आवश्यकता (Need for Standard): अन्तर्राष्ट्रीय स्तर पर सूचना का हस्तान्तरण आवश्यक है। इसके लिए मानक स्थापित किये जाने चाहिए। UNESCO के UNISIST प्रोग्राम के अन्तर्गत अन्तर्राष्ट्रीय मानक का विकास किया गया। इसमें सूचना हस्तान्तरण से सम्बन्धित उपकरण भी शामिल किये गये। जैसे:– टर्मिनल मॉडेम, टेलीफोन लाइन, माइक्रो प्रोसेसर आदि। इनकी सहायता से डाटा विवरण, ढाँचा तथा डाटा का प्रस्तुतीकरण किया जाता है।

2. डाटाबेस (Database): ग्रंथालय तथा सूचना केन्द्र सदैव डाटाबेस संकलन करते रहते हैं। जैसे:- सूची (Catalogue), फाइल (Files), सदस्यों की सूची तथा अनुक्रमणिका (Index)। अत: प्रथम समस्या विषय को समझना तथा उसका डाटाबेस स्थापित करना है। CODASYL Committee (Conference on Data System Language Committee) के द्वारा डाटाबेस, डाटा बैंक शब्दों का प्रयोग किया गया।

3. संदर्भ ग्रंथ सूची सम्बन्धी डाटाबेस (Bibliographical Database): स्वचालित संग्रह एवं प्रकीर्णन को हम दो भागों में बाँट सकते हैं। वह हैं संदर्भ ग्रंथ सूची सम्बन्धी प्रकीर्णन (Bibliographical Retrieval) तथा डाटा प्रबन्धन (Data Management)। वास्तविकता यह है कि शोध कार्य एवं विकास के कारण सूचीकरण, सार-सूचीकरण, संग्रह, प्रकीर्णन, प्रतिवेदन आदि सूचनाओं की

नयी-नयी तकनीकें विकसित हो रही हैं जिसके परिणामस्वरूप बड़े स्तर पर संदर्भ ग्रंथ सूची सम्बन्धी डाटाबेस (Bibliographical Database) स्थापित किये जा रहे हैं। इनमें निम्न डाटा शामिल किये जा रहे हैं:–

(a) प्रलेख संख्या (Document Number)
(b) शीर्षक (Title)
(c) लेखक (Author)
(d) संदर्भ स्रोत (Reference Source)
(e) सार-सूची (Abstract)
(f) सम्पूर्ण टेक्सट (Full Text)
(g) सूचीकरण सम्बन्धी शब्द एवं वाक्यांश (Indexing Word and Phrases)
(h) उद्धरण संख्या (Citation Number)
(i) प्रलेख का उद्भव (Origin of Document)
(j) प्रलेख में प्रयोग की गई भाषा (Language Used in Document)

अनेक ऐसे संदर्भग्रंथ सूची सम्बन्धी डाटाबेस (Bibliographical Database) तैयार किये गये हैं जिनमें पत्रिकाओं की सूचीकरण एवं सार-सूचीकरण की गयी है। जैसे:– रसायन विज्ञान सम्बन्धी सार-सूची (Chemical Abstract), जीव विज्ञान सम्बन्धी सार-सूची (Biological Abstract), भौतिक विज्ञान सम्बन्धी सार-सूची (Physics Abstract) तथा अभियांत्रिकी सम्बन्धी सार-सूची (Engineering Abstract)।

4. **रिकार्ड प्रारूप (Record Format):** रिकार्ड प्रारूप से तात्पर्य संदर्भ ग्रंथ सम्बन्धी रिकार्ड का ढाँचा अर्थात् प्रलेख (Document) का सम्पूर्ण विवरण। AACR II इस दिशा में पहला प्रयास था जिसमें संदर्भ ग्रंथ सम्बन्धी विवरण का एक मानक स्थापित किया गया। विवरण का एक क्रम तथा क्रम के मध्य चिन्हों का प्रयोग किया गया। दूसरा प्रयास IFLA के द्वारा मशीन प्रारूप (Machine Format) के क्षेत्र में योगदान था।

5. **मशीन प्रारूप (Machine Format):** प्रलेख के संग्रह एवं प्रकीर्णन प्रणाली के लिए तथा प्रलेख के विवरण को व्यवस्थित करने के लिए मशीन प्रारूप (Machine Format) अर्थात् मशीन पर आधारित विवरणात्मक ढाँचे की आवश्यकता हुई। मशीन के द्वारा डाटा संग्रह तथा प्रकीर्णन प्रक्रिया के दृष्टिगत मशीन प्रारूप (Machine Format) में डाटा के प्रत्येक तत्व के लिए एक कोड संख्या (Code Number) दी जाती है। मशीन प्रारूप (Machine Format) के निम्न तत्व हैं:–

(a) डाटा सम्बन्धी तत्व

(b) क्षेत्र, व्यक्ति का नाम, जन्म तिथि आदि। क्षेत्र स्थायी तथा अस्थायी दो प्रकार के होते हैं। स्थायी क्षेत्र में डाटा की विशेषता तथा अस्थायी क्षेत्र में पूर्व में (in advance) कोई निर्धारण नहीं किया जाता।

(c) रिकार्ड विवरण – एक क्षेत्र में संग्रह को एक युनिट (Unit) माना जाता है। मशीन रिडेबल रिकार्ड प्रारूप (Machine Readable Record Format) के तीन विशेष तत्व होते हैं-

(i) विवरण का ढाँचा

(ii) विवरण का स्तर

(iii) सम्पूर्ण विवरण जो डाटा के रूप में प्रयोग किये जाते हैं।

उपरोक्त मानक ढाँचे को ध्यान में रखते हुए यह आवश्यक है कि सम्पूर्ण विवरण के ढाँचे का एक मानक स्थापित किया जाना चाहिए जिसके आधार पर सभी देश पारस्परिक आधार पर सूचनाओं का अधिकतम उपभोग कर सकें।

6. अंतर्राष्ट्रीय मानक संस्थाएं (International Standard Organisations): ISO 2709 (1981 – प्रथम प्रयास) लाइब्रेरी ऑफ कांग्रेस (Library of Congress) द्वारा राष्ट्रीय स्तर पर तथा अन्तर्राष्ट्रीय स्तर पर ISO 2709 को विकसित किया गया। इसके अन्तर्गत डाटा के ढाँचे को कम्प्यूटर में संग्रहित किया जाता है। इसमें निम्न चार प्रकार के विवरण ढाँचे का प्रयोग किया गया है–

(a) सभी प्रकार के लेखों के लिए संदर्भ ग्रंथ सूचना सम्बन्धी ढाँचा।

(b) सभी संस्थाओं के द्वारा सूचना कार्यों के लिए सरल एवं लचीला ढाँचा।

(c) वह डिजाइन जो सम्पूर्ण कम्प्यूटर हार्डवेयर (Computer Hardware) में प्रयोग किया जा सके और विभिन्न प्रोग्रामिंग भाषा (Programming Language) के माध्यम से मशीन में डाटा संग्रह कर सके।

(d) ऐसा प्रारूप जिसके माध्यम से सूचना का हस्तान्तरण किया जा सके।

7. सामान्य मानक प्रणाली (General Standard System): इस प्रणाली में सर्वप्रथम MARC का प्रयोग किया गया जो ISO 2709 पर आधारित था। MARC प्रारूप (Format) के द्वारा प्रत्येक विवरण डाटा के रूप में संग्रहित किया जाता है। इसमें तीन प्रमुख तत्व होते हैं। जो इस प्रकार हैं:–

(a) प्रमुख (Leader)

(b) विवरण निर्देशिका (Record Directory)

(c) परिवर्तनशील क्षेत्र (Variable Fields) – इसमें विभिन्न रिकार्ड के

लिए निम्न कूटों (code) के प्रयोग किये गये हैं:–

(i) A-B मुद्रित भाषाओं की पाठ्य सामग्री

(ii) Y- सब्जेक्ट अथॉर्टी फाइल

(iii) M-पुस्तिका

(iv) A-विश्षेणात्मक

(v) C-संग्रह

(vi) S- शृंखला

प्रत्येक परिवर्तनशील क्षेत्र के लिए 12 विशेषताएं (Characteristics) निर्धारित की गईं।

(i) Tag के लिए Three Digit

(ii) Length in Four Digit

(iii) प्रारम्भिक Character Position के लिए Five Digit

(iv) विवरण ढाँचे के अन्त में तत्वों से सम्बन्धित क्षेत्र का प्रयोग किया जाता है।

10 + a Tagore, Ravindranath + 1861-1941

युनिसिस्ट संदर्भ पुस्तिका (UNISIST Reference Manual) – UNISIST के द्वारा संदर्भ ग्रंथ सूचियों (Bibliographies) के लिए एक संदर्भ पुस्तिका "Reference Manual For Machine Readable Bibliographic Description 1974" तैयार की गई। इस पुस्तिका (Manual) का उद्देश्य अन्तर्राष्ट्रीय स्तर पर कम्प्यूटर की सहायता से एकरूप मानक तैयार करना। विवरण पढ़ने के लिए तथा सार-सूचीकरण तथा सूचीकरण सेवा प्रदान करने में इससे सहायता मिली। इस पुस्तिका के अन्तर्गत सभी प्रकार के साहित्य मुद्रित थे। इसके अतिरिक्त शृंखला, प्रतिवेदन, शोध निबन्ध, पेटेंट, सम्मेलन तथा प्रकाशनों को भी इसमें शामिल किया गया। इस पुस्तिका का दूसरा सस्करण 1981 में प्रकाशित हुआ। इस संदर्भ पुस्तिका (Reference Manual) में हस्तान्तरण ढाँचे के सिद्धान्त दिये गये हैं। इन सिद्धान्तों के आधार पर चुम्बकीय टेप (Magnetic Tapes) का प्रयोग किया गया।

8. UNI MARC (Universal Marc Format): UNI MARC एक सामान्य प्रणाली है जिसके माध्यम से प्रलेखों तथा सूचनाओं का आदान-प्रदान किया जा सकता है। इसमें ISBD के आधार पर डाटा का हस्तान्तरण किया जाता है लेकिन राष्ट्रीय स्तर पर एक मत और समझौता न होने के कारण इसका सामान्य प्रयोग नहीं किया जाता है। UNI MARC की सबसे बड़ी त्रुटि यह

है कि ये सभी प्रकार की सामग्री का हस्तान्तरण नहीं कर सकता। इसका क्षेत्र केवल अंग्रेजी भाषी देशों तक सीमित है। UNI MARC 9 सिद्धान्तों पर आधारित है। इसमें एक ही क्षेत्र के चिन्हक (Identifier) होते हैं जो सभी सामग्री को प्रयोग करते हैं। अनेक देशों द्वारा UNI MARC को राष्ट्रीय प्रारूप (Format) के रूप में अपनाया गया है। यह अन्तर्राष्ट्रीय स्तर पर भी आदान-प्रदान प्रारूप (Exchange Format) का कार्य कर सकता है। UNI MARC के अन्तर्गत विभिन्न सूचीकरण नियमों के अनुसार रिकार्ड को व्यवस्थित किया जा सकता है। इसके अलावा इसमें मुख्य प्रविष्टि (Main Entry) के आधार पर कूट (Codes) चिन्हों की सहायता से डाटा का प्रयोग किया जा सकता है। UNI MARC सभी देशों द्वारा स्वीकार नहीं किया गया और न ही इसके अनुपालन के लिए प्रयास किये गये।

विशेषताएं (Characteristics):

(a) इसमें एक स्तर तथा एक क्षेत्र से सम्बन्धित चिन्हक (Identifier) होते है जिसके अन्तर्गत सभी प्रकार की पाठ्य सामग्री को सम्मिलित (cover) किया जाता है।

(b) इसमें सभी प्रकार के संदर्भ ग्रंथ सूची सम्बन्धी सामग्री (Bibliographic Material) के लिए प्रारूप (Format) रखा गया है।

(c) इसमें कोई विशेष क्रम निर्धारित नहीं किया गया है। सूची कोड (Catalogue Code) के अनुसार इसमें क्रम निर्धारित किया गया है।

(d) इसमें कार्ड सूची (Card Catalogue) के अनुसार ही सूची प्रविष्टि (Catalogue Entries) तथा सहायक प्रविष्टि (Entries) के प्रयोग के नियम हैं।

अत: UNI MARC को कुछ देशों के द्वारा अपनाया गया लेकिन अन्तराष्ट्रीय स्तर पर इसको मान्यता नहीं मिल सकी।

9. C.C.F. (Common Communication Format): C.C.F. का विकास 1987 में आयोजित सम्मेलन (Conference) में किया गया। अन्तिम रूप में इसे 1984 में प्रयोग हेतु प्रस्तुत किया गया। यदि सभी देशों में राष्ट्रीय स्तर पर मानक आदान-प्रदान प्रारूप (Exchange Format) स्थापित है तब यह आवश्यक है कि अन्तर्राष्ट्रीय स्तर पर भी मानक आदान-प्रदान प्रारूप (Exchange Format) विकसित किया जाना चाहिए जिससे कि सभी राष्ट्रीय आदान-प्रदान प्रारूप (Exchange Format) एक दूसरे से जुड़ सकें।

UNI MARC को पर्याप्त सफलता न मिलने के कारण C.C.F. का महत्व और अधिक बढ़ गया।

उद्देश्यः C.C.F. के तीन उद्देश्य हैं:–

(a) ग्रंथालय के समूहों तथा सूचीकरण (Indexing) तथा सार-सूचीकरण (Abstract) सेवाओं के बीच संदर्भ ग्रंथ सूची सम्बन्धी रिकार्ड (Bibliographical Record) का आदान-प्रदान करना।

(b) संदर्भ ग्रंथ सूची सम्बन्धी एजेन्सी (Bibliographic Agency) को मान्यता देना कि वह ग्रंथालयों से सूचना प्राप्त कर कम्प्यूटर प्रोग्राम (Computer Programme) के माध्यम से सेवाएं प्रदान करें।

(c) सभी संदर्भ ग्रंथ सूची सम्बन्धी एजेन्सी अपने डाटाबेस (Database) स्थापित करे और C.C.F. के आधार पर सेवाएं प्रदान करे।

तकनीकी विशेषताएं (Technical Features) – C.C.F. का दूसरा संस्करण मई 1988 में प्रकाशित हुआ। इसकी निम्न दो विशेषताएं हैं:–

(a) इसमें डाटा के सामान्य समूह संग्रहित किये गये हैं जिन्हें सन्दर्भ ग्रंथ सूची सम्बन्धी (Bibliographic) स्तर के लिए प्रयोग किया गया है और जो सूची कोड (Catalogue Code) से सम्बन्धित या आधारित है।

(b) दूसरी विशेषता है कि इसका विवरण सम्बन्धी ढाँचा तर्क पर आधारित होता है। इसीलिए C.C.F. को अन्य अन्तर्राष्ट्रीय प्रारूपों से भिन्न माना जाता है। दूसरे प्रारूप (Format) में डाटा का कम प्रयोग किया गया है जबकि C.C.F. में मूल तत्वों (Basic Elements) को शामिल किया गया है। C.C.F. एक अन्तिम व्यवस्था नहीं है। UNESCO अन्तर्राष्ट्रीय स्तर पर रिकार्ड के हस्तान्तरण के लिए अनेक प्रयास कर रहा है। C.C.F. की सबसे बड़ी विशेषता यह है कि यह सूची कूट (Catalogue Code) पर निर्भर है। इस कारण सूची की त्रुटियाँ भी इसे प्रभावित करती हैं।

10. US MARC: संचार प्रारूप (US Communication Format) तीन प्रकार के हैं:–

(a) यू.एस. मार्क फार्मेट फॉर बिबलियोग्राफिक डाटा (US MARC Format for Bibliographic Data)

(b) यू.एस. मार्क फार्मेट फॉर अथॉर्टी डाटा (US MARC Format for Authority Data)

(c) यू.एस. मार्क फार्मेट फॉर होल्डिंग एंड लोकेशन (US MARC Format for Holding and Location)

सभी US MARC चुम्बकीय टेप (Magnetic Tapes) पर परिवर्तित होते हैं। US MARC को ISO 2709 के आधार पर विकसित किया गया है।

यू.एस. मार्क का ढाँचा (Structure of US MARC) – US MARC का ढाँचा UK MARC की तरह है लेकिन UK MARC में कुछ संशोधन किये गये हैं। US MARC का ढाँचा निम्न है:–

(a) प्रमुख (Leader)

(b) निर्देशिका (Directory)

(c) परिवर्तनशील नियंत्रण क्षेत्र (Variable Control Field)

(d) परिवर्तनशील डाटा क्षेत्र (Variable Data Field)

(a) प्रमुख (Leader) इसके अन्तर्गत रिकार्ड (Record) सम्बन्धी सामान्य सूचनाएं प्रदान की जाती हैं। इसमें रिकार्ड (Record) की प्रक्रिया के लिए डाटा तत्व (Data Elements) का प्रयोग किया जाता है। इसमें 24 प्रकार के डाटा तत्व रखे गए हैं। जिन्हें 0–23 के बीच में कूट (Code) नम्बर दिये गये हैं। ये इस प्रकार हैं:–

0-4 लॉजिकल रिकार्ड लम्बाई (Logical Record Length)

0-5 रिकार्ड स्टेटस (Record Status)

0-6 रिकार्ड के प्रकार (Type of Record)

0-7 बिबलियोग्राफिकल स्तर (Bibliographical Level)

10-11 चिन्हित् एवं सबफील्ड कोड्स (Indicator and Sub Field Codes)

12-17 आधार पता (प्रकाशन) (Base Address, Publication)

18-19 दशा (Position)

20-22 प्रविष्टि नक्शा (ढाँचा) (Entry Map, Structure)

23 अपरिभाषित (Undefined)

लम्बाई (Length) – (Record की लम्बाई) लम्बाई चरित्र का प्रतिनिधित्व करती है अर्थात् विवरण कितना लम्बा है, उसका क्या स्तर है, विवरण नया है या परिवर्तित है या किस प्रकार का है।

00439 n a m b 2 2 00133 b b b b b b b

(b) निर्देशिका (Directory) – इसमें 24 कैरेक्टर (Character) होते हैं और वह विभिन्न क्षेत्रों में रिकार्ड को ढूँढने के लिए सूची (Index) का काम

करते हैं। निर्देशिका (Directory) में क्षेत्र की संख्या रिकार्ड के क्षेत्र की संख्या के बराबर होती है। निर्देशिका (Directory) की निम्न विशेषताएं हैं:–

1. US MARC में क्षेत्र की लम्बाई पर कम नियंत्रण होता है।
2. US MARC में प्रविष्टियों (Entries) के लिए कोई पृथक् निर्देशिका (Directory) नहीं होती है।
3. चरित्र को शून्य (Zero) से शुरू किया जाता है।

(c) परिवर्तनशील नियंत्रण क्षेत्र (Variable Control Field) – निर्देशिका के आधार पर विभिन्न क्षेत्र निर्धारित किये जाते हैं। परिवर्तनशील क्षेत्र (Variable Field) में नियंत्रण क्षेत्र और डाटा क्षेत्र (Control Field and Data Field) दो होते हैं। ये तीन अंकों (Digit) के और 00+ = 009 तक होती हैं।

(d) परिवर्तनशील डाटा क्षेत्र (Variable Data Field) – यह एक डाटा या डाटा समूह के लिए होते हैं। प्रत्येक डाटा क्षेत्र (Data Field) में संकेत कूट (Indication Code) व डाटा तत्व (Data Element) तथा फील्ड टर्मीनेटर (Field Terminator) का प्रयोग किया जाता है।

100 Personal Name व्यक्ति का नाम

110 Corporate Name

130 Uniform Title Heading

11. यू.के. मार्क फॉर्मेट (UK MARC Format): BNB द्वारा 1966 में MARC विकसित किया गया। यह केवल UK के लिए था। इसमें लाइब्रेरी ऑफ कांग्रेस (Library of Congress) ने सहयोग प्रदान किया। UK MARC पुस्तिका (Manual) का प्रथम संस्करण 1975 में प्रकाशित किया गया जिसमें UK MARC के प्रयोग के लिए निर्देश दिये गये। इस MARC में पुस्तकीय और गैर पुस्तकीय सामग्री (Book and Non Book Material) को शामिल किया गया। इसे भी AACR-II के आधार पर तैयार किया गया लेकिन इसमें कुछ संशोधन किये गये।

UK MARC में सभी प्रकार की पाठ्य सामग्री को शामिल किया जाता है।

यू.के. मार्क का ढाँचा (Structure of UK MARC) –

(a) रिकार्ड स्तर (Record Level)

(b) निर्देशिका (Directory)

(c) नियंत्रण क्षेत्र (Control Field)

(d) परिवर्तनशील डाटा क्षेत्र (Variable Data Field)

(a) रिकार्ड स्तर (Record Level): रिकार्ड स्तर के क्षेत्र में 24 कैरेक्टर (Character) का प्रयोग किया गया है। जिनमें कूट (Code) निर्धारित किये गये हैं। जैसे:–

Character Position	Information Given
0-4	Record Length
5	Record Status
6-9	Implementation Code
10	Type of Material
11	Indicator
12-16	Symbols Used
17-19	Base Address of Data
20	Encoding Level Indicator
21	Length of Data field
22	Each Entry
23-24	Length of Character Position in Length of Implementation In Each Entry Future Use

(b)—(d) Directory Control Field, Variable Data Field ये सभी US MARC के अनुसार हैं। इनमें कोई परिवर्तन नहीं किया गया है।

12. विश्व के प्रमुख MARC FORMAT:

1. CAN MARC (CANADA)
2. AUS MARC (AUSTRALIA)
3. DEN MARC (DENMARK)
4. SWE MARC (SWEDEN)
5. LC MARC (LIBRARY OF CONGRESS)
6. CCF MARC (Common Communication Format)
7. MABI MARC (German MARC)

संक्षिप्त प्रश्न (Short Questions)

1. प्रारूप से आप क्या समझते हैं? यह कितने प्रकार के होते हैं?
2. US MARC कितने प्रकार के हैं? उनके ढाँचे का विवरण दीजिए।
3. CCF प्रारूप का वर्णन कीजिए।
4. UK व US MARC में अन्तर बताइये।

मुख्य शब्द (Key Words)

1. आदान-प्रदान प्रारूप (Exchange Format) – पूर्व में निर्धारित नियमों के अनुसार डाटा (Data) का रख-रखाव तथा जिसका उद्देश्य डाटा का हस्तान्तरण है।
2. ISBD – International Standard Bibliographical Description.
3. ISO – International Standard Organisation.
4. मशीन रिडेबल कैटलॉग (Machine Readable Catalogue) – रिकार्ड का वह स्वरूप जो कम्प्यूटर के द्वारा पढ़ा जा सकता है।
5. मार्क प्रारूप (MARC Format) – संदर्भ ग्रंथ सूची सम्बन्धी डाटा का वह ढाँचा जो किसी विशेष इकाई या डाटाबेस से जुड़ा हो।

प्रलेख प्रदत्त सेवा (Document Delivery Service) 28

प्रलेख प्रदत्त सेवा से तात्पर्य है प्रलेख (Document) की आपूर्ति (Supply) अर्थात् उपभोक्ता को उनकी मांग के अनुसार प्रलेखों की आपूर्ति। यह फोटो कॉपी (Photocopy) के रूप में भी हो सकती है। प्रलेख प्रदत्त सेवा के अन्तर्गत (Document Delivery Service CAS), सूचीकरण (Indexing), सार-सूचीकरण सेवा (Abstracting Service), तथा साहित्य खोज सेवा (Literature Search Service) के द्वारा उपभोक्ताओं को सहायता प्रदान की जाती है। ये सभी सेवाएं उपभोक्ता को उसके आवश्यक प्रलेख ढूँढने में सहायता करती हैं। पूर्व में प्रलेख प्रदत्त सेवा (Document Delivery Service) के अन्तर्गत मूल प्रति भेजी जाती थी। लेकिन अनेक समस्याओं के कारण तथा समय अधिक लगने के कारण प्रलेखों (Documents) का विवरण अब कम समय में ही दूरसंचार (Telecommunication), अथवा उपग्रह (Satellite) के माध्यम से भेजा जाता है।

1. आवश्यकता (Need): सूचना प्रणाली का सर्वप्रमुख उद्देश्य उपभोक्ताओं को उसकी वांछित सूचनाएं उपलब्ध कराना है। वांछित सूचनाएं अनेक रूपों में हो सकती हैं। अनेक ऐसी सेवाएं हैं जिनके द्वारा प्रलेख प्रदत्त सेवा (Document Delivery Service) दी जा सकती है। इसके लिए आवश्यक है कि इस सेवा के बारे में उपभोक्ताओं को अधिक जागरूक बनाया जाये।

साहित्य के क्षेत्र में निरन्तर विकास होने तथा इसके अधिक खर्चीला होने के कारण यह आवश्यक है कि प्रलेखों (Documents) को कम लागत में, कम समय में उपभोक्ताओं को उपलब्ध कराया जाए। इस प्रकार यह अन्तर ग्रंथालय ऋण सेवा (Inter Library Loan Service) में सहायता देती है।

2. विशेषताएं (Characteristics): किसी भी प्रलेख प्रदत्त सेवा (Document Delivery Service) की सफलता मुख्यत: निम्नलिखित बातों पर निर्भर करती है:–

(a) सम्पूर्ण सन्तुष्टि (b) कम लागत (c) कम समय।

उपभोक्ताओं की प्रलेख सम्बन्धी माँग वृहद् होती है जिनमें लगभग 90-95 प्रतिशत उपयुक्त एवं स्पष्ट होती हैं जिनका सन्तोषजनक उत्तर दिया जा सकता है। यह इस बात पर भी निर्भर करता है कि वह प्रलेख उपलब्ध है या नहीं। और यदि उपलब्ध है तो विश्व की किस ग्रंथालय (Library) में है। इसके लिए यह भी आवश्यक है कि प्रलेखों की आपूर्ति (Document Supply) तीवग्रति से की जाये।

वास्तविकता यह है कि उपभोक्ता की माँग के अनुरूप सर्वप्रथम उस प्रलेख को ग्रंथालय में ढूँढा जाता है। ग्रंथालयों में उपलब्ध न होने पर अनेक स्रोतों के माध्यम से अन्य ग्रंथालयों में खोजा जाता है और उसके पश्चात् उस प्रलेख या उसकी प्रति को उपभोक्ता को उपलब्ध कराया जाता है। इसमें अधिक समय लगता है लेकिन यदि सभी संग्रह एक ही स्थान पर हों तो यह सेवा 2 घंटे में दी जा सकती है। विश्व में ब्रिटिश ग्रंथालय प्रलेख आपूर्ति केन्द्र (British Library Document Supply Centre) सबसे बड़ा केन्द्र है जो अपनी सेवाएं 2 घंटे के अन्दर प्रदान करता है।

प्रलेख प्रदत्त सेवा (Document Delivery Service) में सेवा खर्च बहुत महत्वपूर्ण होता है। इसमें दो प्रकार के खर्च आते हैं:-

(a) प्रत्यक्ष खर्च, (b) अप्रत्यक्ष खर्च

प्रत्यक्ष खर्च में पत्राचार (Postage) अथवा प्रतिलिपि का खर्च आता है।

अप्रत्यक्ष खर्च में ग्रंथालय का संग्रह, भवन (Building), कर्मचारियों (Staff) का वेतन (Salary), उपकरण तथा सेवा शामिल किए जाते हैं।

अत: प्रलेख प्रदत्त सेवा (Document Delivery Service) के अन्तर्गत कम समय में, कम लागत में उपभोक्ताओं की माँग के अनुरूप उपयुक्त प्रलेख सेवा प्रदान की जाती है।

3. प्रकार (Types): प्रलेख प्रदत्त सेवा के लिए यह आवश्यक है कि इसमें प्रलेखों का उच्च स्तरीय एवं केन्द्रित संग्रह हो। इसके लिए चार आधारभूत राष्ट्रीय पद्धतियाँ या मॉडल (Model) सुझाए गये हैं:-

(a) केन्द्रीयकृत संग्रह (Centralised Collection)

(b) ग्रंथालयों का सामूहिक प्रयास (Joint Efforts of Libraries)

(c) योजनाबद्ध विकेन्द्रीकरण (Planned Decentralisation)

(d) योजना रहित विकेन्द्रीकरण (Unplanned Decentralisation)

4. मॉडल (Model): 1984 में 6 प्रकार के मॉडल (Model) का सुझाव दिया गया था वह हैं-

(a) पर्याप्त केन्द्रीकृत सेवा (Adequate Centralised Service)

(b) केन्द्रीय सहकारी सेवा (Centralised Cooperative Service)

(c) विकेन्द्रीकृत योजनाबद्ध सेवा (Decentralised Planned Service)

(d) क्षेत्र-आधारित पद्धति (Region Based System)

(a) पर्याप्त केन्द्रीकृत सेवा (Adequate Centralised Service): इस प्रकार का मॉडल (Model) या प्रणाली UNESCO तथा Mr. Bickery, दोनों ने प्रस्तुत किए हैं जिसमें ऋण (Loan) के माध्यम से योजनाबद्ध तरीके से लागू किया जा सकता है। यह प्रलेख की खोज तथा सेवा प्रदान कर सकता है। इस मॉडल (Model) की निम्न विशेषताएं हैं:–

(i) यह कुशलतापूर्वक सेवा प्रदान करता है।

(ii) इसमें सेवा लागत कम आती है।

(iii) प्रलेख (Document) की माँग तथा उपलब्धता का विश्लेषण किया जा सकता है। जिसके कारण ग्रंथालय में अच्छे संग्रह करने में मदद मिलती है।

इस मॉडल (Model) में कुछ त्रुटियाँ भी हैं जैसे:–

(i) एक ही ग्रंथालय सम्पूर्ण प्रलेख उपलब्ध नहीं करा सकता।

(ii) यह सभी संग्रह का उपयोग नहीं कर सकता।

(iii) एक ही ग्रंथालय इतना खर्च करने में कठिनाई का अनुभव करता है।

(b) केन्द्रीय सहकारी सेवा (Centralised Cooperative Service): यह प्रणाली विभिन्न ग्रंथालयों के संग्रह पर आधारित होती है। इसके लिए एक संघीय सूची (Union Catalogue) तथा एक समन्वय केन्द्र आवश्यक होता है।

इस मॉडल (Model) के अनेक लाभ हैं। जो निम्न हैं:–

(i) प्रत्येक ग्रंथालय स्थानीय माँग के अनुरूप ग्रंथालय में संग्रह कर सकता है।

(ii) उन्हें सहयोग के रूप में अन्य स्रोत की सहायता प्राप्त होती है।

(iii) उन्हें किसी दूसरे ग्रंथालय पर निर्भर होने की आवश्यकता नहीं होती।

इस मॉडल में अनेक त्रुटियाँ हैं जो इस प्रकार हैं:–

(i) इन्हें स्रोत ढूँढने में अधिक समय लगता है।

(ii) दूसरे ग्रंथालय को प्रलेख प्रदत्त (Document Delivery) सेवा के लिए बाध्य नहीं किया जा सकता।

(iii) ग्रंथालय सेवा में कोई अधिक समन्वय नहीं है जिस कारण डुप्लीकेट (Duplicate) संग्रह भी हो सकता है।

(iv) अन्तर्राष्ट्रीय स्तर पर प्रलेख प्रदत्त सेवा (Document Delivery Service) उपलब्ध नहीं है।

(c) विकेन्द्रीकृत योजनाबद्ध सेवा (Decentralised Planned Service): इस प्रणाली में अनेक ग्रंथालय सम्मिलित रूप से योजनाबद्ध तरीके से संग्रह कार्य करते हैं। यह संग्रह ग्रंथालय की विशिष्टता पर आधारित होता है। इस समूह का प्रत्येक ग्रंथालय एक संघीय सूची (Union Catalogue) तैयार करता है।

इस मॉडल के कई लाभ हैं जो निम्न हैं:–

(i) प्रलेख के लिए ग्रंथालय से सीधा सम्पर्क किया जा सकता है।

(ii) इससे समय की बचत होती है।

(iii) एक ग्रंथालय में एक विषय क्षेत्र से सम्बन्धित सम्पूर्ण संग्रह रखा जाता है।

(iv) इस प्रणाली में एक ही ग्रंथालय पर प्रलेख प्रदत्त सेवा (Document Delivery System) का अधिक भार नहीं होता।

(v) डुप्लीकेशन (Duplication) नहीं होता व संग्रह का अधिकतम उपयोग होता है।

इस मॉडल की कुछ त्रुटियाँ भी हैं जो निम्न हैं:–

(i) ग्रंथालय प्रलेख प्रदत्त सेवा (Documents Delivery Service) पर अधिक ध्यान नहीं दे पाती।

(ii) ग्रंथालयों को अनावश्यक रूप में अनेक स्त्रोतों को क्रय करना पड़ता है जिनकी उन्हें आवश्यकता नहीं होती।

(iii) पाठकों की माँग का पूर्ण विश्लेषण नहीं किया जा सकता।

(d) क्षेत्र-आधारित पद्धति (Region Based System): इस मॉडल (Model) में एक ही संस्था में उपभोक्ता की माँग पर एक बड़ा संग्रह रखा जाता है। इन केन्द्रों द्वारा सभी माँगों की पूर्ति की जाती है तथा केन्द्र का ही यह उत्तरदायित्व होता है कि वह इस ग्रंथालय में या सहयोगी ग्रंथालयों में प्रलेखों की खोज करे। इसमें एक खोज उपकरण (Location Tool) की आवश्यकता होती है।

यह मॉडल पूर्ण रूप से केन्द्रीकृत प्रणाली है लेकिन इसमें सहयोगी भी सहायता करते हैं। इस मॉडल का सबसे बड़ा दोष यह है कि इसमें बृहत् संग्रह

तथा भवन (Building) पर अधिक खर्च करना पड़ता है जबकि तुलनात्मक रूप से सेवा उतनी सुलभ नहीं होती।

इन सब कठिनाइयों को देखते हुए तथा प्रलेख प्रदत्त सेवा (Document Delivery Service) कम लागत तथा कम समय में उपलब्ध कराने के उद्देश्य से ऑनलाइन सूची (Online Catalogue) का विकास हुआ। इसमें नेटवर्क की सहायता ली जाती है।

5. पूर्ति प्रदत्त प्रणाली (Document Supply Centre): प्रदत्त प्रणाली उपभोक्ता द्वारा माँग के अनुसार इन साधनों की सहायता से प्रदान की जा सकती है। जैसेः–डाक, टेलीफोन, फैक्स, ई-मेल तथा ऑनलाइन प्रणाली (Online System)। इनमें डाक सेवा सबसे अधिक सामान्य है जिसका विकसित रूप कोरियर मेल सर्विस है। इसके अंतर्गत एक केन्द्र पर डाक की छटनी, तौल तथा बैगिंग की जाती है और कम समय में उपभोक्ता तक पहुँचायी जाती है। इसमें 24 घंटे से लेकर 2-3 दिन के अन्दर सम्पूर्ण विश्व में कहीं भी प्रलेख उपलब्ध (Document Delivery) कराये जा सकते हैं।

भारत में इस समय राष्ट्रीय स्तर पर लगभग 200 केन्द्र हैं। इन सेवाओं का अधिकतर उपयोग व्यापारिक वर्ग द्वारा किया जाता है।

6. टेलेक्स प्रणाली: दूसरी महत्वपूर्ण प्रणाली टेलेक्स प्रणाली है। इसके अन्तर्गत प्रलेखों (Documents) को संचार माध्यम की सहायता से भेजा जाता है। इसमें फैक्स (Fax) सबसे महत्वपूर्ण है। इस प्रणाली के अन्तर्गत पुस्तक या पत्रिकाओं (Periodicals) के विवरण की प्रतिलिपि (Photocopy) फैक्स (Fax) द्वारा भेजी जाती है। इसमें दूरसंचार लाइन (Telecommunication Line) की आवश्यकता होती है। यह प्रणाली अत्यन्त मितव्ययी है और समय की भी अधिक बचत होती है।

प्रलेखों को खोजने के लिए ऑनलाइन व्यावसायिक डाटाबेस (Online Commercial Database) तथा ऑनलाइन सूची (Online Catalogue) भी उपलब्ध है जिनकी सहायता से किसी भी प्रलेख के स्थान की खोज की जा सकती है अर्थात् वह प्रलेख किस ग्रंथालय में है और उसके आधार पर प्रलेख प्रदत्त सेवा (Document Delivery Service) प्रदान की जा सकती है। इसमें तीव्रगति से सेवा प्रदान की जा सकती है लेकिन इसमें खर्च अधिक आता है।

संक्षिप्त प्रश्न (Short Questions)

1. प्रलेख प्रदत्त सेवा से आप क्या समझते हैं? इसको परिभाषित करें।

2. प्रलेख प्रदत्त सेवा (Document Delivery Service) की आवश्यकता क्यों हुई? संक्षेप में वर्णन कीजिए।
3. प्रलेख प्रदत्त सेवा की कुशलता के लिए कौन-कौन-से तत्व आवश्यक हैं?
4. किन्हीं दो प्रलेख प्रदत्त मॉडल का वर्णन कीजिए।
5. उन विभिन्न प्रणालियों का वर्णन करें जिनके माध्यम से पाठकों की माँग की पूर्ति की जाती है और प्रलेख प्रदान किये जाते हैं।

इलेक्ट्रॉनिक प्रलेख प्रदत्त प्रणाली (Electronic Document Delivery System) 29

उपभोक्ताओं को उनकी मांग के आधार पर अतिशीघ्र सूचना हस्तान्तरण के लिए अब पारम्परिक प्रणालियों के स्थान पर नयी तकनीक का प्रयोग किया जाने लगा है। जैसे:– ऑप्टिकल डिस्क आधारित प्रणाली (Optical Disc Based System), संग्रह (Storage), प्रकीर्णन प्रणाली (Retrieval System)। ऑप्टिकल डिस्क प्रणाली (Optical Disc System) में अनेक विधियों के द्वारा पेपर पर चित्र अर्थात् उसकी फोटो (Photo) निकाल ली जाती है। चित्र को डिजीटल रूप (Digital Format) में संग्रहित भी किया जा सकता है। सी.डी. रोम ड्राइव (CD-Rom Drive) के माध्यम से इसे पढ़ा भी जा सकता है। कम्प्यूटर के द्वारा प्रिंटर से कॉपी भी निकाली जा सकती है। अत: वह प्रणाली जिसके अन्तर्गत उपभोक्तओं की माँग की ऑप्टिकल डिस्क प्रौद्योगिकी (Optical Disc Technology) तथा ऑनलाइन कम्प्यूटर डाटाबेस की सहायता से (Online Computer Database) आपूर्ति की जाती है उसे इलेक्ट्रॉनिक प्रलेख प्रदत्त प्रणाली (Electronic Documents Delivery System) कहते हैं। यह दूरसंचार पर आधारित है। इलेक्ट्रॉनिक प्रदत्त प्रणाली (Electronic Delivery System) एक आधुनिक प्रणाली है।

1. उद्देश्य (Objectives): इलेक्ट्रॉनिक प्रदत्त प्रणाली के द्वारा उपभोक्ता की माँग पर प्रलेख उपलब्ध कराने की व्यवस्था है। यह सरल, मितव्ययी होता है। इसकी सहायता से अल्प समय में स्वच्छ व सुन्दर रूप में प्रलेखों को उपलब्ध कराया जाता है। इसकी गति को देखते हुए इसकी लागत पर अधिक ध्यान नहीं दिया जाना चाहिए।

2. महत्वपूर्ण प्रणालियाँ (Important Systems)

(a) ADONIS (Article Delivery over Network Information System): ADONIS एक ऐसी प्रणाली है जिससे CD-Rom पर लेख (Article) का सम्पूर्ण विवरण उपलब्ध कराया जा सकता है। यह

प्रणाली 10 अन्तर्राष्ट्रीय प्रकाशकों का एक समूह है जो बायोमेडिकल पत्रिका (Biomedical Journals) के लेखों के विवरण को उपलब्ध कराते हैं। इस समूह में 10 प्रकाशकों के अलावा यूरोप के 12 ग्रंथालय भी शामिल हैं। इन प्रकाशकों में प्रमुख रूप से इसवियर (Eisevier), स्प्रिंगर (Springer), वेरलैग (Verlag), पर्गमन (Pergamon) तथा ब्लैकवेल (Blackwell) के नाम उल्लेखनीय हैं। ADONIS द्वारा प्रारम्भ में ऐसी मेडिकल (Medical) पत्रिकाओं का चयन किया गया। जिनकी माँग अधिक थी और जिसका उद्देश्य सहकारी सूचीकरण करना था। वर्तमान में इसके द्वारा स्थापित डाटाबेस (Database) में 1 करोड़ 10 लाख रिकार्ड संग्रहित हैं और 25 हजार रिकार्ड प्रति सप्ताह जोड़े जाते हैं। इसके द्वारा सूचना ऑनलाइन (Online) के माध्यम से अन्तर्राष्ट्रीय दूरसंचार नेटवर्क की सहायता से दी जाती है। OCLC द्वारा अन्तर ग्रंथालय ऋण (Inter Library Loan) प्रणाली के अन्तर्गत 3½ लाख सन्देश प्रतिवर्ष भेजे जाते हैं और प्रत्येक सन्देश की माँग को पूरा करने में अधिक से अधिक चार दिन का समय लगता है। इस प्रणाली से लगभग 35 सौ संस्थाएं लाभ उठा रही हैं। Inter Library Loan OCL के द्वारा कुशल सेवा प्रदान करने के लिए कुछ केन्द्र भी स्थापित किये गए हैं जिसमें OCLC नेटवर्क के माध्यम से अन्तर ग्रंथालय ऋण सेवा (Inter Library Loan Service) प्रदान की जाती है जिनमें प्रमुख हैं–शोध ग्रंथालय केन्द्र, रसायन सार-सूची सेवा (Chemical Abstract Service), दी लाइब्रेरी ऑफ कांग्रेस, यू.एस.ए. (The Library of Congress, USA) तथा राष्ट्रीय तकनीकी सूचना सेवा, कनाडा (National Technical Information Service, Canada). OCLC के द्वारा प्रलेखों के संग्रह, वितरण तथा प्रकीर्णन के लिए CD-Rom पर आधारित प्रणाली स्थापित की गई है। OCLC द्वारा लेखों का विवरण तथा प्रलेख प्रदत्त सेवा (Document Delivery Service) कुशलतापूर्वक प्रदान की जा रही है।

(b) प्रमुख प्रलेख आपूर्ति केन्द्र (Important Document Supply Centre):

(i) BLDSC—(British Library Document Supply Centre): यह Boston Spa में स्थित है। यह केन्द्र नेशनल सेंट्रल लाइब्रेरी, लंदन (National Central Library, London) में 1973 में स्थापित किया गया जिसका उद्देश्य राष्ट्रीय स्तर पर विज्ञान और

प्रौद्योगिकी (Science and Technology) के क्षेत्र में प्रलेख सेवा (Document Service) प्रदान करना है। यह केन्द्र प्रतिवर्ष 30 लाख मांगों की पूर्ति करता है। 1992 में इसके द्वारा 5 लाख 85 हजार मांगों को पूरा किया गया। प्रलेख प्राप्ति (Document Delivery) की माँग डाक, टेलेक्स, फैक्स, टेलीफोन और ऑनलाइन डाटाबेस (Telephone and Online Database) के माध्यम से प्राप्त होती है। इसमें 2 लाख 28 हजार डाटाबेस (Database) के लेख, 30 लाख रिपोर्ट, 5 लाख शोध निबन्ध (Thesis) और 3 लाख सम्मेलन कार्यवाहियाँ (Conference Proceedings) तथा 30 लाख पुस्तकों का संग्रह है। यह विश्व का सबसे बड़ा सामयिकी डाटाबेस (Serial Database) है।

(ii) INSDOC (Now named as NISCAIR): INSDOC द्वारा प्रलेख आपूर्ति सेवा (Document Supply Service) प्रदान किया जाता है। INSDOC द्वारा प्रलेख खोजने के लिए भारत में विज्ञान श्रृंखला की संघीय राष्ट्रीय सूची (National Union Catalogue of Scientific Serial in India) का प्रकाशन किया गया। इसके द्वारा ऑनलाइन कम्प्यूटर संघीय सूची (Online Computer Union Catalogue) तैयार की गई जिसमें 850 विज्ञान ग्रंथालय (Science Library) को शामिल किया गया। इस सेवा में दिल्ली की राष्ट्रीय विज्ञान ग्रंथालय (National Science Library), राष्ट्रीय मेडिकल ग्रंथालय (National Medical Library), आई.आई.टी. लाइब्रेरी (IIT Library), दिल्ली विश्वविद्यालय ग्रंथालय (Delhi University Library), INSDOC कुछ विदेशी केन्द्रों के भी सम्पर्क में हैं जिनके माध्यम से विदेशी शोध निबन्ध, रिपोर्ट, पेटेंट, सम्मेलन की कार्यवाही और रूसी साहित्य सम्बन्धी सूचनाएं प्रदान की जाती हैं।

क्षेत्रीय स्तर पर NISCAIR द्वारा चार सूचना केन्द्र स्थापित किये हैं। ये दिल्ली, कोलकाता, चेन्नई और बंगलौर में स्थित हैं। यह सभी केन्द्र अन्तर ग्रंथालय ऋण सेवा (Inter Library Loan Service) के अन्तर्गत उपभोक्ता की माँग पर प्रलेख प्रदत्त सेवा (Document Delivery Service) प्रदान करते हैं। वर्तमान में DELNET, CALIBNET AND INFLIBNET की सहायता से भी NISCAIR सेवाएं प्रदान कर रहा है। NISCAIR द्वारा दी जाने वाली प्रलेख प्रदत्त सेवा (Document Delivery Service) CAPS सेवा भी है। इसके द्वारा सामग्री, सार-सूची और फोटोकॉपी सेवा (Abstract and Photocopy

Services) का आरम्भ 1992 में किया। इसके अन्तर्गत NISCAIR द्वारा 5 हजार पत्रिकाओं की सूची तैयार की गयी जिनमें देशी तथा विदेशी सभी पत्रिकाएं शामिल हैं। यह सूची प्रत्येक विश्वविद्यालय ग्रंथालय के लिए चयन करने के लिए भेजी गयी जिससे कि उन 40 पत्रिकाओं में प्रकाशित लेखों की सार-सूची सहित निरन्तर भेजी जाती रही और आवश्यकता पड़ने पर किसी भी लेख की प्रति उपलब्ध करायी जा सके। ये प्रलेख प्रदत्त सेवा (Document Delivery Service), हार्डकॉपी, पेपर, डिस्क, ई-मेल, फैक्स के माध्यम से उपलब्ध करायी जाती है। NISCAIR द्वारा लेखक, शीर्षक, विषय सम्बन्धी मुख्य शब्द के आधार पर सूचना की खोज के लिए CAPS सॉफ्टवेयर का विकास किया गया।

संक्षिप्त प्रश्न (Short Questions)

1. प्रलेख प्रदत्त सेवा से आप क्या समझते हैं?
2. प्रलेख प्रदत्त सेवा की आवश्यकता क्यों है?
3. प्रलेख प्रदत्त सेवा की कुशलता के लिए कौन-कौन-से तत्व आवश्यक हैं?
4. उन प्रणालियों का वर्णन कीजिए जिसकी सहायता से प्रलेखों को प्राप्त तथा प्रदान किया जाता है?
5. इलेक्ट्रॉनिक प्रलेख प्रदत्त प्रणाली से आप क्या समझते हैं?
6. भारत के प्रलेख प्रदत्त केन्द्र पर टिप्पणी लिखिए।

मुख्य शब्द (Key Words)

1. संचार उपग्रह (Communication Satellite): एक भूमण्डलीय कृत्रिम उपग्रह जिसकी सहायता से सिग्नल (Signal) हजारों मील दूर पृथ्वी पर स्थित टर्मिनल स्टेशन (Terminal Station) के बीच तरंगों के रूप में फैलायी जाती हैं। संचार क्षेत्र में इसका व्यापक उपयोग किया जाता है।
2. कम्प्यूटर नेटवर्क (Computer Network): दो या दो से अधिक कम्प्यूटर को जोड़ने की वह प्रणाली जिसमें संचार माध्यम की आवश्यकता होती है।
3. ई-मेल (E-mail): संचार नेटवर्क की सहायता से पत्र, सन्देश आदि को इलेक्ट्रॉनिक माध्यम से भेजना संचार ई-मेल कहलाता है।

अनुक्रमणिका (Index)